我们应该有一个很大很大的教室，能够容纳五千年的岁月，纵横几万里的长空，容纳五万个汉字汇成的奔流不息的墨写的黄河……

——董一菲

· 教育家成长丛书 ·

董一菲
与诗意课堂

DONGYIFEI YU SHIYI KETANG

中国教育报刊社·人民教育家研究院 组编
董一菲 著

北京师范大学出版集团
BEIJING NORMAL UNIVERSITY PUBLISHING GROUP
北京师范大学出版社

图书在版编目（CIP）数据

董一菲与诗意课堂 / 中国教育报刊社人民教育家研究院组编，董一菲著. —北京：北京师范大学出版社，2021.7
（教育家成长丛书）
ISBN 978-7-303-27032-3

Ⅰ.①董… Ⅱ.①中… ②董… Ⅲ.①语文教学－教学研究 Ⅳ.①H19

中国版本图书馆 CIP 数据核字（2021）第 114131 号

营 销 中 心 电 话　010-58802135　010-58802786
北师大出版社教师教育分社微信公众号　京师教师教育

出版发行：北京师范大学出版社　www.bnup.com
　　　　　北京市西城区新街口外大街 12-3 号
　　　　　邮政编码：100088
印　　刷：天津旭非印刷有限公司
经　　销：全国新华书店
开　　本：787 mm×1092 mm　1/16
印　　张：18.5
字　　数：317 千字
版　　次：2021 年 7 月第 1 版
印　　次：2021 年 7 月第 1 次印刷
定　　价：62.00 元

策划编辑：伊师孟　　　　　　责任编辑：李锋娟　张柳然
美术编辑：焦　丽　　　　　　装帧设计：焦　丽
责任校对：康　悦　　　　　　责任印制：马　洁

版权所有　侵权必究

反盗版、侵权举报电话：010-58800697
北京读者服务部电话：010-58808104
外埠邮购电话：010-58808083
本书如有印装质量问题，请与印制管理部联系调换。
印制管理部电话：010-58805079

教育家成长丛书

编委会名单

总　顾　问：柳　斌　顾明远
顾　　　问：叶　澜　田慧生　林崇德　陈玉琨
编委会主任：杨春茂
编　　　委：（按姓氏笔画为序）
　　　　　　于　漪　王瑜琨　方展画　田慧生
　　　　　　成尚荣　任　勇　刘可钦　齐林泉
　　　　　　孙双金　李吉林　杨九俊　杨春茂
　　　　　　吴正宪　汪瑞林　张志勇　张新洲
　　　　　　陈雨亭　郑国民　施久铭　徐启建
　　　　　　唐江澎　陶继新　龚春燕　程红兵
　　　　　　赖配根　鲍东明　窦桂梅　魏书生
主　　　编：张新洲
副　主　编：赖配根　王瑜琨　汪瑞林

总 序

教育是国家发展的基石，教师是基石的奠基者。古人云："国将兴，必贵师而重傅。"兴国必先强教，强教必先重师。党中央、国务院高度重视教师队伍建设。2013年教师节，习近平总书记在给全国广大教师的慰问信中指出："百年大计，教育为本。教师是立教之本、兴教之源，承担着让每个孩子健康成长、办好人民满意教育的重任。"2014年，在第30个教师节前夕，习总书记到北京师范大学视察并发表重要讲话，指出："一个人遇到好老师是人生的幸运，一个学校拥有好老师是学校的光荣，一个民族源源不断涌现出一批又一批好老师则是民族的希望。"《国家中长期教育改革和发展规划纲要（2010—2020年）》也明确提出，"有好的教师，才有好的教育"，要"努力造就一支师德高尚、业务精湛、结构合理、充满活力的高素质专业化教师队伍"。"倡导教育家办学"，要创造有利条件，鼓励教师和校长在实践中大胆探索，创新教育思想、教育模式和教育方法，形成教学特色和办学风格，造就一批教育家。"两个一百年"奋斗目标的实现、中华民族伟大复兴中国梦的实现，归根结底要靠人才、靠教育，而支撑起教育光荣梦想的，是千百万的教师。

时代呼唤好老师。有一流的教师，才有一流的教育；有一流的教育，才有一流的国家。出名师、育英才、成伟业，是时代赋予我们教育战线的神圣使命。"所谓大学者，非谓有大楼之谓也，有大师之谓也。"好学校、好教育的最重要标准，就是要有好老师。一所学校、一个地区，乃至一个国家，如果教师有理想、有爱心、有学识、有高超的教育艺术，那么即使硬件设施有些简陋，家长、学生也会心向往之。教师是中国梦的奠基者。教师的重要使命，就是为每个孩子播种梦想、点燃梦想，并帮助他们实现梦想。每一间平凡的教室，每一节朴实的课，都不仅是知识的传递，而且是人类文明精神的接续、人生梦想的起航。正是有亿万个孩子梦想的放飞、绽放，中国梦才更加光彩夺目。如果说中国梦最坚实的土壤是学校，那么教师就是最伟大的"筑梦师"，他们用默默无闻、孜孜不倦的智慧劳动，让每一颗年轻的心灵都与中国梦激情相拥。

倡导教育家办学，造就一批好老师，首先要尊重、珍惜我们的本土智慧、本土创造。教育家不是凭空产生的，而是扎根于自己的民族文化土壤，同时吸收人类文明成果，从而创造出独特而生动的教育实践、教育智慧和教育文明。五千年源远流长的中华文明，不但形成了有我们民族特色的教育理论体系，而且涌现出了千千万万优秀的教育家，有被推崇为"大成至圣先师""万世师表"的孔子，有"匹夫而为百世师，一言而为天下法"的韩愈，有"捧着一颗心来，不带半根草去"的人民教育家陶行知，等等。改革开放40年来，随着教育改革的不断深入，教育战线涌现出了一大批杰出教师。他们痴情于教育事业，坚守理想信念和教育良知，在三尺讲台上默默耕耘、刻苦钻研，同时以敢为天下先的精神大胆创新，不断进取、不断超越，形成了各具特色的教育思想和教学风格。正是他们的成功探索和实践，创造了具有中国风格的教育经验，丰富了具有中国特色的教育理论宝库。原由教育部师范教育司组织编写，现由中国教育报刊社人民教育家研究院组织编写的"教育家成长丛书"，就是要向这些宝贵的本土创造性的教育经验致敬。

当前，教育领域综合改革正在深入推进，考试招生制度改革的大幕已经拉开，立德树人、培育和践行社会主义核心价值观成为大中小学教育的头等任务。可以预见，中国教育将发生深刻的变革，将从"中国制造"向"中国创造"转变。"没有革命的理论，就没有革命的运动。"没有适合中国土壤、具有中国智慧的教育理论，就不可能为未来的中国教育改革提供有效的指导。我们的教育要向"中国创造"飞跃，

必然要首先创造属于我们自己的教育理论，而不是"言必称希腊"或者老是贩卖欧美的教育理论。170多年前，美国思想家、诗人爱默生发表了著名演说《美国学者》，号召美国知识界："我们依赖旁人的日子，我们师从他国的长期学徒期时代即将结束。在我们周围，有成百上千万的青年正在走向生活，他们不能老是依赖外国学识的残余来获得营养。"由此，美国迈入精神立国阶段。

如今，我们也面临与爱默生同样的情形。随着我国GDP已从世界第二向第一迈进，我们的经济崛起已成为事实，但在道德文明、文化精神等方面，我们还需奋起直追。没有文明的崛起，经济崛起就难以持续。当务之急，是我们需要化解内心深处的文化自卑情结，摆脱对他国文明的精神依附，自觉养成强烈的"中国意识"，独立的中国文化品格，并由此去环视世界，去改造本土实践，去创造属于我们自己的精神养料——这在教育界显得尤为紧迫。"教育家成长丛书"，旨在把我们本土教育实践中蕴含的中国智慧提炼出来，从而形成具有时代意义的中国特色的教育话语体系，再以此去观照、引领、改造中国的教育实践，为伟大的教育改革提供经验、理论支持，也为未来的教育家提供丰富、可资借鉴的精神养料。

让我们为中国教育的伟大未来一起努力吧！

2018年3月9日

前 言

见证着中国基础教育半个世纪的春华秋实，代表着中国基础教育教学成果的最高成就——"首届基础教育国家级教学成果奖"，闪耀着李吉林、窦桂梅、吴正宪、张思明、洪宗礼、唐江澎、邱学华、于永正、孙双金、薄俊生、龚春燕等一大批优秀教师的名字。而上述这些教师杰出代表恰恰都是《人民教育》"名师人生"栏目中最受读者喜爱的名师，都是"教育家成长丛书"的作者。

"教育家成长丛书"（以下简称"丛书"），是在第20个教师节前夕，为了研究、总结、宣传和推广我国众多优秀中小学教师的先进教育思想和鲜活的宝贵的教育教学经验，培养造就一大批德才兼备的优秀教师和杰出的教育家，促进教师队伍整体素质的提高，根据教育部党组安排，由师范教育司组织编写的一套凝聚着一大批教育家成长智慧的大型教育丛书。

"丛书"自2006年问世以来，不但得到国务院和教育部领导同志的高度重视，而且先后印刷多次尚不能满足广大读者的需求。这其中的奥秘何在？

当你翻开"丛书"，每一部著作都讲述着一位教育家成长的故事。这些著作主要从"成长历程""思想概述""课堂实录"和"社会反响"等方面全景式反映其教育思想、教育智慧、专业精神和专业人格的形成过程与教学实践过程。这是教育家成长的基本素质所在。

当你沿着教育家成长的足迹走近他们的时候，你会融入这些带有"草根色彩"，扎根中华教育实践大地，充满田野芳香的真实感人的教育故事中。

当你从"丛书"中，从这些当年和自己一样的普通教师，成长为今天受人尊敬的教育家的成长过程中受到启迪，当你触摸着自己的心，把学生的成长和祖国的未来紧紧连在一起的时候，你会真切地感受到教育家离我们并不遥远。

当你用整个身心蘸着自己的生活积累去品味"丛书"中的每一部著作的"成长历程"时，在一位位名师不断学习、不断超越自我、不断超越学科教学的求索足迹中，你会读懂"教育是事业，其意义在于奉献"的丰富内涵。

当你研读"丛书"中的每一部著作的"思想概述"，和每一位名师展开心灵对话的时候，都会深深地感受到，一名教师对教育独立的理解与执着的追求有多么重要。从一名普通的教师成长为受人尊敬的教育家的过程中，你会读懂"教育是科学，其价值在于求真"的深刻含义。透过"丛书"，你会看到一代代教师用爱与智慧塑造民族未来的教育理想。

随着我们从"知识核心时代"走向"核心素养时代"，教师教育教学活动的视野已拓展到人的生存与发展的方方面面。教师要结合自己的教学实践去感悟"教育理念是指导教育行为的思想观念和精神追求"，应该把爱化为自己的教育行为，让爱充盈课堂，触摸到一个个灵动的生命，让爱产生智慧，让爱与智慧在学生心中留下岁月抹不去的美好回忆，让教育者和受教育者都感受到教育的幸福。这是"丛书"给我们的启示，也是每位教师应有的胸怀和视野。

时代呼唤教育家。为了进一步把我们本土教育实践中蕴含的中国智慧提炼出来，从而形成具有时代意义的中国特色的教育话语体系，以此去观照、引领、创新中国的教育实践并在更大范围加以推广，"丛书"将由中国教育报刊社人民教育家研究院继续组织编写，希望能够在更广大教师的心田中播种教育家成长的智慧，从而出更多的名师，育更多的英才，成就中华民族复兴的伟业。这是时代赋予广大教育工作者的神圣使命。如果广大教师能在每位教育家成长、探索教育智慧的过程中受到启迪，形成自己的教育智慧，则实现了我们编辑这套"丛书"的初衷。

"教育家成长丛书"
编委会
2018 年 3 月

目 录
CONTENTS

董一菲与诗意课堂

[我的成长之路]

一、初心如雪无痕
　　——我的语文人生无字书 ·················· 3
二、有所钟者，必有所似
　　——灿烂的汉字 ·························· 9
三、青春是一条河
　　——那些在中文系的日子 ·················· 16
四、在那里
　　——最初的师者生涯 ······················ 21
五、一语钟情为诗意
　　——诗意语文的滥觞 ······················ 25
六、高山景行
　　——明亮的仁心师者 ······················ 30
七、那一种风神 ·································· 33
八、书里乾坤大，纸上日月长 ······················ 36
九、为你沉醉 ···································· 41
十、相遇语文，相逢诗意 ·························· 47
十一、那些我上过的公开课 ························ 51

[我的教育观]

- 一、诗意语文：大美无形 …………………………………… 57
- 二、还精深处以精深 ………………………………………… 68
- 三、汉语的世界充满诗意 …………………………………… 71
- 四、正大端然是语文 ………………………………………… 73
- 五、回到诗意的种子 ………………………………………… 76
- 六、汉字本色 ………………………………………………… 81
- 七、凤凰鸣矣，于彼高冈 …………………………………… 85
- 八、语文天地与诗意人生 …………………………………… 90
- 九、唯有语文重重结，谁是系铃解铃人？ ………………… 95
- 十、语文教学是一门艺术 …………………………………… 105
- 十一、语文：三生石畔 ……………………………………… 120
- 十二、追问：语文课堂的诗意对话 ………………………… 122
- 十三、诗意写意：强烈与深远 ……………………………… 126
- 十四、短章与尺牍 …………………………………………… 132

[我的诗意课堂]

- 一、淡雅风物，沉重家国
  ——执教郁达夫《故都的秋》 …………………… 139
- 二、巍巍汤汤的古代音乐文化
  ——执教《伯牙鼓琴》 …………………………… 152
- 三、以大为美，有着人格自由的时代理想
  ——执教《周亚夫军细柳》 ……………………… 165

四、百转千回，风流蕴藉，不道破一字
　　——执教《诗经·郑风》课堂实录及悟课 …………… 177
五、《平凡的世界》整本书导读教学设计 ………………… 197
六、世间只有一种英雄主义：叩问平凡
　　——执教《平凡的世界》整本书导读 …………………… 200
七、隐喻象征层层叠加的心灵影像
　　——执教《朝花夕拾》整本书导读 …………………… 215
八、梅花烙，朱砂痣：古典诗歌意象的花语
　　——执教"咏梅诗"群文阅读 …………………… 230
九、磅礴大气、辽阔深情的雪
　　——执教毛泽东《沁园春·雪》 …………………… 238
十、教学反思之《朝花夕拾》 …………………… 247

［社会反响］

一、诗意语文，独创教学阶段的鲜明标志
　　——董一菲语文教学专业成长的轨迹 …………… 253
二、董一菲与"诗意语文" …………………… 255
三、诗意何方？
　　——对话"诗意语文" …………………… 258
四、仰望诗意的星空 …………………… 261
五、诗意，让语文这样美丽
　　——我眼中的诗意语文倡导者董一菲 …………… 264
六、我眼中的教育家
　　——敬谈董一菲老师 …………………… 271

[附 录]

一、论 文 ·· 277
二、著 作 ·· 279

"读万卷书,行万里路。"
扫码即可欣赏"诗意课堂"外的"诗意生活"

我的成长之路

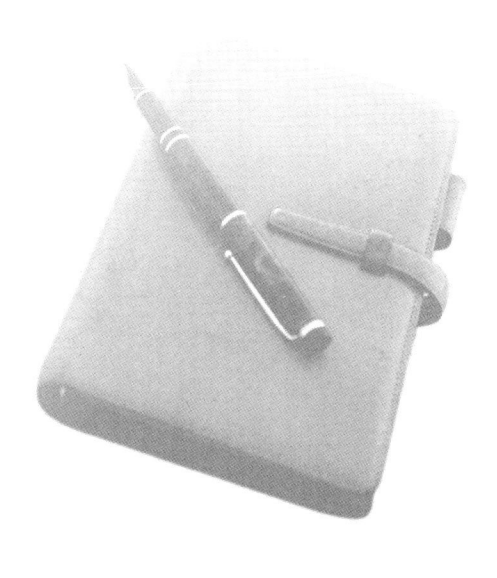

一、初心如雪无痕
——我的语文人生无字书

巴彦，我诗意语文人生的起点。那一段时光，那一切，让我懂得了人生的况味。从此，语文伴我一生。

我非常喜欢萧红，喜欢她的《呼兰河传》，喜欢她的《小城三月》，喜欢她心中的北国，喜欢她笔下的人物，喜欢她的小城呼兰。读了又读，看了又看，总是觉得她的世界里有一种莫名的东西令我感动，弥漫在我的灵魂深处，挥之不去。很久很久，当我长大，大得足够反思自己的"语文"底色，大得足够清点自己文化背景的时候，我突然明白了，我和萧红是"近邻"。她的呼兰城毗邻巴彦。巴彦，那是我生命最初的起点。萧红用生命呈现的文学世界、风土人情，令我难以释怀，我似乎熟悉她的人物的一颦一笑，熟悉那小城独有的气息，天涯海角难以忘怀。

巴彦，有两个古老的城门。那绚丽的城楼，诉说着沧桑和古老。

巴彦，在20世纪60年代有一条黄沙土路的主街道，我已记不清我走过多少回。

巴彦，有着北方小城特有的泥土味、特有的宁静和喧哗。

巴彦，有着名副其实的炊烟和温暖的人情味。

图1 十一个月时，被送到巴彦姥姥家

图2 后排左起，母亲、三姨、二姨、老舅；前排左起老姨、大舅、四姨

我是在十一个月大的时候被妈妈抱到姥姥家巴彦的，我在那里生活了六年。她和爸爸忙于工作，疲于应付"文化大革命"期间的各种批判会，没有时间照顾我，我却因此拥有了一个快乐的童年。姥姥家是一个热热闹闹的大家庭，有姥姥、姥爷、老舅，还有当时还没有出嫁的三姨、四姨、老姨，以及住在西屋的吴姥爷一家。吴姥爷是个老红军，爬过雪山，走过草地。他的头光光的，有好多疤，那是枪林弹雨的印记。那时我总是愿意"猴"在他的怀里一遍遍地问，这个疤是怎么回事，那个疤又是怎么来的，吴姥爷总是不厌其烦地告诉我。吴姥爷十六岁参军，戎马倥偬，死里逃生，闯过无数的"鬼门关"，他是我童年一部最神奇、最精彩、最扑朔迷离的书，他是命运在不经意间赠予我的最奇特的语文教科书。

我一遍又一遍想象着那枪战片才有的镜头：子弹打飞了帽子，擦破了头皮，吴姥爷却安然无恙。吴姥爷十六岁参军，个子没有枪高，军装大得过膝。被敌人追赶得无处可逃时，他跳进池塘，当他刚刚露出水面想喘口气的时候，子弹又无情地从头顶飞过，吴姥爷是我心中的英雄。可是生活中的吴姥爷一点也不凶，总是笑眯眯的。我知道他疼我，于是总是取笑他满口湖南的乡音。其实吴姥爷真的很可怜，是他自己独自将一双儿女带大的。我看见过他戴着老花镜笨拙地给关生舅、吴老姨做棉裤。我有时也会想，吴姥姥哪儿去了呢？要是她在，多好呵。

很多年以后，我才知道，吴姥爷曾经有过一段"不爱江山爱美人"的壮举。日本投降后，年轻的吴姥爷出任巴彦县县长，我想那时候吴姥爷一定很帅气、很潇洒。可是吴姥爷爱上了巴彦县城一个风流的小寡妇，为此他丢了官，为此他的人生轨迹被彻底地改变。我眼中的吴姥爷只是一个平常、和蔼、沉默、可亲的老人，他的风采锐气被时光偷走了，被他深爱的女人带走了。后来，那个女人为他生了一儿一女后，在一个清晨不辞而别。从此，吴姥爷将全部的心思放在关生舅和吴老姨身上，紧紧关闭了爱情之门。

关生舅和吴老姨也就成了姥姥家的另外两个家庭成员。我就这样拥有了属于我童年的世界，一个大家庭，一群宠我、爱我的大人们。

在成人的世界里，只有我一个孩子，他们花样翻新地娇惯我。哄我入睡的方法很奇特，名曰"卖狗肉"，就是扛着我，在街上走来走去，让我观风景，看市井百态。往往走到东牌楼，我才肯入睡，扛到家里轻轻往炕上一放，我又醒了，换一个人继续向西牌楼扛去。古色古香的牌楼就那样浸到我的骨子里，嵌在我的眼睛里，铺在我的灵魂的最底层，那是我中国古典文学最初的一课。于是命定了我和她一生的情缘。"文化大革命"结束后，重建城楼，多才多艺的大舅就是巴彦东、西牌楼的总设计师。

图3 大舅王玉民，精通诗书画

图4 才华横溢的老舅

这么多人宠我，势必养成我任性、刁钻、顽皮的个性。姥姥家前后园子里种满了果树，有山丁子树、山里红果树、樱桃树、李子树、杏树，地上还长满了红红的草莓。秋天，当山里红红得发紫的时候，姥姥会带着我和三姨、四姨、老姨、吴老姨，去"摇"山里红果树，山里红果掉在地上就会摔得扁扁的，又甜又面。我们在树下嬉闹着，争抢着，我的姨妈们会喊："妈，你看小菲呀！"我会对姥姥喊："姥姥，你看小英、小杰、小兰啊。"我会不依不饶，毫不退让，绝不讲恭敬，绝不讲礼貌，只要姥姥在，我就会有恃无恐，绝不吃亏。我的语言表达像极了爆豆，在成人世界的影响下，我的语言能力突飞猛进。

姥姥家门前有一条窄窄的河，河上有一座小桥。我站在小桥上，穿着大姨给我做的漂亮的布拉吉，充满了骄傲和自豪。我美丽的大姨是巴彦巧手的裁缝。我就那样骄傲地站在小桥上，手里拿着那个年代北方孩子十分罕见的桃子。这时巴彦城的一个哑女从姥姥家的小桥前经过，我冲将过去，执意要把那个桃子送给她，她吓坏了，哭着跑了，我悻悻很久……姥爷却在不同的场合大肆地表扬我："小菲就是大方，不小气，桃子都可以送给人。"巴彦的小桥是我无字的语文人生。

图 5　我亲爱的大姨　　　　图 6　穿着大姨给我做的布拉吉

那是一个困难的年代，粮食要用粮票，布要用布票，姥姥那样一大家子人，生活的艰难可想而知，可是我却被放在蜜罐里养大。中午大门一响，无论正在玩什么，我都会跑着出去，因为我知道是姥爷下班回来了，姥爷多数时候是不会空手回来的。姥爷疼我疼得没有任何原则，我以孩子的狡猾深深地懂得这一点。"猜猜我给你买了什么？"姥爷的眼睛笑得弯弯的。"不猜，不猜，就不猜，你告诉我，告诉我嘛！好姥爷！"被姥爷牵着小手走，那感觉真好啊。

我有一个大大的玻璃瓶子装满了各色糖块，只要少了一点点，姥爷就会装满。

姥爷去世的时候，读大四的我忙着毕业分配。我没能去参加葬礼，那是我永远的痛。

巴彦街里那条黄沙路总有一个卖冰棍的老头儿，他的一条腿有点瘸，他穿着洗毛了边的白褂子，每次见到我都要喊："冰棍，五分钱的冰棍！"那时的冰棍有三分钱的，有五分钱的。我从不吃三分钱的冰棍，卖冰棍的老头儿最清楚。看见我，他就知道买主来了。许多孩子围着他，恋恋不舍地看他的冰棍壶，却找不到三分钱。姥姥领着我说："吃吧，丫崽子，吃够了，咱们再回家！"她坐在路边的树阴下，吧嗒吧嗒地抽烟袋，我扎着羊角辫，一根一根地吃五分钱的冰棍，吃够了才跟姥姥回家。长大后，我从不吃冷饮，再好的冷饮也不感兴趣，我知道我一生中的冰棍在六岁之前吃得差不多了。

"冰棍，五分钱的冰棍！"那叫卖声还在小巷里回荡，还在心间回荡，每个人都有自己的故事，自己的语文人生。

姥姥很小的时候就成了孤儿。没有娘管束她，她的性格里有几分泼辣干练。她没缠过脚，她的一双天足也给她带来一颗不受拘束的心灵，她是大家庭里"主事儿"的人，任何事情都拿得起，放得下。

我在巴彦长啊长，从十一个月长到了六岁。这六年里有那么多的人和事让我记住，让我无法忘怀。

关生舅无可救药地爱上了我四姨。

我四姨外号叫"四辣子"，她的美丽是一种生机勃勃的美丽，是一种火辣辣的美丽，是一种无法让人忽视的美丽。她有着大大的眼睛，高挑的身材，一身洗得发白的军装穿在她身上是那样的合体。军帽下那双忽闪的大眼睛，让许多男孩子神魂颠倒，却又不敢靠近她。她的嘴像刀子一样具有杀伤力，她既调皮又可爱，像一朵带刺的玫瑰花。

我和四姨打嘴仗的次数最多。"你凭什么住在我家！""你凭什么住在姥姥家！""你又没有户口！"这是四姨的杀手锏，我最怕人家说我是"黑人"，这是我致命的短处，我的户口不在姥姥家，这是她们和我打嘴仗胜利的法宝。这一次，我照例"哇"的一声哭起来，找姥姥作保护伞，结果是四姨真真假假地挨了姥姥一顿笤帚疙瘩，一场风波算是平息了。可是四姨就是四姨，她既不是三姨、老姨，也不是吴老姨，她把我抱在膝上，开始绘声绘色地杜撰我的身世。大致的意思是：我是街上那个马疯子的女儿，被我姥姥收留了。更可恨的是她告诉我，"如果还有人问你户口落没落下，你就说'落了，落在电线杆上了'"。

那一年我四岁，我为我的"身世"感到异常羞辱，想来我四姨忽悠人的本事了得，编故事的本事了得。第二天早晨我无论如何也睁不开眼睛，眼睛由于上火红肿得一塌糊涂，姥姥把四姨一顿"神训"，四姨银铃般的笑声令我越发恼羞成怒。关于"户口落在电线杆上"一时又成了我的典故。

四姨是班级的文娱委员，一米六八的身高，走路像跳舞。洗衣服、扫院子一阵风似的，对男生冷冷的，高傲得像个公主。好几个男孩子围着她转，她总是爱理不理的。一时间，我的身价倍增，男生们为了接近她，让我成了一个焦点人物。我一时间拥有了许多好玩的，也不乏好吃的，而四姨还是四姨。

内向、沉默、宽厚的关生舅爱上了四姨，他爱得深沉，爱得辛苦，爱得执着。

外表平平的关生舅注定不是高傲的四姨的白马王子，他们今生注定要错过。

四姨毕业后去了大庆，关生舅追随着她也去了大庆，可最后他们分别结了婚。

四姨在二十四岁的时候，因工而亡，葬在一棵白杨树下。我没有亲眼看过那棵白杨树，可是我童年时梦到最多的还是白杨树，春天碧绿，秋天金黄。上大学的时候我给四姨写的许多诗发表在校刊上，她永远年轻，永远二十四岁，尽管我现在已不再年轻。

关生舅在四姨死后，一直借酒消愁，也早早随之而去。那个把我扛在肩膀上、走东西牌楼的关生舅，那个不幸的从小就没了母亲的男孩，他的爱是那么沉重，又那么苦。

"四姨，我的户口落在电线杆上了！"你听到了吧？

三姨结婚的时候，我哭着闹着一定要跟着去。哪有新娘子结婚那天带着外甥女的？可是，我任性，我被娇惯坏了。姥姥说："英子，你就带着她吧！要不她会哭坏的。"带着就带着吧，三姨是厚道的姑娘，三姨夫爱三姨，他顺着她。我就这样坐着马车跟着三姨来到三姨的新房，那是一个冬天，天寒地冻。

我习惯了热闹，受不了冷清，四姨走了，三姨嫁了，我小小的心里有说不出的悲凉。后来读《红楼梦》，读张爱玲，我对"聚了散了"有太多来自生命的感慨。

那个冬天，我一下子长大许多，我的小脸上多了些许成熟。我知道我缠着三姨买绿豆糕、赖着她陪我玩、蛮不讲理地要她带着我去和她的同学聚会的时光，一去不复返了，三姨已经为人妻了。

老姨在洼兴插队，老舅用自行车带我去看她。我用小手紧紧握着他的裤带，骄傲地坐在车子的后面。走过一片田野，走过一座座山，我开始觉得单调乏味了，我睡着了。后来我从自行车上掉了下来，把老舅狠狠地吓了一跳。他担心我摔坏了，姥姥、姥爷骂他。还好，我居然毫发无损，胜利到达了目的地。

老姨和老舅在街上边走边谈大人的事儿，我蹦蹦跳跳地在边上玩儿。蓦然回首，我有了一个好主意，我发现高大英俊的老舅和高挑美丽的老姨那样般配，我多希望他俩结婚啊，那样多好，我就不会孤单了。

可是老舅还是娶了陌生的老舅母，老姨嫁给了同样陌生的老姨夫。

没有人和我玩了。

我和姥姥、姥爷在一起。没事爬上爬下给姥姥、姥爷找烟袋、烟笸箩。

有一天，大门吱呀一响，是爸爸来接我回家了。我坐上长长的火车，走向陌生的家。姥姥没来送我，她哭了，我的童年在这一年轰然结束了。

人的一生都有深深的童年的印记，我的语文人生也自然始自童年。

巴彦，是一本无字的书。

那段时光，那些人，那些老街，那些气味，那些和灵魂有关的东西远了却又近了。

当时只道是寻常，童年如一条小溪静静地流过，那段时光、那些人就这样远去了。可是那一切在我心中留下了深深的不可磨灭的印记。从此，我似乎懂得了人生的况味，那份淡淡的哀伤，那份美。从此我拥有了和文学贴近的心灵，从此我似乎更懂得了什么是孩子，我们该怎样爱他们。

"当时只道是寻常"，这是纳兰性德的词句。是呵，当时只道是寻常，可是千回百转之后，我却发觉那一切不可能寻常。

从这里出发，我开启了诗意语文的人生。

二、有所钟者，必有所似

——灿烂的汉字

凡人光明博大、浑厚含蓄，是天地之气；温煦和平，是阳春之气；宽纵任物，是长夏之气；严凝敛约、喜刑好杀，是秋之气；沉藏固啬，是冬之气……有所钟者，必有所似。

——题记

图7　我的父母大学毕业后来到遥远的北大荒

　　小时候，每一个汉字都是我的太阳。现在，每一个汉字都是我的人生。对汉字、语文的钟情，让我一步步成为一个诗意的语文教师。

　　那一年我和爸爸坐了很久很久的火车回到了爸爸和妈妈的家。村口的老榆树给我留下了永生难忘的印象，门前的小河不舍昼夜哗哗地流淌，那一瞬间我从一个被许多大人宠爱的小孩子成长为大孩子。

图8 和爸爸、妈妈、妹妹在一起　　　　图9 我和妹妹董一冰

这是一个北大荒的村落，人烟稀少，苍凉而辽阔，几十户人家散落在莽莽苍苍的原野上。我闻到了属于田野的独特的气息，那一片鸡鸣和狗吠让我莫名地激动，我冲动地拉起妹妹的小手，本能地想保护她。

爸爸和妈妈大学毕业后被下放到这儿，一个在地图上很难找到的村落。

那是一个读书无用论盛行的时代，可是妈妈在白天领学生锄完地之后，晚上还点起油灯，教我和妹妹识字。她是一个不可救药的"书虫"，在没书的年代，她的日常读物居然是《科技动态》。整整一个冬天，我和妹妹认识了二千多汉字，于是争先恐后地读报纸，在人前卖弄，自然赢得了许多赞美的声音，我们对字和纸的感情空前高涨，与日俱增。后来，我做了中学语文教师，妹妹成了博士后、大学教授，都谑称这段学字生涯是"童子功"。每次我给学生讲汉字之美的时候都要提及仓颉造字的美学效应是"天雨粟，鬼夜哭"。对，应该是夜晚，一定是夜晚，烛影摇曳，窗外风雪迷途，乡村独有的宁谧和黑暗如诗如歌，美丽的汉字如浴火凤凰，跨越千年，灿烂飞翔。我的小小的心灵充满了幸福的忧伤，汉字在我的心头印下了梅花烙。

"种葫芦，开白花，结出的葫芦开满架"，这是妈妈在那个年代能够找到的最好的启蒙教材，那是一本被我们背诵了无数遍、翻看了无数遍的《长白山儿歌》。长白山，对于我就是一座神山，就像昆仑山对于我们中华民族，奥林匹斯山对于希腊一样。对于一个长在平原的孩子来说，长白山晶莹、神秘，对我发出最初的召唤。

2000年，我到东北师范大学参加首批国家级骨干教师培训，终于圆了梦，一睹长白山的风采。六月的长白山芬芳迷人。我走过茂密的阔叶林带，走过针叶林带，走过岳桦林——所有岳桦林都留下了风的形状。再向上攀缘就是满山的杜鹃花，如醉如痴地开放，再向上是火山灰弥漫的世界，接着向上是一个冰雪簇拥的世界，那里有湛蓝的天池。我站在天池边，无言无语。长白山在我少年的梦里，少年的记忆里。她静静地矗立在这里千年万年，等待着我无悔的寻访，这是一部关于山的传奇，又何尝不是一个语文的传奇，我的心湖映着《长白山儿歌》，长白山的眉黛上有一个如诗的天池，这是某种躲不开的宿缘。

我在文字里畅游，在文字里认识那座山、那片海、那个草原。我的启蒙读物里有一本《草原上的鹰》，是诗体小说："《草原上的鹰》，写个苦少年。这个苦孩子，生在大草原……"这缓缓的迷人的叙事风格令我神魂颠倒。后来我做了中学语文教师，读了中外名著，但我还是喜欢这种叙事，固执地认为它最美。草原的画卷就那样无遮无拦地向我铺开，"天苍苍，野茫茫"，蒙古包如白帆点点，诗意浪漫，雄鹰高翔，歌声嘹亮，骏马奔驰，小伙子勇敢剽悍。哦，我的草原，我的草原上的鹰，多想让你，和我一起看草原。

"文革大革命"十年，文坛一片荒芜，作家浩然几乎是一枝独秀。我不喜欢他的《艳阳天》《金光大道》，却喜欢他的《西沙儿女》，喜欢《西沙儿女》中的西沙群岛，喜欢大海，喜欢埋在黄沙中的贝壳。长大后看过祖国的渤海、东海、黄海、南海，却总觉得没有浩然笔下的西沙美。

我的两本珍藏版读物是《普希金童话诗》和《卓娅与舒拉》。《普希金童话诗》是竖版繁体字，纸页已经发黄，封皮残破，但是它油画般的装帧，还是散发着说不清、道不明的异域文化的气息，瞬间把我牢牢吸引住。我像破译天书一般读着那些繁体字，为自己的每一次尝试而欣喜而沮丧。我对它发起了一次又一次进攻，终于可以倒背如流。正因为这一场艰难的启蒙，我义无反顾地爱上了俄罗斯文学，我喜欢上了《卓娅与舒拉》《静静的顿河》《青年近卫军》。

读《卓娅与舒拉》的时候，我还小，妈妈给我读。烛影摇曳中我仿佛看到了赤着脚的卓娅走在雪地里，走向绞刑架。她的脸色苍白，我的心痛得发慌。我强忍泪水，可依然泪流满面。我说："妈妈，我也要当卓娅。""白杨树叶飘落地上"，我喜欢这句俄罗斯歌曲的歌词，我以为这一定是献给我的卓娅的。对，卓娅是我的，是

她唤起我蒙昧心灵最初的牺牲美与崇高感。

《普希金童话诗》给我留下最深印象的就是《渔夫和金鱼的故事》，那个贪婪的老太婆，在瞬间富贵，又在瞬间失去了这一切。我还记着故事的结尾，"金鱼叹息一声游走了"。金鱼的"一声叹息"穿越时空令我警醒，让我这一生面对名利的时候都不敢贪婪。那一声叹息太响亮、太无奈，我宁可守着那个"木盆"，那个"草屋"，因为它是实实在在属于我的。

春天来了，一切都复活了，原野真美，我阅读着大地的诗行。挖野菜，走很远很远，地平线却永远在远方。

后来给学生讲元稹《离思》中的"曾经沧海难为水"，我说："沧海是什么颜色？是阿波罗眼睛的颜色，是马兰花的颜色。"马兰花——我心中的花。我曾经冒冒失失地闯入它的领地，却被骇呆了。挖野菜总是越走越远，那一次挖野菜现在想来没有任何预设和伏笔，我沿着河岸采柳蒿芽，却渐行渐远，来到一片湿地。我和大片大片的马兰花就那样遭遇了，它们顽强地占据了我的眼睛、我的心，它们的艳影就这样在我心头荡漾。它们蓝得像星空、像梦，成群结队，满塘满坡。在那瞬间，我疯了似的大把大把地采撷，最后又无奈地放弃，这美把我征服得彻彻底底。马兰花是我看到过的最美的花，它的野性，它的无拘无束、无遮无拦，它的最纯粹的蓝色、最纯粹的姿态，覆盖了我的记忆，它是天地、自然美的征服者。

在课堂上当我陶醉和忘形的时候，总是要这样表达："蓝得像马兰花""元曲中的女性像马兰花""萧红的小说像马兰花"。其实马兰花是刻在我的心底了。那个夏季，那片马兰花……

夏天，当原野一片茂盛、一片纯绿的时候，我们会成群结队走得很远。

夏天的暴雨总是想想就令人感到恐怖，云在天上肆意地翻滚，瞬间合聚，天地黯淡，伴随着惊天动地的雷声，暴雨倾盆而下。在一棵树都难找的北大荒的原野，我和小伙伴们瑟缩成一团，那份对大自然的敬畏从心底升腾。后来读康德的墓志铭，对他的"世界上有两种事物令我敬畏：一是头上的星空，一是心中的道德律"简直要跪拜。

也曾坐在堆着高高麦垛的牛车上看夕阳。牛车在田间小路上蹒跚着，田野里没有一丝风，夕阳如火，巨大的、红红的太阳向地平线滚动，静静地燃烧着。我呆呆地注视着它。哦，我的太阳，它照亮了我的心灵，也照彻了我的灵魂。

读李白的"西风残照，汉家陵阙"，我有别样的感动，我对夕阳有着特殊的深情。

我经常问学生们："你们看过夕阳吗？"他们总是很茫然地摇摇头。城里的孩子真可怜，他们没看过真正的星空、真正的地平线，没看过夕阳和满天的蜻蜓，他们和自然是那样的隔膜。我以为一个优秀的语文教师必须是自然之子。孔子就说过读《诗经》的目的之一就是了解"草木鸟兽之名"。我喜欢植物，母亲就是学植物分类的，"这是阿尔泰紫菀""这是车前草""这是蕨类植物"。我爱植物，走到哪里我都要不停地问这是什么树，这是什么花。在青岛我缠住导游穷追不舍。我似乎明白了《还珠格格》里为什么有个"紫薇"，还有个"夏雨荷"。大明湖满池的荷花，济南城满城的紫薇花就是明证。可是，还有那么多的树和花我没见过。在苏州拙政园我拖住一个清洁工问她白玉兰什么时候开，桂花为什么那么香。三亚热带植物的王国，更是令我流连忘返。

若干年前讲舒婷的《致橡树》，学生问我："老师，凌霄花长什么样？"无知者无畏，我勇敢地回答："大概像爬山虎吧！"后来我到了崂山的玉清宫，看到了攀缘的凌霄花，我哑然，再后来我在扬州的瘦西湖看到"生死相依"的那棵树，终于懂得了舒婷。

图10　小学五年级与班主任金顺玉老师合影

1976年，我十二岁。我在故乡度过了多姿多彩的六年乡村生活后，跟随落实政策的父母回城。

我告别了淳朴的乡亲和小伙伴，告别了白雪皑皑的田野，开始了全新的生活。

图11　左起：冬梅、我、咏梅、洪兰

父母在一个中专学校任教。学校大大的图书馆令我们姐妹欣喜若狂。我们几近贪婪地读书，不，简直是吃书，如果高兴，一天读一部长篇就是家常便饭。尤其是到了寒暑假，妈妈成抱地往家借书，一路上她又兴奋又自豪。"借这么多书呵。""是呵，两个女儿爱读。""什么时候能读完呵？""很快。"

那个时候读书没有什么计划，比较杂乱，也多凭兴趣，我尤喜读《当代》《十月》《收获》《小说月报》等文学刊物，期期不落。上大学时和同学比阅读大获全胜。也正是在这个重要的人生阶段，我养成了读书，甚至嗜书如命的好习惯。这个习惯一直延续到现在，也感染了同一个语文组的年轻人和我的学生们。

语文即人生，语文关乎一个人的性情、阅历，更关乎一个人的心灵。

我的语文一直很好，高二文理分班时，我毫无悬念地学了文科。记得读高中的时候，我的作文每次都被当作范文。语文老师问我："你的理想是什么？"我想都没想地告诉他："我要当作家！"当作家一直是我的梦想，成为黄蓓佳、张曼菱、迟子建，恍惚间，我甚至觉得我离她们很近。

可是，可惜，我读的是"师大中文系"。

读高中的时候，我有个好朋友叫徐菁，我们一起读书。她家也有一个大大的书架，我们一起探讨石评梅，一起朗诵但丁的《神曲》，每天都要语不惊人死不休地写上一段话。毕业的时候，我在我俩的合影上写上"伊甸园见"，可是却没能再见，她远嫁美国，我回到母校做了一名语文教师。

永难忘记青涩的青春岁月，我俩踌躇满志又故作高深的模样。是语文让我们聚首，是命运又让我们天各一方。我还记得徐菁一甩头的样子，我还保留着她写给我的小诗，她的字很漂亮、很潇洒。

读高二的时候，我们班级来了一个新语文老师，一个刚刚毕业的大学生。在大学生凤毛麟角的年代，他给我们带来一缕清新的风，"流浪，流浪，流浪远方，我要把沙漠变成绿洲"。他用年轻的心、饱满的激情、横溢的才华感染着我们。

语文老师偏爱我，他每周都给我单独出个作文题目让我做。我不会写议论文，他就整整训练了我一个学期，我却怎么也拉不开议论的架式，一抬笔不是记叙就是抒情，他却没有对我丧失信心。好在那一年高考作文是写一封信，否则我会让他非常失望。

我常常想起小时候，住在乡下的时候。乡下总是停电，冬天天黑得特别早，爸爸妈妈下班又晚，我和妹妹瑟缩在墙角，看着最后一缕阳光消失。在这孤独、寂寞、恐惧的时候，童话里小人书里的人物就会在想象中走过来，我们心中便有了一丝温暖。供销社来新小人书了，那这一天就是我的狂欢节。

哦，我的太阳。

每一个汉字，都是我的太阳。感谢母亲在北大荒的暗夜执着地为我点燃太阳，让我的人生充实而又温暖。

我爱太阳，我爱语文。

三、青春是一条河

——那些在中文系的日子

青春是一条河，留不住，依依回首，在梦里。时至今日，那些在中文系的日子，虽不能重来，却是我永远的骄傲。

1985年，我考上了哈尔滨师范大学中文系。

行走在校园里，我有一种自豪感。

那是一个诗歌繁荣的年代，校园里雨后春笋般地出现大量的校园诗人。在中文系82级毕业典礼上，诗人潘洗尘朗诵了他自己的诗作。全场雷鸣般的掌声一浪高过一浪，我们都是他的"粉丝"。潘洗尘风度翩翩，大大地满足了我这个大一女生对诗人的想象。若干年后，潘洗尘的诗作被选入中学课本，他是我们师大中文系永远的骄傲。

中文系85级的狂飙诗社迅速崛起，迅速蹿红，我也乐在其中。诗社先后出了几个诗集，我记得有《草莓悄悄地红了》《也许是偶然》。《草莓悄悄地红了》是女诗人林子写的序言，她在序言里提到了我的诗《五月冰》。一时间，我竟然天真地觉得我的作家梦就要实现了。

图12　大二时在帽儿山

社长李兆杰带领我们切磋琢磨，那真的是一段激情燃烧的岁月。那时候师大的校园里诗人济济，诗人的造型越来越个性，越来越怪异，个性的打扮似乎和才华成正比。我不是一个彻底的诗人，我的烟火气太重，世俗情结太浓。我做不到忘乎所以地飞扬，我总是眷顾着人间的温暖，我不是高雅的仙女，我是尘世间的俗女子。

面对诗和诗人，我再也无法像读高中时那样肆无忌惮地说"我要当作家"了！

在哈尔滨坐电车总能经过一些中学，每次我都把头扭过去，扭到不能再扭。我不能想象我做一辈子中学教师是什么样子，我逃避我的专业现实。

读书和写作仍然是我大学时代的最爱。

师大中文系师资力量雄厚，付道滨和张锦池老师教授我们古典文学。付道滨老师刚刚研究生毕业，讲授先秦文学。他背着一个军挎包，随意而又潇洒。他语调平和，语速却极快，目光黑亮真诚如孩童。先秦文学，古老的"风雅颂"就那样流淌。我们能够在他的课堂教学上感受到浓重的学术气息。这一点对于我们是陌生新鲜的，那是一个全新的世界，我们早已习惯了中学现成固定的答案。而付道滨老师的课总是引领我们走向多种可能。在他的课堂上，你不可能处在思维的板结状态，你思考并且必须思考。许多同学喜欢和付老师攀谈，都想更多地了解他。他的年轻和他的学识不相称，他的厚重让我们深深地懂得"高山仰止，景行行止，虽不能至，然心向往之"。我总是远远地仰望着他，觉得他那么高大和神秘。

青春岁月，也许是由于天性，也许是由于书读多了，我的性格里有我自己都难以读懂的内向和敏感。更多的时候，我默默思考，自惭形秽。可是我分明能感觉到付老师就是一个知识分子的高度。

中文系女孩子多，叽叽喳喳，消息又灵又快，对付老师的学习经历、爱情经历，几天内就摸个清清楚楚，并以神奇的速度散播开。付老师的妻子美得炫目，付老师的藏书多得汗牛充栋，付老师在我们的青春岁月里塑造了一个绝版的"才子佳人"的经典形象，让我们对文学、对读书又多了一分玫瑰般的温情。从此我特爱《诗经》。

张锦池老师一袭白色西装走进了我们的视野，整个阶梯教室一片嘘唏。在这之前就有"权威人士"发表新闻公告：张锦池，上海人，父亲是大资本家，定居香港，张老师是北京大学的高才生，为国家一级教授。虽然有了充分的思想准备，但我们还是被张锦池老师的翩翩风度震撼了。张老师的《红楼十二论》，在"红学"界引起了强烈的反响，奠定了他红学大家的地位。张老师带有南方口音的普通话流响宛转，旖旎多姿。"太美了！"原来文学这么美，中华文化这么博大，这么恢宏壮丽。

张老师在师大掀起了"红学"热。由于张锦池老师的学术地位和影响，师大中文系承办了一届国际红学研讨会，我们兴高采烈地跑来跑去做服务工作。

张老师的选修课常常是座无虚席，我们提前占座仍没有座位，即使站在过道里也须"提气"。

从此我爱上了《红楼梦》，师大图书馆的《红楼梦》相关评论，我一顿横扫，许多同学更是如醉如痴地在阶梯教室里通宵读《红楼梦》，张老师的魅力可见一斑。记得我刚刚毕业当老师时，凭着初生牛犊不怕虎的精神开了《红楼梦》选修课，还上过一节公开课，居然有小小的轰动，自得了许久。可是，我知道我的这一点点常识连张老师的学问的皮毛都算不上。

我也曾经败走麦城。大二的时候，外国文学居然挂科。我不算是一个循规蹈矩的学生，有时会逃课。如果哪个教授的教案颜色发黄，我就看自己喜欢的书。在外国文学课上，我昏昏欲睡，全凭个人爱好读书，结果是知识结构严重不合理，重文学课，轻理论课；重中国文学，轻外国文学；重中国古典诗文，轻中国古典戏剧。

如果命运给我一个重读大学的机会，我一定做一名好学生。

师大的校园外，有一片树林。那是东北林业大学的实验林，那里有我们青春的身影。

春天，柞树林树干如墨，鹅黄、嫩绿的叶芽点染枝头，配上稀疏的嫩草，如同一幅淡远的水墨画。

夏天，整个树林庄严华美，我们自制简易的吊床，优哉游哉，美其名曰背书，耳畔却只有鸟鸣。

图13 大学时代我住在寝室的上铺

秋天，白桦树林美不胜收，叶子如梦般金黄，树干挺拔，无数双眼睛深情流转。

冬天，白雪温柔地覆盖着大地，松树墨绿，大地寂静得令人忧伤。

我还曾与同寝室的同学，在小树林中捉到一只小白兔。它乖得出奇，我用一只绳子拴着它，把它当作我们心爱的宠物，给它采野草吃。有一天它却莫名其妙地消失了，就像它的出现一样，没有任何征兆。我们伤心了好久，那是"少年不识愁滋味"的悲伤。

小树林里还有一道独特的风景：士兵和高大的警犬。这片实验林也是森林警察训练猎狗的训练基地。奔跑，追逐，跳跃，呐喊，那是一个绝对阳刚甚至壮烈的世界，从中文系女孩子的视角看：深度浪漫。我们也不停地追问自己，我们应该从事什么职业，才能活得不寻常，活得轰轰烈烈呢？不知道，反正不能当老师。那时候师大每年都有一场"青春诗会"，经典的传统节目有舒婷的《祖国啊，我亲爱的祖国》、顾城的小诗、流沙河的《理想》、莱蒙托夫的《帆》，每次也都要朗诵师大学生自创的诗歌。我每年都为入选诗作呕心沥血。青春和诗真的很好。

那时，黑龙江省每年都有大学生征文活动，我都有文章得奖。记得有几篇的名字叫《我的太阳》《飞絮濛濛》《暗随流水到天涯》，我觉得很骄傲，也很神圣。

我总是梦回文史楼，我们整整在那里上了四年的课，四年不变的阶梯教室，往事如昨。毕业十年聚会，我们又坐在阶梯教室里请我们的老师——登场，在热烈的拥抱和热泪横流中，又深深无奈地感到物是人非，青春不再，岁月不再。好在情怀还在，四年的同窗，四年的兄弟姐妹，海角天涯。中文系85级共有162人，人才济济，我们在师大曾办过轰动一时的专场音乐会，每年运动会都名列第一，那是我们青春永远的骄傲……

师大"三舍"是中文系宿舍，一楼是男生寝室，二楼是女生寝室，三楼一半是男生寝室，一半是女生寝室。男女生睦邻友好，没有产生任何"绯闻"，偶有男生淘气，在走廊穿得不雅狂奔，我们女生也只是一笑了之，那是一个纯真的年代。

有年轻人就会有爱情，花前月下的浪漫更是中文系学生的拿手好戏。

中文系毕业典礼的一个压轴节目，是由满头银丝的许乃妍老师指挥全体毕业生合唱《毕业歌》。许乃妍老师是北京师范大学的高才生，出身于书香门第，家学深厚，她父亲是著名的法国文学翻译家。许乃妍老师风度极佳，书卷气极浓，她的指挥投入且富有激情，每一次我都热泪盈眶："八月的桂花开遍了原野……"

大四的时候开教法课，教法老师是丁浩然老师，他毕业于北京大学。我对他肃然起敬。丁老师教我们上《记念刘和珍君》一课，他激情四溢，将那份悲愤演绎得淋漓尽致。我内心世界有了些许触动，看来当中学老师也挺富于创造力。在丁老师的影响下，我对许多文本有了自己的想法，也渴望发出自己的声音，可是由于胆小羞怯，没敢跳将出去，在大庭广众之下"说教材"。许多胆大的同学都展示了自己的"教学"才华，我呆呆地坐着，由于紧张出了许多汗。

也不知道从什么时候起，我由童年的无拘无束，少年的活泼热辣，转而走向性格的另一个指向——羞涩内敛。

写作课的老师十分欣赏我的文笔，有一次，老师让我在阶梯教室、161名同学面前读我自己的文章《记得绿罗裙，处处怜芳草》。我紧张得脸像块红布，声音小得像蚊子。我这副不堪的样子能当中学语文老师吗？我自己都没信心。怎么会这样，我一度对自己失望到了极点。

毕业的时候，许多人忙着找工作，忙着改行跳槽。那时候能够逃离教育界，就是鲤鱼跳过了龙门，可喜可贺了。

改行改行，许多人趋之若鹜，我自然也不能免俗。经过一番折腾，我成功地联系到哈尔滨一家化工厂的宣传科。宣传科的人对我十分热情，领着我在厂内一通转，热情耐心地向我讲解。我却无论如何不能接受工厂这个陌生的所在。我从内心排斥，我的直觉告诉我，这种生活不属于我，我不属于这里。这是一家国营大厂，在20世纪80年代末正是人人向往的天堂。我决定放弃这一个人人羡慕的机会，放弃工厂，也放弃哈尔滨。我听见了我内心的声音，我遵从内心的召唤：回家，回到山水秀丽的家乡牡丹江，回到中学做一名语文老师。

临走的那一天，哈尔滨下着暴雨，大雨接天连地，而我的内心却充满温暖。当生活如寂静的阴雨而来时，那些在中文系的日子、青春，陪我渡过每一条仿若荆棘的长河。

图14　哈尔滨师范大学中文系85级1班

四、在那里

——最初的师者生涯

牡丹江市实验中学（以下简称"实中"），是我为人师的起点。

大学时代是一段云里雾里的日子，美丽飘忽而不切实际，尘埃飞扬过后，总是要尘埃落定。

1989年我大学毕业，阴差阳错地成为实中的语文教师。到区教育局报到的时候，正好还有一个女孩子也在办报到手续，她被分到实中，我被分到十六中。女孩子说："十六中离我家近，咱们换一下好吗？"我说："反正我到哪儿都无所谓，换就换嘛！"我就这样去了实中。

　　实中是一所初中，小小的院子，甚至连室内厕所都没有，在其中任教的本科生凤毛麟角。可是在校园里走一走，我发现我真的十分喜欢它，校园里散发的气息是那样熟悉，我有一种回到大地上的感觉，踏实、平静。

　　我负责教初二两个班的语文。我利用假期用心地备课，当然很不得要领。记得第一篇课文是《鲁迅自传》，我用一个星期准备它，结果只用30分钟就讲完了，之后和学生面面相觑。也许是因为陌生，也许是因为我的样子很可怜，学生不忍心让我难堪，总之，学生们很乖，他们静静地自习。我觉得这十分钟好长，好像有一个世纪那么长。我的第一节课终生难忘。

　　也许是自幼好读书的缘故，也许是和语文那份斩不断的情缘。在讲台上的我很快就找到了做教师的感觉，我的语文课很快得到了学生的认可。

　　实中语文组兵强马壮，全市"十佳语文教师"就有三个。实中的语文教研扎扎实实，绝不走过场。

　　记得上青年教师汇报课，讲《愚公移山》，我得到了语文组全体老师最坦诚、最激烈的批评。校长于秋莲也是语文教师出身，她每次都要参加教研组的活动。她的开场白是这样的："一菲的素质不错，今天优点就一概不谈了，我只说几点缺点……"我被彻底地"解剖"了，接下来十几位语文老师轮番轰炸，我简直无地自容。"天啊，怎么这么多毛病啊，坚持住，一定要坚持住。"我不停地给自己打气。差不多用了一节课的时间我才"过完堂"。在实中没有比较强的心理素质是不能上公开课的。可是只要闯过这一关，年轻教师成长的速度也很快。

　　于秋莲校长是一个风风火火、真抓实干不可多得的领导，她有魄力，让那时的实中成为全市最好的初中。她对我更是青睐有加，不仅在实中语文教研组内不断地"切""磋""琢""磨"，还动辄给我会诊，在全市范围内请教学权威来随堂听课，"现场办公"指导。那是我从教以来最难以忘怀的幸福的日子。在于秋莲校长的精心打造下，我似乎都能听见自己的"拔节"声，我快速地成长着。现在我也带了一批徒弟，每次指导他们上课的时候，我都想起于秋莲校长。我多想像她一样严厉而又难掩满腔慈爱。

　　实中给我搭建了许多平台。在从教不到一年的时间里，我上了几次规模不小的公开课。我代表学校参加区里的赛课，不负众望，得了一个"A"。我记得自己讲的是陶渊明的《桃花源记》。中国知识分子从本质上来讲，很难不对陶渊明产生心理认同，是他为我们发现并构建了一个精神的避难所"桃花源"，而且那么不经意，那么从容。"芳草鲜美，落英缤纷"，我和学生极其兴奋地探索着陶渊明的发现。那节课给了我许多自信。

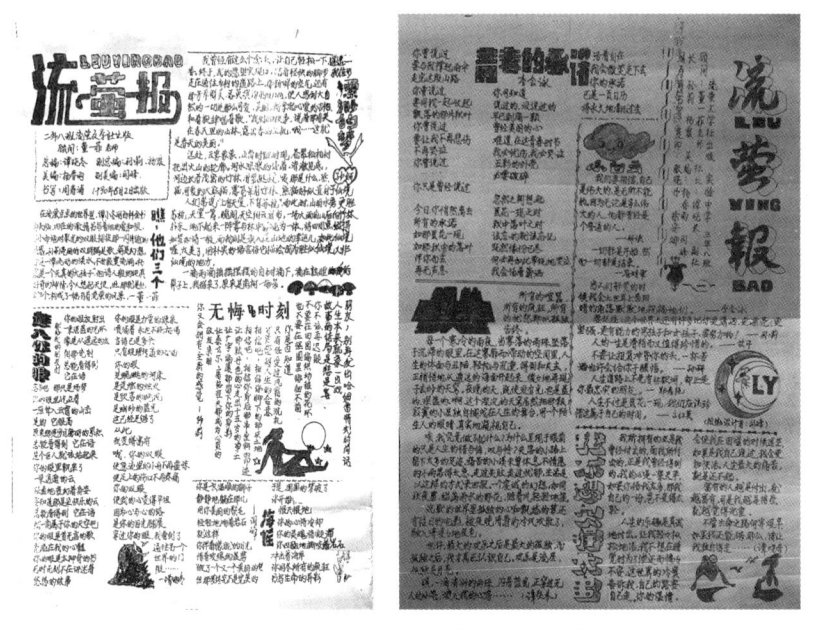

图15　初二（8）班班级手抄报《流萤报》

　　实中是窗口学校，总是有兄弟学校来参观听课，我每次都被学校推在前面。现在想来，于校长真是一个不拘一格的、难得的好领导。我怀孕七个月时还在上公开课，自己浑然不觉另类，听课师生也全然接受。

　　实中语文组有几位老师给我的影响非常大，我也经常拎着凳子跟她们听课。一位是赵欣秋老师。她的课如其人，干净、洗练，没有废字和废话，真可谓"删繁就简三秋树"。她太符合中国古人所说的"把书读薄"了。我听赵老师的课，觉得痛快淋漓。一位是任文满老师。任文满老师性格开朗，听她的课我总是不自觉地想到李贽的"童心说"。课堂上，任老师眉飞色舞，甚至手且舞之，足且蹈之。她和学生的心灵是那样近，那份亲和力让人着迷。任老师的家里总是住着三三两两的家境窘困的她的学生。长着娃娃脸的任老师做得一手好菜，她的家像"共产主义大家庭"，任老师像有使不完的爱心和热情似的，她的学生快乐地、坦然地享受着她的师爱和母爱，她的班级像个家。听任老师的课，我总是在想，语文课到底有多少迷人的魅力是来自语言文学之外的？我多想捉住它，让我也有一种课堂之魂。

我被沈秀英老师一摞摞的摘抄本震住了，后来我经常对我的学生说："如果我们不能做到著作等身，那就让我们的摘抄本等身吧。"女作家琦君爱说"肚才"，我也曾自诩有"肚才"，毕竟我有"童子功"，毕竟读了许多书，可是每次听完沈老师的课，我都对她信手拈来的化境赞叹不已。每一句诗文、每一个掌故都用得那么贴切，没有丝毫的矫揉造作。

我刚分到实中，上班不到一周，市语文教研员闫承玉老师就"跟踪"来了。一进办公室，他就说："听说哈师大新来了个本科生，素质不错，我认识认识。"闫老师五十出头，个子不高，眼睛不大但又黑又亮，尤好吸烟。见到他我非常紧张，甚至有点语无伦次。闫老师也似乎看出了这一点，随便问了几个问题就走了。临走的时候他对我说："我会随时来听你的课。"

闫老师一诺千金，从此他经常骑着一台除了铃不响哪都响的破"二八"自行车，几乎穿越整个城市，不定期地出现在我的课堂上，从板书、汉字的笔画到教学评议的繁简疏密，从一堂课的布局到细微处的教学理念，一招一式进行指导，不厌其烦。听完课，点评完，吸一支烟，骑着他的破自行车就走了，去看他的另几个"苗子"去了。五年后，牡丹江市语文教师基本功大赛，获一等奖的都是他的那几个高徒。现在，我们早已是各个学校的"台柱子"了。

我休产假的时候，闫老师托人捎给我两本教育理论书籍，告诉我这半年忙里偷闲必须读完，等我休假结束，他要和我探讨一些问题。

闫老师的身上有着老一代知识分子的美德，治学严谨，恪尽职守，甘当人梯。回想那些金子般的时光，我记起了古人的那句"君子之交淡若水"。

我骨子里不是一个循规蹈矩的人，那是多数的语文教师都信奉"工具论"的年代。好在实中的空气是自由的，好在有那么多师长的厚爱。于是，我"肆无忌

惮"地教我自己心中的语文,课堂上我就补充了大量的古典诗歌、美文。在初中孩子们学语文的黄金时代,我用古典诗歌开启了他们兴趣的大门,也为他们开启了走进文学殿堂的大门。"要养成纯正的文学趣味,我们最好从读诗入手"(朱光潜语),之后就是写作。我以周记作载体,在没有网络的时代,搭起了一个师生对话的平台,三年内孩子们写了一本又一本的周记,这是他们青春岁月的见证,也是他们心灵的珍宝。之后又办文学社,之后就是孩子阅读课外书,贪婪的风卷残云式的阅读。在牡丹江几家大的书店,我的学生买书、读书已是一道学习语文的风景线。

我们的语文课很快乐。中考的时候,我们班的语文成绩超市平均分十几分,王林同学还获得了语文状元。扎实的语文基本功,一流的语文素养,为这些学生奠定了成功人生的第一块基石。现在他们已经三十出头,分布在全国各地,工作出色,人际和谐,和我的感情很深,相聚的时候都要追忆从前的语文课。

在实中的四年初为人师的日子,是青春激昂、少有束缚羁绊的才思飞扬的岁月。

我承担全校各种大型活动的撰稿工作,甚至包揽全校所有校级班会的撰稿工作。同事们总是信任地对我说:"一菲,来给措个词。"我就兴致勃勃地投入"创作"。这极大地锻炼了我的写作能力。我还是实中校歌的作词者呢!

岁月匆匆,四年的时光转瞬即逝,我还没有来得及审视和反思自己的教学,对语文仍缺少理性的思考。我那时还太年轻。

五、一语钟情为诗意
——诗意语文的滥觞

荷尔德林曾经说:"人类诗意地栖居在大地上。""诗意"一词,直撞心扉,一语唤醒梦中人,诗意语文隐隐地诞生于那个时候。在我的教育生涯中,我始终坚定心中诗意语文的信念。

2000年,我通过了省级遴选答辩,准备参加首批国家级骨干教师培训。由于答辩出色,我受到省教育厅孟繁杰副厅长的赞扬。我兴高采烈,得意洋洋,踌躇满志。父亲及时为我敲响警钟:"别那么浮躁,静下心读点书,充充电。"于是我不再敢飘飘然了。

同年 4 月我踏上了去东北师范大学学习的快乐之旅。

毕业十一年后重返校园，我对学校的每一缕阳光、每一丝轻风、每一片叶子、每一个微笑都心存感激。我们简直太幸运了，教育部拨专款作为培训费，东北师大集长春市最优势的教育资源为我们的培训提供保障。作为首批被培训的学员，我们的骄傲和自豪是可想而知的。

除了上课，我就泡图书馆。大大的图书馆比我想象的还要丰富。我给自己做的读书计划，经常改变。我就像来到了满是鲜花的花园，不知道采哪一朵花才好。

很多学者专家为我们授课。清一色的博士导师，让我们耳目一新，大饱耳福。每位教师只讲四课时。在课堂中，他们集中展现出学术精华。我们就这样痛快淋漓地被"洗了脑"。

李炳海老师的"月亮意象与中国传统美学"一课让我们大大地开了眼界，那种独特的视角，对第一手材料的掌握，以及对材料的分析梳理都让我们叹为观止。我终于懂得了"仰之弥高，钻之弥坚"的深意。李老师的课体现了东北师大首席教授的学者风采。我明白了美既是感性的，又是理性的；美是有重量和厚度的；美是学识，更是能力。后来，我读了李炳海老师的专著，也读了他主编的系列丛书，他为我打开了语文教学的另一扇窗。毕业论文我选择了李老师的论题，得到了他的耳提面命，他对我的悟性评价很高。

我非常喜欢朱自强老师的"儿童心理学"课。朱老师将课上得深入浅出，令人如坐春风。在朱老师的课堂上，我们强烈地感觉到自己就是孩子，被无尽的爱和欣赏包围着。儿童的世界、孩子的世界，多么纯洁和美好，那样晶莹澄澈，充满意趣与幻想。朱老师是一个出色的懂得心灵的老师，让我们回到生命的赤子时代，也因此有了赤子情怀。后来我读了卢梭的《爱弥儿》，因为朱老师反复引用它。从此我的语文课堂又多了一份浓浓的对学生的关怀。朱老师照亮了一条路，一条通向学生心灵的路，我开始郑重地思考"爱"的意义和艺术。

孟庆枢老师的川端康成研究让我对东方美和日本文学感兴趣。孟庆枢老师日语和俄语都非常棒。2006 年，我作为牡丹江师范学院的名誉教授为中文系大三学生讲了一堂极具日本文化色彩的川端康成的《花未眠》。我想这一切得益于孟老师的启迪。一个好老师总是会适时地燃起学生的兴趣，这星星之火凝聚的是智慧、才华和师之爱。

张翼健老师时任吉林省教育学院副院长，典型的才子风度，他横溢的才华令人折服。谈到中语语文教学，他智慧的谈吐、不羁的个性给我们留下了深刻的印象。在张老师的身上，我们读出那种"谈笑间，樯橹灰飞烟灭"的气度，让我懂得了一代学人的独立思考、思维活跃、敢于向权威挑战的斗士精神，那"海到尽头天作岸、山登绝顶我为峰"的笑傲苍生的绝代风华。

我参加东北三省十佳语文教师赛课的时候，是张老师给我点评的课。这次长春一晤，我怀着忐忑不安的心情向他请教了我关于语文教学的困惑。由于对张老师的敬畏，我在楼下徘徊很久，可是在他有着大大书架的办公室里，我见到的却是一位温厚长者。他的谈话亲切质朴，满含着对年轻教师的关爱和期待。不知不觉时间飞快地流逝，当我恋恋作别时，张老师还是对我反复叮嘱，要勤于思考又要耐得住寂寞，并送给我几本刚刚出版的新书。

无论多大年龄，做学生总是幸福快乐、单纯美好的。我们三十多岁了，重返校园仍旧有点"淘气"。我们班黑龙江有八名学员，分别是哈师大附中的付琪，哈尔滨三中的夏广露，佳木斯一中的夏光明，齐齐哈尔一中的李殿明，哈尔滨69中的贺丽艳，大庆东风中学的宋红卫，加格达奇实验中学的丁兆分，还有我。那时我们都刚刚三十出头，"恰同学少年，风华正茂"，现在已悉数成长为特级教师了。我们八个人"形影"不离，经常"沙个龙"一顿神侃，臧否各色教学流派，还经常夸张地模仿老师的特点，不亦乐乎。我们"仰天长啸，壮怀激烈"，对中国语文教育时而呐喊，时而捶胸顿足一番。那是痛快淋漓的时光，我们有语文教坛骄子的感觉，十分自得，十分有激情，经常为一个话题争论不休，面红耳赤。

东北师大留学生公寓前面就是静湖，静湖的荷花在六月开得十分娇艳，我们经常在这里小聚，畅叙幽情，"粪土"一下当代所谓时髦的教育观点。有一天我们在一起研究课表，看一看哪一节课集体逃课"沙龙"一下论文。看来看去，共同选准了哲学课。哲学课有什么意思？为什么要开哲学课呢？虚无缥缈的，不着边际的，就"逃"它了。我们一拍即合，但是又怕直接逃课总归太不像话，如果黑龙江代表队全体消失，班主任刘莉萱老师一定会不高兴的。刘老师很有气质，对我们也非常好，要求严格又不乏关爱。我们都是成年人了，懂得轻重，不想让她失望。

于是我们又快速做出逃课方案，待哲学课开讲20分钟后，我们假装去卫生间，分别溜出来。哲学课是公共课，在大礼堂授课，主讲人是吉大哲学院院长、教授、博士生导师孙正聿。他一开讲就牢牢地把我们钉在了椅子上，我们不仅忘了时间，也忘了彼此的约定。

孙正聿老师像一块磁石深深吸引着我们。他没有讲稿，讲稿在他心中，他已达到了一种"哲学与人"合一的化境。哲学不是在云端，而是那么深切地关乎人性、人生、人的幸福。他将哲学再一次地与时代、与人的心灵接轨。他以时代性的内容、民族性的形式和个体性的风格求索人类性的问题，表达了我们这个时代的人类的自我意识，让我们深深地感到了哲学的魅力，也因此受到了哲学的启蒙、哲学精神的熏陶和哲学思维方式的培养。

孙正聿老师深刻的思想、强大的逻辑和灿烂的语言，使我的思维受到了强烈的震撼，使我形成了热切的"爱智之忱"。以激发理论兴趣、拓宽理论视野、撞击理论思维和提升理论境界为宗旨的哲学讲座，让我在层层追问和叩问中触摸思想和心灵。

他将一个大写的人印在我的心幕上，我的生命从此有了哲学的牵引。"人是历史文化的存在，人是历史文化的结果"，"人通过神话、宗教、艺术、伦理、科学、哲学的方式把握世界"。我恍然明白，我的所谓"语文"世界曾经是多么单调、苍白和褊狭。

他说人应该同时拥有文学修养和哲学修养，有了文学修养就会拥有审美的境界，有了哲学修养就会拥有理性智慧，最终把握丰富多彩的人的世界。人类拥有神话世界、宗教世界、艺术世界、伦理世界、科学世界和哲学世界，哲学是对有限世界的超越。

他精辟的见解将哲学在我心中定格，从此我对哲学、美学燃起了不可遏制的激情。

在骨干教师培训班，我担任班级宣传委员，负责培训材料的编辑和整理，这在一定程度上也锻炼了我的文学能力，催生了我的思考习惯。

每个作教育的人在行动的同时都在思考，没有思考的行动是盲目的。我们的思想呈现在自己的教育哲学和教育追求中。

去东北师大附中参观，附中语文组的墙壁上赫然写着："不做教书匠，要做教育家"。如此豪迈，如此大气，大有"当今之世，舍我其谁"的气度，让我不得不思考我十几年的教育生涯，坚定心中的信念。

在培训期间，东北师大为我们请来了赵谦翔老师。赵老师的语文人生十分感人，简直是激动人心。他的报告几次被热烈的掌声打断，全场学员的热情到了沸点。他对中学语文的深层理解，对我同样有着启发作用。看来我的所谓"教改"还停留在表层，停留在小打小闹的层面上。"语文的外延与生活的外延相等""风声雨声读书声，声声入耳；家事国事天下事，事事关心"，这妇孺皆知的道理，被赵谦翔老师诠释得出神入化，极具匠心。他将"东方时空"这档节目引入课堂，作了一篇拥有天地境界的大文章，真是"东风夜放花千树"。他在乡村处在人生低谷的时候，千百次吟诵《离骚》。在他身上，我看到了中国知识分子绵延千年的责任感和忧患意识。

由于培训时间是三个月，我们有一些培训课程具有营养快餐的味道，电脑培训课就在其中。电脑培训课被安排在晚自习时间。我很老土，固执地拒绝用如此宝贵的时间接受这种纯技术培训，利用这个时间恶补西方戏剧。莎士比亚戏剧我是在小学的时候，走马观花地看了一遍，除了情节我已记不清太多的东西。而莎剧的艺术成就又绝对不在戏剧情节上，于是我利用这个时间又贪婪地阅读了一遍，之后读了古希腊的悲剧和莫里哀的喜剧。同学们嘲笑我"懒虫，又逃课！"我说："你们充其量是技术工人，我嘛有点像学者。"

计算机这一课，我算是再也补不上了。现在想来十分遗憾。

东北师大学术气息浓厚，各种学术报告会每周都有几场。我们和大学生——这些年轻的孩子挤在一起，占座拥挤，乐此不疲，也大开眼界。我还去听过一个中文系的博士生答辩。2000年，博士凤毛麟角，我几乎是仰望着那位博士，觉得她那么年轻，那么有才华，那么美，心里十分向往。

三个月的培训结束后，我们真像被充了电，觉得自己满脑子是想法，浑身是劲。付琪老师是省青语会的理事长，又是我参加省级课堂教学大赛的评委之一，我十分敬重他。他说搞一个青语会年会吧，你们都来上课，做报告。于是他登高一呼，应者云集。那次会议相当成功，起到很好的示范和辐射作用，我的一节课《语言训练》受到好评。

岁月如歌，转眼许多年过去了，我永远不能忘记这段日子，它是我生命中的又一个重要驿站。

六、高山景行

——明亮的仁心师者

"高山仰止,景行行止,虽不能至,然心向往之。"从教之路所遇的大家、仁师,让我一直向往和学习。

大四的时候,教法老师丁浩然给我们放名师的录像带,让我们观摩。丁浩然老师是北京大学的高才生,他不仅教学理念超前,教学手段也十分先进。在录像里"看"讲课,我们十分欣喜和好奇。

记得看于漪老师的《茶花赋》。于漪老师知性,智慧,清瘦,非常符合我对理想教师的想象。她文采飞扬,激情四溢,将一朵童子面茶花诠释得淋漓尽致。我觉得她将带着几分童心、几分诗意、几分稚拙的杨朔复活了,又将这颗精神的种子植入孩子们的心里,让孩子们真诚地感动、无悔地创造、无声地生长。那堂课太动人,简直就是艺术,那里有生命的真、心灵的善、教师的爱、语文的美,浑然天成,行云流水。

其实,正是不经意间的一堂普普通通的教法课改变了我。我在那一刻被唤醒,我忽然明白我那云里雾里的作家梦太不切实际,我似乎读懂了自己:曾经得意的诗文之作,都有无病呻吟的故作小儿女姿态的造作和苍白。我第一次较为深刻地思考自己的价值。因为在于漪老师的课堂上,我分明感受到了生命的质感和重量。灵魂的尊严、美和生长,是那么厚实厚重,那么令人感动。忆起鲁迅先生的一句话:"从喷泉里出来的都是水,从血管里出来的都是血。"于漪老师以激情点燃激情,以感动创造感动,以才华培养才华,以生命感悟生命。"我要成为一个优秀的语文教师"这个声音在那时响起,理想的种子在那一瞬生根发芽。

和于漪老师竟是缘悭一面。

"高山仰止,景行行止,虽不能至,然心向往之",从教近二十年了,初"遇"于漪老师的感觉犹在心中。我知道,我穷尽一生也不能成为她,她是我精神的永远的牵引。

毕业于复旦大学的于老师,同时拥有文学的美的世界和哲学的理性的世界。于是，她至法无法，至派无派，她"书剑"合一，她对教育执着的爱照亮了自己，照亮了学生，也照亮了我这个默默地崇拜她、努力地效法她的一个普普通通的语文教师的教师之路。

同是在大四的教法课上，另一位中学语文教育大家钱梦龙老师走进了我的视野，走进了我的精神世界。钱梦龙老师执教列子的《愚公移山》，那漂亮的"形"在此和"意"在彼的曲问似有神助："参加移山的有哪些人？""参加移山的邻居到底是孀妻还是遗男？""那个小男孩有多大？"

一连串的问题令人拍案叫绝。这种对教材极具个性的、智慧的解读，令我十分着迷，对我的影响具有里程碑的意义。面对任何一个文本，我首先想的问题就是如何解读它，处理它，追求一种"曲问"的境界。这恐怕就是大家的影响力。

2000年，我在大连聆听了钱梦龙老师的《死海不死》。许多老师在课后蜂拥而至，请他签名，我远远地望着，心间回放的还是那节《愚公移山》。也许是先入为主吧！我以为于漪老师的《茶花赋》和钱梦龙老师的《愚公移山》是语文课堂教学的双璧，是一个无法逾越的高度。1999年，我参加东北三省十佳语文教师展示课，欧阳代娜老师担任评委。在此之前，我有幸看过欧阳老师编的一套教材，整套教材侧重点突出，思路清晰，令人耳目一新。尤其是大量古代诗文的选录，彰显出编者古典文学底蕴的深厚，对母语的情结和对祖国文化的热爱。后来，我又知道她是作家欧阳山的女儿。《三家巷》是我喜欢的一部小说，我也因此对欧阳老师多了一分亲近感。

欧阳老师端庄大方，有一种从容不迫的气度，她对我的这节展示课给予了高度评价，同时也十分中肯地指出了不足。

欧阳老师是语文大家，但是没有一丝一毫的架子，措辞委婉，态度温和，厚德载物。

后来她到牡丹江参加黑龙江省中语会年会，我又有了一次可以近距离接触她的机会。不知为什么，我在欧阳老师的身上读到了中国古典美学的另一境界"温柔敦厚"，也想起了余秋雨先生的"成熟是一种并不刺眼的明亮，一种并不陡峭的高度"。

大家给人的启示远不是一种课堂的艺术，而是一种学术的修养、一种人格的魅力。

2000年，我在东北师大参加全国首批骨干教师培训，担任班级的宣传委员、文艺委员和体育委员。这是一件很特别的事，我既不爱好文艺更不擅长体育，做宣传委员写写材料我还勉强胜任。记得刚开学不久，"骨干班"要和中文系老师开一个联欢会，作为"文委"，我在系办打电话通知中文系被邀请的老师。在我热情的邀请下，其他老师一一应允，只有朱绍禹先生一再推辞。我不明就里，热情力邀。朱先生在电话的那端朗声大笑，告诉我说："我已经八十一了，我真的不会唱歌也不会跳舞，谢谢你了！"

哦？这就是大名鼎鼎的朱绍禹先生！

一段时间后，我终于盼来了朱先生的教法课。和实际年龄相比朱先生要年轻得多，他风趣幽默，声音洪亮。他率真，拥有一颗年轻的心，极富亲和力。课堂气氛热烈，我们听得如醉如痴，不时爆发出笑声和掌声。他是一个实至名归的语文大家。

后来，我的第一本教学专著要出版，我请朱先生作序，朱先生欣然应允。很快，我接到了朱先生的亲笔序言。他对青年教师的厚爱从此可略见一斑，没有推托，只有担当，真诚担当，竭力为之。我感动良久。

2004年，我到北京参加"全国著名诗人聚集中学语文课堂研讨会"，并在这次会上作"观摩课"，巧遇洪镇涛老师，有幸聆听了他的《天上的街市》。在这堂课上，洪先生春风化雨，朗诵丝丝入扣，带领学生穿越天街，叩问星星，叩问美。我亲眼看见了孩子们在45分钟的课堂上的成长，他们从洪先生那里得到了那么多的鼓励，得到了那么多亲切的微笑，他们由忐忑到从容，由慌乱到自信，最后完全投入，朗读，鉴赏。孩子们都难掩自己"创作"的喜悦。

洪先生也非常认真地听了我的一节诗歌鉴赏课。课后我去讨教，先生说："很好，很好，素质不错，只是你有点着急了，如果你再少讲一点，效果会更好！"洪先生是南方人，语音语调婉转，措辞也婉转，但是一句话点醒了梦中人。表面是"讲多少"的问题，实质上还是一个教师的修养和教育境界的问题。

在这次研讨会上，我见到了著名作家陈建功。深秋的北京的早晨，霜叶红了，蔓生植物仍旧呈现着茂密的绿，空气是清新的，凉凉的。我与陈建功在宾馆的院子里不期而遇。我在上高中的时候就读过他的《飘逝的花头巾》，喜欢他的青春的忧伤，喜欢那份唯美和诗意。时任中国文联副主任的陈建功先生，身居要职，却从容淡定，平易近人。我们的谈话围绕着文学创作和语文教育，我幸福地以为自己是在梦中。

我还听了诗人牛汉的报告。高大的牛汉老师为我们勾勒了现代诗歌的发展史，他的亲身经历充满了传奇色彩，令我难以忘怀。

女诗人柯岩的人生境界充满了道德感和宇宙意识，一个诗人的情怀是那样高尚，那份责任感、那份忧患意识深深地感染了所有的听众，在场的很多老师都流泪了。柯岩老师引用于右任的诗作结："葬我于高山之上兮，望我大陆，大陆不可见兮，只有痛哭。天苍苍，野茫茫，山之上，国有殇。"柯岩老师用诗度人度己，她本身就是一首激昂奋进、永不言败的诗。

大家，不仅有惊人之才、大地般深厚的德行、大海般广阔的胸襟，更有着无尽的热忱的爱，还有那种自然之子般的平易，令我心向往之。

七、那一种风神

张翼健先生乃一代语文大家。先生于我而言是值得感恩一生的。先生所展现的语文人的风雅和精神，值得我用一生去追寻和发扬。

我对张翼健先生的印象和玉新兄的描述几乎没有重合点。当然玉新兄的描述更权威、更久长、更洞察、更接近先生的音容笑貌，更接近先生的风骨神韵，毕竟那是几十年的师徒情愫，师恩如海。

我和先生初识是在1999年1月，冰城哈尔滨的腊月雪地霜天。世纪之交，东北的冬天更像冬天。

哈尔滨电工大学的礼堂，两千多的座椅已无虚席。来自东北三省的语文教师穿着厚厚的羽绒服，戴着同样厚厚的围脖和手套，以对语文教学的虔诚热情来听"东北三省十佳语文教师"的展示课。

在隆重的开幕式上，欧阳代娜先生和张翼健先生在主席台上就座，他们是本次赛课的评委。欧阳代娜先生是小说《三家巷》的作者欧阳山的女儿。《三家巷》是我少年时代非常喜欢的中国现代小说，小说中那个时代少有的浪漫情怀已成了我的某种精神底色。

主席台上的欧阳代娜先生儒雅、从容、慧杰、自适，年届七十的她满头飞雪，老得慈祥，老得干净漂亮，像松，像竹，又像梅。

张翼健先生正值英壮之年，倜傥干练，机锋正健，帅气潇洒，字字鞭辟，句句入里。

玉新兄说："翼健先生行的是不言之教。"玉新兄多次撰文怀念翼健先生，有一篇文章的题目干脆就叫《翼健先生：哈哈哈》，意即翼健先生总是温和冲淡宽厚包容得无穷无尽。也许这是晚年的翼健先生吧。

我们还是回到1999年1月的那次盛会吧。那时的翼健先生目光炯炯，头发浓密且浓黑，富有跳跃的弹性，略带天然的波浪恰到好处地梳到后面。这样的大背头是一种极致，一个男子如果没有足够的底气魅力气质学识修养见识阅历甚至自信自负，是无法做这样冒险的尝试的，尤其是在20世纪90年代的时候。可是翼健先生使之浑然而成一体，那样的气场，让我这个坐在两千人会场的角落中的一个怯怯生生的三十出头的小老师备感压力。

后来，还是听玉新兄说：翼健先生出身于一个家道殷实、家学深厚的地主之家。他来自湖南，那个蓝墨水的发源地，哥哥姐姐都是大学教授。

难怪啊。

翼健先生满口锦绣，其理论令我们耳目一新，评课更是不拘章法，天马行空。还好，翼健先生对我那节《念奴娇·赤壁怀古》嘴下留情。听翼健先生评课总体感觉就是痛快淋漓。

已经忘记翼健先生穿的是什么样的外套了，也终于明白了一个人强大的精神气质真的能让别人忽略他外在的一切；明白了曹雪芹是怎样的深谙人性，对人性有怎样的洞察，才会在黛玉出场时浓墨重彩工笔细描神姿，而对着装服饰不着一字。世界上真真有那么一类人，他们精神世界的独特和强大可以覆盖一切。

第二次见到翼健先生是在东北师大的培训班上课的时候。翼健先生走进来的时候使人想起一个成语：器宇轩昂。他高步跨上讲台，扫视在场的每一位同学，于是，我们都乖乖地被俘虏了。翼健先生桀骜不驯，风格凌厉，看得高看得远看得透，一切正当行，一切正当年，如中天的太阳灿烂耀眼灼人。

课下翼健先生也与我们闲聊，似乎认出了我是去年"东三省十佳"赛课的选手，约我去了他的办公室。我的压力很大，翼健先生有他自己都不知道的让人不敢正视的光芒。

翼健先生时任吉林省教育学院副院长。记得他的办公室在二楼，一面墙排着书柜，书随意排列着，办公桌和沙发都很旧。沉着面不动声色，翼健先生无可无不可地喝着茶，散漫且散淡地问我一些我自身的情况，一些语文教学的情况。此时的翼

健先生是蔼然的，是休闲的，是随意沉静的。那一丝流露出来的修养得恰到好处的"黯淡"，十分婉转地遮蔽了他的锋芒、陡峭和尖锐。他鼓励我要著书立说，并从书架上抽出两本书，是窦桂梅和赵谦翔两位老师的书。当时我并不知晓这两位名师，更不知道这两位享誉全国中小学语文界的语文教师是他的弟子。

记得从翼健先生的办公室出来后，我长长地吁了一口气，所有预期的紧张和压力终于释放了，"不怒自威"说的一定是先生吧。

2001年，我接到《语文教学通讯》的编辑王桦林老师的电话，约我做一期封面人物，须做一篇抒情而略带自传色彩的3000字左右的文章。这对于我这个当时还算年轻的教师来说真是一个天大的事，我顿时没了主张和自信，于是想到了在我心中天大的人物——张翼健先生。由于对他的尊敬和信赖，在我拿不定主意的时候，就在慌忙中做了一件非常不得体的事。我打电话给远在长春的张翼健先生，语无伦次地说要他帮我写一个自传性质的文章。先生沉静而又认真地倾听，过了许久，当他努力地弄懂事情的原委后，说："把你相关的材料寄过来，我抽时间给你写。"

十分庆幸的是，后来我终于明白这篇文章是必须自己写的，才不至于太孟浪太唐突太无礼。我自己写下了那篇《紫陌红尘拂面来》，而翼健先生真如玉新兄所说的那样：以他的浑然包容减少了我自责的疼痛。

"俯首甘为孺子牛"这是鲁迅说的，翼健先生分明做到了。他不忍拒绝甚至是提醒我的幼稚的"不情之请"。我一个晚辈居然让他做我的执笔、秘书，他却了无芥蒂地应允。

2008年的9月18日，翼健先生化作一缕轻风而去，其实我更愿意理解为一阵罡风。每年的那一天，他的那些在他的护佑奖掖下"长大"的语文人都在悼念他，玉新兄为他出版了《张翼健〈道德经〉手抄》《张翼健〈论语〉手抄》《张翼健语文教育论集》。

2013年，我写下这样简陋的文字，仅以斯文哀念——永远的翼健先生。

翼健先生是中国教育学会中学语文教学专业委员会的创建人。他在东北师大附中做语文教研组长的时候，提出了这样的组训"不做教师匠，要做教育家"。这样沸血的文字不知道鼓荡了多少平凡的语文教师的语文教育之梦啊！

有一种风神，激励后人，流传千秋！

图16　读书和生命等长

八、书里乾坤大，纸上日月长

（一）

　　只有阅读才能发现课堂之外的万紫千红，才能扶摇而上九万里。书里乾坤大，纸上日月长。阅读是生命的升华。

　　阅读是生命的礼赞，阅读使我们的生命由匍匐走向站立的高贵，使我们超拔于俗世红尘的喧嚣，让我们无愧于"三才者，天地人"。在苍穹之下、大地之上挺立属于人的尊严与骄傲。

　　阅读让我们的生命精致而又风雅，那一脉书香跨越五千年文化，在黄卷青史里，在多情的汉字里，在煌煌的唐书汉典里，在西学异域的那一片精神的天空里。

　　捧书阅读是一个人真正的修炼，是一个民族久远的竞争力，是不战而屈人之兵的软实力。"全民阅读"已写在我们共同的精神记忆里。

　　阅读让我们诗意地栖居在大地上，阅读让我们拥有一颗丰盈饱满的心灵，让我们拥有看待世界深情的双眸，让我们懂得春花秋月那不同寻常的美丽。

　　阅读能够唤醒我们内心充满神性的精神的种子，让我们的潜质变成素质，阅读让我们的仪态举止优美富有书卷气，阅读让我们懂得审美，富有情调，生命优雅。

　　阅读是我们的生命方式、存在方式、生活方式，阅读是我们献给生命的礼赞。

　　曹文轩说："阅读是一种宗教。"

叶澜说："一个人的阅读史就是一个人精神的成长史。"

苏轼说："腹有诗书气自华。"

作为一名语文教师，我以为让孩子们爱上书，爱上阅读，为他们的精神打上书香的底色是我们的使命。

让孩子们在阅读中觉悟，变得敏感，过有诗意而又智慧的人生，过有意义、有品位、有高尚的精神生活的人生，让生命因此拥有高度、深度、广度、厚度。

阅读让我们的心灵贴近母语。汉语简洁，富有弹性和韧性，辽阔浩瀚，天真淳美，生生不息，汉语侃侃款款，多情美丽。

阅读让我们的心灵贴近中国文化，让我们更像一个礼仪之邦的谦谦君子。阅读将儒家入世的担当和道家出世的洒脱作为精神的徽章钤记融入我们的生命。

阅读让我们有了一颗柔软而温暖的心，有了精神的飞扬和灵魂的穿越，让我们有了更高贵的生命的尊严，让我们这个民族走向崇高，让我们内儒外道内方外圆。

阅读让我们的心灵贴近大地山川，让我们敬畏生命，仰望星空，让我们懂得花语和草魂，让我们懂得"天行健，君子以自强不息；地势坤，君子以厚德载物"。

阅读让我们的心灵贴近岁月苍生。我们在文字里感受岁月的轮转，春风秋雨，草木葱茏，在别人的人生中照见自己，照亮自己；在别人的生命里进行着自己生命的彩排，悲天悯人，关注社会。"风声雨声读书声，声声入耳；家事国事天下事，事事关心"，懂得做人的责任和担当。

阅读让我们活得理性，正如孔子所说"知者不惑，仁者不忧，勇者不惧"。当我们遇到苦难与挫折的时候，阅读会帮助我们完成精神的超拔与突围，让我们的灵魂哲学而博爱，充满浓浓的关怀。

阅读会改变我们和世界相遇的态度，让我们乐观、开阔、理性、天真。阅读给我们沸血的肝胆和看云的闲情。

（二）

从教二十五年来，我的语文教学一直以阅读为命，因阅读而美，我一直以做一个教者兼读者而骄傲。

"让孩子们读书去吧"是我语文课的座右铭，带领孩子们读书是我今生所能做的最有意义的事。2014 年，我入选牡丹江市首届"十佳读者"，我的家庭被评为黑龙江省"书香家庭",我还曾以"今天你读书了吗"为题做客牡丹江市图书馆为全市读者进行讲座,也曾以此为题在三个省市作专题讲座。

我在学校开设诗歌专题和小说专题选修课引导学生开阔阅读视野,与书香为伴。我的阅读教学手记由黑龙江人民出版社结集出版,命名为《紫陌红尘拂面来》。在教学科研、外出授课讲座之余,我坚持读书,每年读书量30本至50本不等。2010年,我的一篇博文《盘点这一年我读的书》在中华语文网名师博客上刊登,引起强烈反响。

在指导学生阅读时我大致有如下几种做法。

第一,有三年总体的规划。阅读是个工程,一定要做好整体的规划。

第二,有即时即兴的推荐书目。和某一本书相遇本身就是不期然的,也许是讲课时提到的,也许是我正在阅读的一本好书。

第三,有教师的示范引领。语文教师必须是一个优秀的读者。

图17 专著《紫陌红尘拂面来》

鼓励学生每天读书半小时,并且科学地循序渐进地提高阅读速度。

经典要慢读,时文要浏览,哲学美文要细品,小说戏剧要走马观花。

我十分欣赏温儒敏先生的要让学生"连滚带爬去阅读"这一说法,鼓励学生浏览,引导他们从兴趣入手。

第四,以背诵带动阅读。我国是诗歌的国度,背诵诗歌以带动阅读。学生每天课前要诵读两首诗,以养成纯正的阅读品位,锱铢积累,效果甚佳。以上学期为例,和学生共同学习诗歌近七十首,极大地拓展了学生的阅读视野。

第五,以精讲细读带动阅读。每逢经典中的经典,一定要讲深讲透,品味鉴赏,比如《林黛玉进贾府》一定不要拘泥于课时,要把学生的审美鉴赏提到一个相当高的层面,从而带动他们读整本书乃至阅读明清时期的小说。

第六,以抄写评注带动阅读。摘抄是一个好的阅读习惯。我经常对学生讲的一

句话就是"如果我们不能做到著作等身,那就让我们的摘抄本等身吧"。摘抄是阅读的一个库存,更是一个美的库存。偶尔尝试着做点评注,往往可以使阅读的功用最大化。

第七,以写作带动阅读。写是对读的一个检验,一种内化,一种锤炼,一种升华。在语文课堂中多安排小练笔、对对子或作文片段,以此带动阅读向纵深发展。

此外,像举办诗歌朗诵会、作文竞赛,开展戏剧节等活动,也是对阅读的深入和升华。我所培养的学生对读书有着浓厚的兴趣,读书品位不俗,阅读的速度也非常快。茅盾文学奖的获奖作品一公布,即使是在高三准备一模考试最紧张的时候,他们也人人捧读。读书已经是他们学习生活的重要组成部分。"海量"的阅读为他们以后乃至终身的学习打下了坚实的基础。马海瑜同学考到南开大学,一学期读了七十本书,当选校园十大读书人物。潘多同学凭借中学时代扎实的功底考取外交学院的研究生,成为研究生班文学功底最好的学生。唐楷峰同学是中南财经政法大学莎士比亚剧团的团长,对莎剧颇有研究,这源于他中学时代的阅读和对莎剧的情有独钟。赵亚轩同学是浙江大学红学会会长,学金融专业的他说起《红楼梦》来头头是道、如数家珍,竟有几分专业的味道,这也和我在高中的语文课堂上带领学生读《红楼梦》有关系。爱读书,是我所教过的孩子的共同特质。上大学,他们人还未到,书箱子已到。假期人还未回,书箱子已先期到达。在浮躁功利、充满世俗喧嚣的时代,这是我能为孩子们做的最令我开心的事。因为阅读量大,我的学生们普遍口才好。我曾经有一届学生,班级共58人,有40多人在大学时代担任学生会干部。中学时代的大量阅读为学生的可持续发展提供了动力。他们更有后劲,更具人文关怀,生命更有弹性,更容易获得成功。

我读书的习惯也带动和影响了语文教研组的年轻教师,买书读书蔚然成风。"奇文共欣赏,疑义相与析"。二中的语文教学引领了一种读书风尚、专业发展风尚,徒弟们不仅爱好读书,也勤于写作,他们在中华语文网开设的博客"语文行"受到全国各地语文教师的关注。省语文教研员也多次鼓励他们。徒弟们的教学随笔集《诗意语文行》于2014年由长春出版社出版,这些年轻教师的阅读功底可见一斑。我的书房有6000多册藏书,我的徒弟们几乎每人都有相当数量的藏书,每每交流,自然是十分欢喜。他们共有四人次在全国教学大赛中获一等奖,有东三省十佳教师,有全国学术先锋人物,有省级教学能手。读书是我们共同的爱好。

人活着的全部目的是最大限度地实现自我、完善自我，活着就是要有一颗饱满的心和一个美丽而深刻的灵魂。

有人说：读书有苦读、痴读和闲读。苦读总有一种被迫感、一种不得已。痴读是一种来自生命的自觉和爱。闲读是一种自由的境界，行当其所行，止当其所止，闲读是逍遥的阅读境界。一直努力带领孩子超越苦读的功利层面，让他们因爱而读，最后在书中闲庭信步。不限制，不主观。读书没有疆界，没有禁区，读者无疆！

带领学生读书吧！多么希望有一天当孩子们捧卷阅读的时候，可以"掬水月在手，弄花香满衣"。阅读是生命的礼赞。

图18　期刊照

九、为你沉醉

课堂是我的某种存在方式、某种生命方式，是我诗意语文的"道场"，是我精神的朗照。教书的时光，我为你沉醉。

也许百鸟和鸣，繁花似锦；也许草长莺飞，鸢飞鱼跃；也许会然一笑，无声有声；也许思路幽深，苦思冥思。每一个瞬间都有其独特的况味。

（一）我的第一节语文课

记得初登讲台的第一节课，我讲的是鲁迅先生的《鲁迅自传》。整个暑假我似乎都在备课，这篇短短的千字文，我都可以背下来了，却真的不知从何说起。我第一次意识到，读书和教书真的是两码事。

天很热，实中操场的四周有两排白杨树。骄阳中，白杨树密密树叶的哗哗声，在教室里都听得到。同学们愣住了，他们一定是不知所措，看着在讲台上窘态万分的我。我把自己搁浅在讲台上了。备了一个暑假的课，其实一直是在"背"课，没有"讲台"经验，又加上紧张，作为教者，没有互动，没有倾听，只有一味的"讲"，结果才30分钟，我就用快节奏的语速说完了我能说的一切。

接下来自然很尴尬。我站在讲台上，看着62个孩子，简直要哭了。夏日的熏风那么使人醉，草地上有五色的花儿在开。

这些孩子一定很不解。在他们的学习生涯中肯定也是头一次遭遇这样的情况，一个老师站在讲台上一语不发，而课堂上的时间还剩下许多。

第一次登上讲台，我连一句"自己看书"这样最简单的指令都不会发，就那样戛然而止。我庆幸那一节课没有校长和指导教师走进我的课堂，否则我相信，我不会再有资格做教师了。

孩子们一定是在前一天听到关于我这个新大学生的介绍的，想必我是被班主任老师隆重推出的。我是这所初中分配来的第一个本科生，他们对我一定是充满期待的。

记得我去校长室报到，于秋莲校长端坐在办公桌前正在翻看我的档案，看见怯生生的我十分愉悦地说："太好了，我们来了一个本科大学生，听说还是个才女，欢迎你啊！"并热情地和我握手。她是一个高大爽快的女子，声音响亮干净，她的手好温暖啊！我顿时对这所陌生简陋的学校产生了几分亲切感和归属感。

可是，第一节课我就把自己"挂"在黑板上了。我连从讲台上下去走一走的勇气也丧失了，就那样红着脸站在讲台上仿佛经历了整整一个世纪。孩子们先是愕然，之后是小声交流，再后来便是鸦雀无声。至于他们在干什么，我也记不清了。我真的看不到，看不到他们。现在以我 20 多年的教学经验，才懂得一个青年教师要想做到在课堂上"眼中有学生"至少要经过三年左右的历练。

初战大败，几乎是全线崩溃。

寻找"课堂感"也是一个过程，这是一个实战累积的过程。课堂是个生命体，是教师、教材、学生一齐互动生长的过程。可是生长成什么样子，那可就是形形色色了。这取决于教师的语文素养、个性和其他的一切能力。教师会从文本中读出什么，又以什么样的方式呈现给学生，这真是千差万别。

之后，我去实中小小的图书馆找我能读的东西。和大学时代相比，我读书的角度有了很大的不同，我的摘抄本又多了起来。

当时，实中语文组的沈秀英老师的语文课以生动取胜。她把朱自清的《春》讲得如诗如画。"小草偷偷地从土里钻出来"，一个"钻"字她讲得那么好。"她怎么就只讲这个字呢？为什么这一个字就能带动那么多？她是怎么设计的呢？"我一直在想。

沈秀英老师是那么爱读书，她有一大摞摘抄本，毫无保留地借给我看。后来市语文教研员闫承玉老师经常"抽查"我的课堂，从板书到手势，到教学的语气，逐一指导。我终于完成了我的课堂的第一次"突围"。

（二）说说我的那些课堂

我喜欢李易安的那句"却道海棠依旧"，有迂回，有宛转，有哲理，有坚守，有筋有骨，有情有美，有问有答，峰回路转，山重水复。

从工作之初的组级公开课到后来的国家级赛课，作为一名一线教师，我真正做到了在课堂中成长，在坚守中成长。我一点点地砥砺，一点点地打磨，一笔笔地勾画，一笔笔地深描，字斟句酌，力求字正而腔圆。

有时以为自己有进步了，以为自己发展了，但自我是最难超越的。无论上多少课，我们永远上的是自己，我们的课永远带着浓重的自我烙印。如果有鲜明的长处，那往往也有致命的短处。

2014年冬，我去哈尔滨给国培班讲课，翻检自己的课堂录像不忍卒"听"。我的课堂上还是那么多的废话，话语霸权。滔滔不绝，感慨不断，总是少那么一分倾听，少那么一分平和，少那么一分云淡风轻。

记得在刚刚做老师的时候，我讲《愚公移山》。那是我第一次上组级公开课，众位老师就曾中肯地指出我的这个问题。当时，我心里并不十分服气，以为课总是要"讲"的嘛。过去了那么多年，讲了无数的课，真正地面对自己课堂上的这个最大的问题，居然是二十五年后。看着自己在课堂上几近聒噪的样子，我简直有点无地自容。

想起德尔斐阿波罗神庙门楣上镌刻的那行小字："人们啊！认识你自己。"

我的第一节组级公开课讲的是《愚公移山》，刻意模仿的是钱梦龙先生同题的课。当时影像资料缺乏，教育类的书籍也少之又少，我凭借大学时代教法课看钱先生的这节录像课的印象去画虎类猫，倒也洋洋自得一番。最让我惊叹的是钱先生的那一曲问："参加移山的有几个人呢？邻居的寡妇来了吗？那个孩子几岁了？"于是本课的一个难点句子"邻人京城氏之孀妻有遗男，始龀，跳往助之"就迎刃而解了。我照抄照搬，生吞活剥，但是那鲜活而又强烈的课堂问题意识在我的头脑中深深地扎下了根。

后来我又迁移了一下，用同样的思路去讲陶渊明的《桃花源记》。因为自幼就喜欢读书，那一点点书底在我初为人师解读文本的时候就派上了大用场。区教育局要进行课堂教学测评，每个学校需要按老中青一定的比例派教师出课，我就在其列。只有三天的备课时间。三天对于一个只有不到半年教龄的年轻教师来说，真是太紧迫了。我手头除了一部教师用的参考书外再无其他资料，而那时候的教学参考书又是那样僵化。我只好一遍又一遍地读文本，在文章中在段落里在句子中在字词里寻找，寻找那份特别的东西，尽量曲问，尽量体现文章整体的美。既要有意境，又要紧紧扣住语言。这恐怕是我平生第一次为教学而细读文本，第一次真正地为教学而"我读"。

课设计得还算别致，为学校赢得了一个"A"。这一课让我在学校里得到了认可。我现在还能记住的教学设计中的问题就是"桃花源的具体位置在哪里？"整个格局意气、对文本的通透度、举重若轻程度和钱老的《愚公移山》自然不能比，然而他的影响肯定还是在的。

在这之后，我在实中的四年时间里上了数不清的公开课。当时实中是窗口学校，经常有外市县来学习听课的老师。我记得我讲过郭沫若的《天上的街市》。也许是因为儿子接受了太多的文学胎教，他对文学、中国文化都特别喜爱。当然这是后话。

说实话我不喜欢当时的语文教材，甚至认为它不像语文教材，我还没修炼到讲什么都像语文的境界。在"什么是语文"这一点上，我一向有自己的主见和坚持。在全校语文教师都把语文教成识字词、分段落大意、归纳中心思想和写作特点的时候，我坚持有所教有所不教，并且把课本以外的古诗、美文引入课堂，并鼓励孩子们读整本的书。那时教初一，孩子们阅读量大得惊人，也背诵了大量的古典诗歌，班级有手抄报《流萤报》。周末逛书店已成了他们的"文化自觉"。周记和作文每每都有可贵的亮点。孩子们喜欢我的语文课，甚至为之痴迷。用现在的热词来说就是，作为一名教师我拥有了课程意识，有课程资源开发的意识并且有行动力。只是我凭借的是直觉，凭借的是对语文朴素的情感。因为我自己就是一个热爱文学的"读者"，坚信只有这样才会学好语文。

那时自然是有一些压力的。有一些杂音，有一些质疑之声，短期内我教的孩子们的语文成绩不占优势，我又是一个如此人微言轻的年轻教师，还有点儿一意孤行。感谢我的学生对语文的爱，感谢我的学生家长对我的信任，感谢我的校长于秋莲对我的赏识，难忘她的那份知遇之恩。是他们让我一直前行，毫无挂碍。

后来，这届的孩子们在中考、高考中有了出色的表现，良好的语文素质给他们带来了巨大的不同，语文提升了这些孩子的情商，给他们以生命的弹性。

（三）那些暗淡的瞬间

1997年，我参加省市说课大赛，很轻松就通过了初赛。初赛我参赛的题目是《荷塘月色》。复赛要求必须换篇目，我选的是苏轼的《念奴娇·赤壁怀古》。几千字的说课稿我背了整整一个礼拜，仍然磕磕绊绊。"背功"太差。当时儿子五岁半，因为连续七天听我翻来覆去地背说课稿，他居然背下来了，并且滚瓜烂熟。我哭笑不得。

后来参加全国大赛，当时我三十七岁，是"高龄"选手。课堂导语部分只有三句话，当时刘云川校长派来陪我赛课的语文组两个同事早已倒背如流，我却背不顺。这三句话明明是我自己写的最简单的排比句，可是我就是难以成诵。上课前，我们三人坐出租车去会场，我仍然痛苦地默背，她们二人深感不可思议。

我其实有许多锻炼的机会，如在少年时代一直做班长、大队长。按理说，应该为我成为一名教师打下了良好的基础。可是我的心理素质是那样令人担心，紧张的时候忘记了教材、忘记了学生等情况时有发生，还要经常白脸进去，红脸出来。只好自嘲。语文教师必须把自己调到兴奋状态，否则很难出彩，很难有漂亮的生成。我是一个情绪型的教师，感情敏感，缺乏理性的深度，读书偏爱小说、散文、美学，对艺术化的哲学还能消受得了，理性的逻辑分明的东西读起来就味同嚼蜡。我爱读书，速度也快，捧起书来就是我人生的美妙时刻。

我上课的时候洋洋洒洒，但做不到行止自如，收放有度。《红楼梦》可以讲上十节课，很少能够严格遵守学校的教学计划，还要美其名曰"个性"。虔诚地认为语文就应该是美和诗意的，美和诗意是我语文的宗教。我也很少有规范的板书设计，写满了学生自然帮我擦掉了。以上种种都是一个优秀教师的大忌。

喜欢《柳敬亭传》里的这段话："生曰：'子之说，能使人欢咍嗢噱矣。'又期月，生曰：'子之说，能使人慷慨涕泣矣。'又期月，生喟然曰：'子言未发而哀乐具乎其前，使人之性情不能自主，盖进乎技矣。'"

柳敬亭的说书艺术可以说经历了这样的过程：开始使人笑使人哭，最后达到无声胜有声的境界。教学也是艺术，是艺术就有不同的境界。

回顾二十五年的教学生涯，盘点自己的课堂，有进步，有发展，却不曾有真境界。我对教什么还是有很大的局限，离"教什么篇目都能教好"还有很大的距离，甚至是永远的距离。

我偏爱诗歌、散文、小说、古文、作文教学，其他体裁从未敢选上公开课。另外课堂设计的个人化烙印和程式化色彩还比较浓。

一直在教学第一线比较得意的就是，徒弟们去听课，同一个文本，我在这个班的讲法和下一节课在另一个班的讲法会有很大差别。这也是长期历练，一点一点打磨出来的教学智慧。

在课堂里，我一点一点地蝉蜕，一点一点地精进，但仍无奈地发现，自己还是自己，和二十年前十年前相比，有变化却又不大。人，最难的是超越自己。

（四）我有三次进步

海子说："我有三种幸福，诗歌、王位、太阳。"

而我有三次进步。那么我的三次进步是什么呢？

第一次进步，是由刚刚登上讲台时的紧张到后来有了一些从容；由原来的脑子里只有讲稿文本，变得逐渐有了学生，"目中有人"。

第二次进步，是在课程改革的浪潮里，不停注入一种新的理念。特别是2000年参加园丁工程跨世纪国家级骨干教师培训后，我的视角发生了变化，知识结构有了新的改善，课堂教学也产生了深刻的变化。

第三次进步，就是在六十多节各级各类赛课和观摩课中积累了较为丰富的课堂经验。如果抛却那些走麦城的事，在我二十五年的教学生涯中的确也有值得一提的课堂故事。

比如，同是一节诗歌专题课，我曾经给职业高中的学生、普通高中的学生、大学三年级的学生上过。同样的教学内容、教学设计，课堂实施的过程却大相径庭，效果各异。这是对教师教学智慧的挑战，也是对自己潜能的某种再开发。

有一年在河南郑州讲课，走进教室我才发现，我准备的是高中课，学生却都是初二的学生。不仅学生没有教材，而且只有疏疏落落的十几个孩子。有点突然，没有准备。良好的应变力让我在突发状况下能够从容面对。兵来将挡，我边讲边调整教学计划，孩子们也由一言不发到争相发言，再到精彩不断。现在想来，那节课才是我的一节真正的"教"和真正的"学"的典范课堂。

我想起了孔夫子所说的"从心所欲不逾矩"。很多时候，课堂的即兴生成，灵感的碰撞，往往能产生灿烂的智慧火花。那一瞬真是令人陶陶然，这也是我们做教师的独特的生命体验。课堂让我在平凡的工作中保持高山雪冠般的自尊，把我带向心灵所指示的道路，让我和我的学生用高远辽阔的眼光去看待人生与岁月。每一堂课都是一次出走和远行。语文课堂不仅给我以文学气质，也给我以生命的热度与诗意。仰则观象于人，俯则观法于书。

课堂还在继续，我陶醉于教书的时光。

图19 第十一届"四方杯"教学大赛期间，与部分工作室成员合影

十、相遇语文，相逢诗意

诗意语文工作室现有近千名中小学语文教师。他们来自全国不同的省、自治区、直辖市，来自塞北江南，来自城市与乡村；有退休居家白发苍苍的老者，有在校读书的师范大学的本科生、研究生。他们代表着不同的地域文化，代表着经济发达与落后，代表着语文教育的过去与未来，而最为重要的是代表着语文教师的现在。相遇语文，相逢诗意。

他们踏歌而来，他们携理想而来，他们自天而降，他们从大地上长出来，浩浩荡荡挟着春风和夏雨。同声相应，同气相求。于是诗意语文，从一个人的求索变成了一群人的追寻。

工作室从2016年成立至今，线上线下结合，打破空间限制，开展了丰富多彩而又意义深远的主题活动。公众号共开设"诗意语文班主任""诗意语文阅读经典""诗意语文教师专栏""诗意语文慧眼看课""诗意语文学生专栏""诗意语文教学设计""诗意语文文本解读"等23个栏目，推出公众号文章3500多期。公众号有五万多人关注，文章点击量几千万次，开展周末线上活动600期。

工作室受到《教育家》《中国教师》《中国教育报》《黑龙江教育》《云南教育》等多家媒体的专访，入选全国名师工作室联盟。

迄今，工作室结集出版《高中语文经典篇目同课异构与点评》《跟教育名家学做教师》《名著导读》等42部教育教学丛书。诗意语文工作室于2016年获牡丹江市创新成果奖。"诗意语文八种课堂教学范式"荣获黑龙江省基础教育教学成果一等奖，教育部基础教育教学成果二等奖，并入选第四届、第五届全国教学成果公益博览会。

很多时候我会想，是什么力量让近千人走到一起，是怎样的感召让大家彼此认同，亲如家人，引为知己，不问西东。

图20 教育部基础教育教学成果二等奖

（一）相遇语文

我们相遇在语文里，以汉语的名义，我们相识相知。

对语文、对母语、对教育、对学生那份深深的爱是我们共同的精神密码。于是跨越千山万水，跨越年龄时间，我们相遇。

强大的汉字、母语的力量使我们相约、相守。

在"中华语文网"写了近十年的博客，他们在汉字里认出了我。我在全国60多个城市讲课，他们认出了我。他们是我的同事、学生，更是精神上的契合者，认出我的那一刻，产生了"你就是另一个我自己"的强烈的共感。于是风雨同行，无须拥抱，无须任何沟通的媒质。

语文天生诗意，汉语风华绝代。教育要有一种知其不可而为之的精神，一种理想主义，一种百唤不回的坚守。

在茫茫的人海里，我们彼此认同。工作室草创之初，公众号草创之时，他们彻夜撰稿编辑，筚路蓝缕，以启山林，一期又一期地顶下来，不言放弃。

海量地阅读，彼此大声地召唤；水石相激，激发那份沉睡的潜能，驱散职业的倦怠。

每周六的线上活动，往往在半年前就报名已就，蓄势待发。大家主动做栏目，出选题。从文字到表达，由表达到文字，期期精彩，语语琢磨，自由自在，却又语不惊人绝不休。123人的编辑团队，都是一线的教师、一线的班主任。

在忙碌、重压、琐碎之下，他们在这里创造着、表达着。

工作室的群主，工作室的主编，工作室的栏目主持人，工作室的每一位名满中学语文教坛的大学教授、杂志编辑、省市教研员，总之，工作室的每一位成员，用一种最朴素的赤诚、情怀、奉献，编织着语文教育的梦、诗意与美好。

世间有一种最强大的力量叫精神密码。它穿越时空让我们寻找心灵的家园，在彼此的心照不宣中，我们不再孤独地前行。

（二）我们喜欢创造

我们喜欢创造，创造一种文字的表现，创造一节独特的课堂，创造一种文体的别样表达；创造性地开发语文的课程资源，创造性地编写一本书，创造性地将生命融入源远流长的中国传统文化，并将语文融入自己的生命。语文即人，人即语文。

诗意的底牌是创造。有一天，当我们的精神世界枯竭了，我们不再拥有创造的力量了，我们将索然无味。诗意全天，过有意味的人生，教有意味的语文，是我们共同的理想。

诗意语文工作室成功地举办了两届年会：2018年7月在黑龙江宁安，2019年7月在云南曲靖。

为了某种缘分，为了某种宿愿，为了语文的诗，塞北江南相聚在东北西南，很多人是第一次见面，却又像是早已熟稔。

朗读，板书，讲课，唱歌……时间那么短，还没有来得及深情地凝视，归程的汽笛却早已拉响。

　　创造是智慧的力量，更是情感的力量。要用平凡催生不平凡，用阻隔化解万难千险，用庸常升华诗意。

　　诗意就是用创造去书写无尽的可能。

（三）垒起书的高度

　　诗意是书卷气。书卷气是书的高度和厚度，是与生命等长的阅读，是手不释卷的痴与癖。

　　诗意语文工作室经常"晒书"，经常晒文章，晒文字，晒自己读书的品位。

　　诗意从阅读中来。不读书的灵魂是枯竭的，没有灵性，没有趣味。

　　诗意是于无诗意处讲出诗意，活出诗意。

　　工作室23个栏目，无一不和读书有关，无一不和读书并读出见识、读出个性有关。

　　阅读经典补思想之钙，文本解读是在检测一个教师全面的、综合的读书功底。

　　慧眼看课，慧眼来自书……

　　在这里，我们沉潜、感悟、出入，诗意地判断。

图21　与工作室王青生合影　　图22　与工作室陈哲合影

　　在苏州的会议上，我带回了青生、发茹、伟杰；在成都的会议上，我结识了金波、玉峰、荻秋、学明；在扬州的会议上，刘德芳沿着我书中的文字找到了我；张苗、宏瑞、显辉、于玲和刘佳穿过语文的灼灼桃花，走向彼此……

　　相遇语文，相逢诗意。同为诗意语文，我们今生相遇。

十一、那些我上过的公开课

我在全国60多个城市上过各种类型的公开课，从小学到大学，从诗歌到小说。每一次公开课都是对我的一次砺炼与疾风骤雨似的考验，我亦乐在其中。试想，跨越地域与学段，借班上课，听课老师成百上千，遭遇无数不可知，真是比去森林探险还要惊险和刺激。又加之所有的一切都指向教育，指向语文。其实真的想说，妙不可言。

每一次接到公开课的邀请，我都充满了创作的冲动。新课是在未开垦的处女地耕耘；旧课是推陈出新，寻找化腐朽为神奇的最佳契合点。寻寻觅觅，向旧而新。

我端详凝视揣摩每一个文本，反复阅读，追求课不惊人死不休的高端定位。

备课，不外三个阶段。第一，读文本。用自己的眼睛和心灵，猜谜寻宝般地和作者多次过招。核心就是"我不信我读不懂，读不透，读不顺"。第二，读相关书籍。在书房和网络上寻得相关书籍，分类浏览，连读，猜读，查知网。第三，完成教学设计，做精美的PPT。诗意语文追求美，追求语言之美、设计之美，当然，还有课件之美。

然后期待所有的生成。生成之美，生命之美，动态之美，意料之中的笃定，意料之外的惊喜。听生命的律动，看学生在课堂上的"成长"。

（一）一节最成功的公开课

十年前，在河南郑州，我准备上一节《世说新语》的导读课。据说学生是高二的学生。可是当站在讲台上的那一瞬间，我十分意外地发现，前来听课的老师有几百人，学生却只有十七八个穿着不太整齐的初中孩子。一问才知是初二的学生。

教学内容已足，教学设计已成，教学对象却差距甚大。平心静气，凝神静气。我一定要把《世说新语》普及给这十几个初中孩子，让他们了解魏晋时期有那遥远的绝响，让他们的精神世界有浪漫的种子，让他们直面自由的灵魂。

跟着孩子们转。突发的事件让我前所未有地关注学情，关心那个穿着皱巴巴的校服的小男孩，他是否听懂了我的"魏晋"；关心那个脸上有着可疑的"高原红"的女孩儿，她是否愿意思考这个"世说"；关心那个细瘦的男孩儿，是否欣赏才女谢道韫的咏絮才。

贴着学生去讲，带着一颗小心翼翼的谦卑之心。在教学的最后一个环节，孩子们用一种爆发式的读感写出了让人惊艳的文字。课堂教学结出一个饱满的果子。

（二）一节常教常新、有无限生成的公开课

《"比"在诗歌中》是诗意语文诗歌专题教学的一节"塑形"课，一节垫底的课，一节试验的课，一节充满建构意味的课。

在切磋琢磨增删中，我和它一起成长。在牡丹江师范学院，我和中文系大三的同学们一起学习这节课。我极尽腾挪，希望用大的开阖、大的视野、大的容量，满足、适应他们的学情。我尽量地敞开，尽量地旁征博引，尽量地放开去、放开去。现在，这届的学生早已站在中学的讲台上，早已为人师。

我也曾带着这节课第一次在全国的讲台上授课。初次走出黑土地，在语文大省江苏的连云港，面对来自全国各地的老师，面对古诗文底子深厚的高中生，在谈诗歌专题的群文选择上，我增加了中国现代诗歌的比例；在教学设计上融入了教学活动的设计，节奏更紧凑。

之后在师范学校、初中甚至在职高，我也上过相同的课。

每次都有所不同。切入不同，所抵达的深度不同；专题的载体、诗歌的选择不同，课堂的气氛、课堂的生成自然也不相同。

课，是讲究生成的，是有生命的，是活着的。这样的多维多元，气象万千，牵引着教者的精神的丝缕，为之歌，为之泣，为之魂牵梦绕。身为教师，岂不快哉！

（三）一节未能瘦身的公开课

2016年，语文报社在安徽合肥举办"语文报杯"课堂教学大赛二十年回顾。我上了一节观摩课，是苏轼的《方山子传》。

我非常喜欢苏子，喜欢这篇传记。人物形象潇洒中有一丝苦涩，飘逸中有一丝无奈。写出了中国士大夫的儒道纠缠，苦闷与彷徨，出世与入世，物质与精神，坚守与易志，少年与老年，理想与现实，诗意与冷漠。非常漂亮的传记短章，有深厚的积淀。我读的时候爱不释手，充分涉猎相关资料。而进行教学设计时瘦身不够，

缺乏舍的智慧，16页的PPT铺天盖地，我和学生一节课手忙脚乱，成为公开课的憾事。

（四）一节最具戏剧性的公开课

我在杭州参加全国大赛，紧张的现场抽签，24小时备课。开讲7分钟，全场停电。然后我在40摄氏度高温里汗流浃背，担心忧虑。

瞬间电通了，全场灯光璀璨，主持人要求从头开讲。

从头再来。我忽然如释重负，连背水一战的执念都没有，无比放松，无比畅快。对语文的理解，对文本的阐释，从黑暗回到光明，从奇热回到冷气大开的环境。学生们也尽释负累，我们直捣黄龙，云兴霞蔚，行云流水。

（五）一节最有深度的公开课

我在北京给六年级的孩子讲《伯牙鼓琴》。六年级，对于身为高中语文教师的我真是全新的挑战。现场有孩子、家长、老师，其他同年级的孩子在教室里听转播。我没有把握和这些孩子聊什么，聊到什么程度。

上课的铃声响了，我走到讲台的第一瞬间，还不确定自己要说什么。说三分之一，还是三分之二？然而，我遇到了"高手"，六年级的他们，精通中国古典诗歌，精通中国古典音乐常识，对中国传统文化也十分"略知"。我无须计算，无须欲说还休，无须遮掩躲闪，他们个个艺高人胆大。课堂上我们高手过招，海阔天空，好不畅快。

他们为《伯牙鼓琴》命名，他们懂得"欲得周郎顾，时时误拂弦"是风雅；他们根据造字法得知"埙"是瓦或瓷；他们甚至还懂得古代十大名琴。

关于音乐，关于古人清洁的精神，关于以生命相赠的知音，他们都如此懂得。

京城的家庭教育令人感叹。

京城的学校教育令人感叹。

致敬六年级的孩子们，我们曾经一起把那节公开课上出了深度。

公开课是教师的精神世界与学生的精神世界的相向相对，赤诚袒露。不可矫饰，不可修复，不可复制，不能重来，不可彩排。

在某一个时间、某一个纬度，没有早一步，也没有晚一步，我们就这样相遇了。

电光石火，风雷云电，因为语文，因为汉语，想一想都觉得神奇。

曲阜不愧是孔子之乡，学生们对鲁迅的理解很深刻。

河南漯河不愧地处中州，孩子们对郁达夫的《故都的秋》的解读个性十足。

湖南长沙，惟楚有才，于期为盛，学生都懂得"梅"的凌霜傲雪。

西安的"雪"，成都的"葡萄"，广州的"子衿"……

生命因语文的遇合而美。

我的教育观

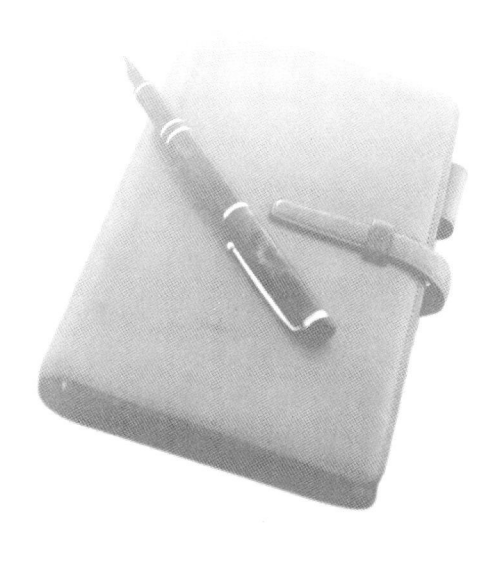

一、诗意语文：大美无形

以爱的名义，
用最美的语言和文字，
积淀你们人生最美的灵魂！
为此我愿时刻勤勉！

——献给深爱我的和我深爱的学生

作为一名语文老师，语文是我的生活，更是我的生命。我对语文一往情深，当归功于孩童时代所受的熏陶。直至今日，我依然记得童年时那盏摇曳在北大荒暗夜的如豆的油灯和母亲允许我购买的供销社进的每一本小人书。五岁的我开始与书结缘，虽然只是些所能买到的小人书，却陪伴着儿时的我追逐春天的柳絮，细数夏日的繁花，捡拾秋天的落叶，观赏冬日的银装。藏在我心中的故事，构筑了我最美的童话！记忆中最幸福的时间，是父母到牡丹江农校任教，我"拥有"了农校的图书馆——一个对小学四年级学生而言"大大的图书馆"！诵读诗歌，静读小说……我痴迷而又贪婪地阅读着。感性的年龄，诗意的收获，有书的日子，生命在诗意中成长。中国有句古话"万物静观皆自得"。静故了群动，空故纳万境，与书相伴，与缪斯结缘，是文学积淀了我的灵魂，我的人生也在不断充实。充实则充盈，充盈则饱满，饱满则充溢，在充溢中流露，感染身边的人。几十年的文学浸染与熏陶，十八载语文教学和思考，使我深深地意识到，"自利，利人；自益，益人"是人生的一种境界，也是生活的一种境界！作为一名语文教师，"自利，利人；自益，益人"便是我的语文生活，便是我的语文人生！

（一）给学生一个文学的世界

从蒙昧走向文明，人类在发展中不断经历着"大浪淘沙"式的选择与创新。历史的车轮不断向前，回望历史的车辙，感知人类的发展史，这里有古代神话、伦理、道德、文学、艺术、科学、哲学、宗教……文学在其中永远闪耀着光芒！

比较而言，文学不但接近人们的生活，而且契合人们的心灵。文学世界充满永久性的诱惑，魅力十足，光芒四射！走进语文，其实就是走进一个色彩斑斓的文学世界，你将领略到语文这个"多棱镜"中折射出的文学世界的斑斓与绮丽。一名成功的语文教师，应该是学生文学意识的启迪者、文学阅读的引领者、文学世界的导游者。没有"文学世界"的语文课堂，是干瘪的，是无活力的，为此，我觉得作为语文教师，应还语文以文学，将"文学世界"引入课堂，立足文本教材，给学生一个文学的世界。我的学生曾这样说："董老师诗意唯美的话语，激扬飞越的文采，源自对我们最真的忠告——'看书去'。"为了让学生真正地走进文学，为了还课堂以文学，多年来，我在教学中，有"两个坚持"，即坚持用教材教和坚持开设名著导读。

其一，坚持用教材教。课文只是一个例子，教学过程要"因文入境"（借助课文将学生引入文学之境）、"因文造境"（因文章不同营造不同之境）。记得在2003年牡丹江"钟诗杯"教学大赛上，我做诗歌教学展示课，讲授席慕蓉《一棵开花的树》，引导同学在朗读中感悟，在感悟中鉴赏。为了更好地让学生感悟诗文之美，我引导学生说："这棵开花的树是诗人灵魂的潜影，它生长在诗人精神的原野，是诗人情绪的流动与飞扬，是诗人情感的外化。别林斯基说'美是从灵魂深处发出的'。"紧接着，学生入情入境地阐释诗文中的美，谈论诗中的真情美、细节美、瞬间美、凄凉美、画面美……学生们的思维灵动而开阔，师生一同随着席慕蓉的文字，进入一个诗意的世界。为了更好地践行对诗的理解和感悟，我在课堂结尾处"因文造境"，设计了一个"浅吟低唱"活动，由现场专家出诗题（现场专家出了"紫藤"和"意外"两个诗题），学生现场创作。有十个同学即席发表诗作，诗味十足，课堂上诗意弥漫！

其二，坚持为学生开设名著导读。引导学生关注世界文学经典，以文本阅读为突破口，注重"点面辐射"式的导读，引导学生在全方位、立体化的解读中，走进文学世界。利用我校选修课为学生开设"名著导读"课时，我曾这样说道："烛影摇曳中，一个读书的剪影——这是世界上最美的图画。在名著的文学世界中，你会感到心与心的共振、精神与精神的交融。然而巴山依旧夜雨，心灵不复吟讴。题海淹没了太多的故事，已经让我们无法接近真正的文学，更无法领略文学世界的绮丽与斑斓。"学生们的眼睛为之一亮。从他们的眼中，我读懂了他们对文学经典的无尽渴望,埋头题海的他们,在这一刻焕发了青春的光彩。这是文学的吸引力,这是文学的魅力!在讲解张爱玲的小说时,我设计的导读《无尽的悲凉》全面、立体地为学生营造了张爱玲的文学世界。其中,关于"无尽的荒凉"解读,先引用张爱玲在《自己的文章》中说的:"我是喜欢悲壮,更喜欢苍凉。壮烈只有力,没有美,似乎缺少人性。悲壮则如大红大绿的配色,是一种强烈的对照。但它的刺激性还是大于启发性。苍凉之所以有深长的回味,就因为它像葱绿配桃红,只是一种参差的对照……悲壮是一种完成,而苍凉则是一种启示。"然后再进一步解读荒凉。"荒凉是(苍凉、凄凉),是更空虚的空虚,它笼罩着张爱玲小说世界的每一个人物、每一个故事。它是人物的内心体验,也是作家主观的情绪基调。从客观上看,又是那战乱岁月在她心理上的投影。"既而由"荒凉"向作品进行点面辐射。《金锁记》是"隔着三十年的辛苦路往回看,再好的月色也不免带点凄凉","长安结束她第一次也是最后一次爱,像一个苍凉的手势";《倾城之恋》是一个"说不尽的苍凉故事";《红玫瑰与白玫瑰》中佟振保与王娇蕊爱得热火朝天时,"许多叽叽喳喳的喜悦突然平静了下来,只剩下一种苍凉的安宁";《沉香屑·第一炉香》里的葛薇龙"在人堆里挤着,有一种奇异的感觉……在这灯与人与货之外,还有那凄清的天与海——无边的荒凉,无边的恐怖"。

(二)给学生一种悲天悯人的情怀

美学大师宗白华先生曾说:"尼采说艺术世界的构成由于两种精神:一是'梦',梦的境界是无数的形象(如雕刻);一是'醉',醉的境界是无比的豪情(如音乐)。这豪情使我们体验到生命里最深的矛盾、广大的复杂的纠纷;'悲剧'是这壮阔而深邃的生活的具体表现。所以西洋文艺顶推重悲剧。悲剧是生命充实的艺术。西洋文艺爱气象宏大、内容丰富的作品。荷马、但丁、莎士比亚、塞万提斯、歌德,直到近代的雨果、巴尔扎克、斯丹达尔、托尔斯泰等,莫不启示一个悲壮而丰实的宇宙。歌德的生活经历着人生各种境界,充实无比。杜甫的诗歌最为沉着深厚而有力;也是由于生活经验的充实和情感的丰富。"与西方悲剧意识相比,中国的悲剧意识中有时代艰难,有个人困境,更有中国文化的天人合一,"不平则鸣,穷而后工"是中国文人面对困境的求索与出路。简言之,悲剧是文学,也是人学,其中包含人生里艰难的美。感知文学,解读人学,体悟真美,这一切都要求我们要有悲天悯人的情怀。

没有感受的理解是不真实的，不带情感的解读同样是不真实的。从大语文观着眼，给学生一种悲天悯人的情怀，引导学生用心灵去感悟心灵、感知作者、感悟作品。无论是希腊悲剧的风，还是中国悲剧的雨，这种心灵的共鸣，心灵的解构，可超越国界，穿越千古！

我曾跟我的学生说，学习语文就是通过学习"经典"，追溯传统文化，感悟现实生活，构筑诗意人生。学习语文，少不了心中那悲天悯人的情怀，你只有拥有了悲天悯人的情怀，才能穿越时间的长河，感受古老悠远的文化；你只有拥有了悲天悯人的情怀，才能跨越地域与国界，品评东西文化的内涵；你只有拥有了悲天悯人的情怀，才能把握现实的生活，构筑自己的

图23　与学生邓悦在一起

诗意人生。文学是情感的艺术，教学亦是如此，离开情感的教学如无源之水、无本之木。身为语文教师，我们在雕塑学生灵魂的时候，要让学生拥有悲天悯人的情怀。荷尔德林曾说："人类诗意地栖居在大地上。"这里的诗意指向生活，更指向心灵。要有诗意的情感，悲天悯人，唯此，方能在语文的天地中诗意地感悟、诗意地解读、诗意地共鸣！

这里说的"悲天悯人"可分作"悲天"和"悯人"两个角度：所谓"悲天"，就是论时、论世和论道，解读时世艰难；所谓"悯人"，就是生命意义的终极关怀，感知作者、感悟人物及感恩生命，以生命走近生命，以生命对话生命。带着这种悲天悯人的情怀，会更好地走近作者，走进文学的世界。讲解诗词尤需如此情怀。在讲苏轼时，我说道："深受'儒、佛、道'三家影响的苏轼，'黄州、惠州、儋州'是其标志性的生命驿站，不同的驿站定格同一个苏轼。"当了解了苏轼在北宋新旧党争的政治漩涡中浮沉时，同学们义愤填膺，愤愤不平。我们感怀一个千古文豪苏轼身陷时代的"囹圄"。为了让学生更真切地感受，我在讲解时引入余秋雨的《苏东坡突

围》一文。苏轼虽遭际时代人生的凄风苦雨，但庆幸的是，我们看到了一个不屈的灵魂。《念奴娇·赤壁怀古》、前后《赤壁赋》等作品中，有令我们敬畏且感动的苏轼，这些作品让我们走近一个更真实的苏轼。

（三）给学生最美的母语

在都德的《最后一课》中，老师满含深情地说道："法国语言是世界上最美的语言……我们必须把它记在心里，永远别忘了它。"在民族危亡的时刻，这位老师带着一种民族的正气，一吐胸中至爱的情感，让人感动，更令人难忘。语言是民族心灵的回响，语言承载着民族文化的血脉。汉语作为我们民族的母语，一方面是人们交际的工具，另一方面又是我国源远流长的民族文化的载体，是仓颉赋予它生命、文化与魅力。仓颉灵魂不灭，美丽的中文不老，穿越千古款步而来，激荡着中华文明澎湃的血脉。著名诗人余光中深情说道："大陆是母亲……烧我成灰，我的汉魂唐魄仍然萦绕着那一片后土。"如果没有最美的崇拜，又何以有这最真挚的表达？在汉语文化全球传播的今天，作为语文教师的我们可以高声坦言："美丽的中文，是我们最美的母语，'汉魂唐魄'是我们母语的灵魂。"只有民族的，才是世界的。汉语作为民族的灵魂的语言，以其独特的美感和丰富的情意，在向世人昭示我们民族的悠久文化和绵长历史，昭示着我们民族强大的生命力。从这个意义上说，热爱母语，就是热爱我们优秀的传统文化，就是热爱我们伟大的祖国。

著名教学论专家杨启亮先生曾说："每每看到越来越多的学生不喜欢写字，不喜欢语言文字，不喜欢千古传诵至今的诗词歌赋，茫然无知于中国传统文化，就像看到黄河断流一样，会凄然感慨，却欲哭无泪。这真是令人心碎的语文教学命运，因为语文是母语，母语是母亲的话。"每每想起杨先生震撼心灵的话语，我都深感作为一名语文教师的责任重大，我们肩负着传承民族文化的历史使命。我曾说过，语文教师是语言之师，是文学之师，更是文化之师。我们要引导学生以文化的视角学习语文，汉字有文化，语言有文化。即使是在推广普通话的今天，我们也不能忘记，汉语中的文化之根，这个根系深远、博大，它的土壤是五千年的泱泱华夏文化。余光中先生在《听听那冷雨》中曾这样写道："杏花。春雨。江南。六个方块字，或许那片土就在那里面。而无论赤县也好神州也好中国也好，变来变去，只要仓颉的灵感不灭美丽的中文不老，那形象，那磁石一般的向心力当必然长在。"魅力方块字中流淌的是悠悠真情、悠悠文化。我们还要引导学生从审美的视角学习语文，让学生走进美丽的汉语世界。这里有文字之美、文韵之美、文句之美、文辞之美、文段之美、文风之美、文体之美、文化之美……在寻美中思索，在思索中审美，在审美中提升，这便是我们最美母语课堂的无穷无尽的魅力！

（四）给学生一颗善感的心

文学教育是最心灵化的，是最能改变学生灵魂的。教育的深层内涵就是心灵的教育，语文教育的终极目的就是让学生学会生活，学会诗意地生活。诗意生活犹如人生的外衣，善感的心是内核。拥有一颗善感的心，才会以滴水见汪洋，才会在文字中看到文化的流淌，才会在一朵白云、一株小草、一粒细沙中发现诗意，感悟生活。作为一名语文教师，我有责任引领学生发现美、发现诗意、发现生活，给学生一颗善感的心，教他们运用自己的慧眼去学习，去生活。在语文课堂上，我不断地追求，追求唯美与诗意，大力弘扬，弘扬浪漫与感动。课堂的"浪漫与感动"，全在于"善感的心"。在诗意弥漫的课堂上，我与学生一同梦回先秦、汉魏、两晋、六朝、盛唐……思接千载，与诸子百家对话，感悟古代圣哲的人生智慧，在《古诗十九首》的文化解读中，感受汉末文人内心的感伤情调，感受他们在诗中个体生命的张扬；与魏晋名士谢安对话，心旌摇曳；与嵇康对酒，用心灵去聆听他的《广陵散》；在《虞美人》中，感受词中之帝李煜那江水般亘古流淌的无尽的忧伤；通过仰首云外的李白，感受华美盛唐的浪漫气象……

我给学生打过这样一个比方：一棵白杨树，一个情感粗糙的人会看到白杨树的树干、树枝、树叶；一个敏感而浪漫的人会看到叶片的脉络；一个善感且经过良好文学熏陶的人会感受到白杨树绿色的汁液在流动，这就是诗心慧眼。培养诗心慧眼的最好的养料就是诗。应广大学生的强烈要求，我在学校率先开设诗歌专题课，利用早读、自习、选修课等时间，为学生"狂补"诗歌，一年下来，为学生教读诗歌三百首。腹有诗书气自华，学生们有了诗歌深厚的底子，理解力、思考力、分析力自然增强。一年的诗情熏陶和影响，使得这些学生也爱上了诗，读诗、谈诗、写诗成为他们学习生活的一部分，有些同学的诗作还公开发表。在诗歌教学中，我坚持"以善感之心，进入诗境"，不是想让学生成为对花落泪、对月伤怀的"情种"，而是让他们从内心懂得"感时花溅泪，恨别鸟惊心"的意境。心进入美的一瞬，便可以看到不同的世界。为了指导学生带着"诗心慧眼"观察生活，我告诉学生："如果你自己心中找不到美，那么你就没有地方可以发现美的踪迹。"渐渐地，学生会抓取生活中精彩的"一瞬"，将之定格，有感而发，大有"刹那见终古"之意。学生形式化的日记成为心灵的随笔。由美入诗，离不开诗心慧眼的发现，善感的心，最终定格诗之美。宗白华先生的《流云小诗》中对诗做了精彩的诠释："啊，诗从何处寻？在细雨下，点碎落花声，在微风里，飘来流水音，在蓝空天末，摇摇欲坠的孤星！"只要拥有一颗善感的心，你也会在细雨微风、落花流水、蓝空天末孤星中看到诗。发现了诗之美，也就意味着你拥有一颗善感的心。

（五）给学生一个爱的信念

教育家赞可夫曾说："当教师必不可少的，甚至几乎是最主要的品质就是热爱学生。"热爱学生是育人的开始，也是育人的终极。这种爱从教师的心底自然流淌而出。教师"含情脉脉"，无言付出，犹如春风，为学生送去清爽与惬意；犹如夏雨，滋润学生求知的心田；犹如阳光，陪伴学生一路成长；犹如大树，为学生撑起一地绿阴……收获的是桃李不言，下自成蹊。"教育是技艺，是哲学，是艺术，是诗篇，是思想与思想的碰撞，是心灵与心灵的交流，是生命与生命的对话，需要用热情和生命拥抱。"为此，教师要给学生一个爱的信念，让他们坚信"道不远人"，让他们在坚定中坚守人生。

我曾给学生讲过一个凄婉动人的古希腊故事："希洛深爱着对岸的少年利安得尔。她每晚总要在楼上点上一盏灯，为利安得尔引路，使他安全游过赫里斯海峡。在一个暴风雨的夜里，她点燃的灯被风吹灭了，看不到光的利安得尔溺死在大海里。"希洛点燃的仅仅是一盏灯吗？不，她点燃的是一种信念——爱的信念。这风吹灭的仅仅是一盏灯吗？它吹灭的也是一种信念——爱的信念。可见，人一旦失去爱的信念，就会迷失方向，就会折损勇气，一颗追求的心也可能由此永沉海底。要想给学生爱的信念，教师心中首先应该有爱的信念，心中无爱，则无可给予，无可传递。这种爱的信念，要架构在生命的取向上，要有高度，要有广度，更要有深度。所谓高度，就是大爱至上，着眼于学生人生发展的高度；所谓广度，就是"博爱"，既着眼于每一个学生，又着眼于学生的全面发展；所谓深度，就是进入心灵，进入心灵深层的对话和共鸣；唯此，方为育人之师，方可启迪学生心灵，将爱的信念进行传递。

当然，也要注意对"小爱"的矫正。青春期的学生，情感萌动。对于学生朦胧的"爱恋"，教师大可不必谈之色变。作为语文教师，我们可以"处之泰然"，巧施妙法，矫正"小爱"，进而树立人生的大爱。在语文课堂上，我礼赞爱情，阐释爱情，并不回避，目的在于让学生摆正心态，洞察人性，理性看待浪漫而神圣的爱情。有时可以引用古往今来的爱情悲剧，将之鲜活地呈现在他们面前，动之以情，晓之以理，并在恰当的时候，引用亚里士多德说过的"只有在适当的时候，对适当的事物，对适当的人，在适当的时机下，以适当的方式发生的感情，才是适度的最好的感情"，进行正面的心理疏导。这种心灵式的对话传递，使学生从内心深处懂得"要有所为，有所不为"。学生有了爱的信念，便拥有了生命的脊梁。这种信念是一种自信，是一种自立，更是一种自强，共同铸就支撑生命的脊梁。这样又何惧人生风雨，而且眼中、心中会有人，助人、利人也就自然而成了。在利人中利己，学会人生的双赢。再者，坚定爱的信念，人生便有激情。青春的标志在于激情，人生的魅力来源于激情，激情可以让学生生机勃勃地去学习、去思考、去论辩、去交流……激情是人生发展的原动力。

（六）给学生一个理性的世界

帕斯卡尔说，人是一根会思考的苇草。作为语文教师，我们在引导学生学习语言与文学时，以思想引领思考，注重学生批判性思维的培养。就生理特点而言，中学生正处在人生的感性阶段；就读书特点而言，学生在学习读书方面远离理论书籍。针对学生"缺钙"的现象，我们有责任为学生补充所需的理论之"钙"。众所周知，强大的理性力量、强大的思辨力能铸就强大的民族精神。恩格斯曾说地球上最美的花朵是思维着的精神。语文教育的两极是诗意和理性，语文教育的佳境便是诗意之中不乏理性，理性之中流淌诗意。在诗意中弘扬唯美与浪漫，在理性中进行思辨与求索。作为语文教师，从某种程度上说，我们担负着重塑民族魂的重任，有必要让学生"诗意地存在"，同时又"理性地存在"，有必要借助文本，给学生一个理性的世界。

关于诗意语文前面已经进行了较多的阐释，这里暂不赘述。有人说我们这个国家太感性了，甚至没有真正意义上的哲学家，因此无法完成某种超越，而德意志的精神之所以强大，是因为他们有黑格尔、尼采、叔本华、海德格尔……对于这一看法，我们也要客观看待。其实从诸子百家开始，我们最美的母语就已经闪耀着理性的光辉，只是不同于西方式"纯理性"的哲学阐释，我们的民族将理性与诗意相融，更显张力与活力。关于学习，2000多年前的经典《中庸》中写道："善读者，玩索而有得。"充满理性，表现了儒家的教育思想。这里的"玩"是一种感性的学习态度，而"索"与"得"，则揭示了一种"思索而有所获"的理性过程。屈原的"路漫漫其修远兮，吾将上下而求索"，更是一种理性的关照、思考，是不断求索人生的态度。即使是最具诗意的诗词，也在其中体现了中国文人式的理性思考。

给学生一个理性的世界，具化而言之，在于三个层面：理性认知、理性碰撞、理性升华。语文新教材的最大魅力，在于其突出的人文性、厚重的文化性和鲜明的时代性。就文本作品而言，兼具时代、流派、风格的多元汇聚，沿循文学"河脉"，从先秦"风骚"，两汉辞章，直到明清小说，洋洋洒洒，文化流淌在其中，折射理性光辉。尤其需要关注的是中西方现当代的理性散文，它们将我们带入思考人生、探索宇宙的理性世界，为我们提供了一个可以驰骋的理性认知世界。在思维撞击的瞬间，我们可以收获理性绽放的花朵。教学中，要以笛卡儿的"我思故我在"来鼓励我们的学生，并告诉他们说"独自沉思未必会成为思想者，而思维碰撞，才成就思维的强者"。为此，我与学生一起学习《论语》，谈论《庄子》，在貌似浅显中，读出博大精深，在讨论和碰撞中，发掘深刻的理性内涵。教师要引导学生在感性中发现理性，在理性的碰撞中收获理性。

我曾经给学生讲过老子悟道的故事。老子的老师在临终的时候，对老子说："看看我的牙齿在不在？"老子说："不在了。"他又说："看看我的舌头在不在？"老子说："在。"我让学生思考，老子得出什么结论？学生顿时思维活跃起来，当他们解读出"柔能克刚""柔软的东西才能久远"这样的结论时，就越发欢欣和跃跃欲试，觉得理性并不遥远，理性就在身边。要借助文本，发现理性，同时还要借助理性拓展理性，升华理性。在讲史铁生《我与地坛》时，我引导学生在读文章中感悟，引导学生思考"敬畏生命""敬畏自然"的哲学命题，进而从中国文化角度引导学生通过东西方不同的文化背景、不同的民族心理去探讨"生命和自然"的意义。学生在体会作者史铁生博大深邃的精神世界时，自然明晓"地坛"的象征意义：博大、沧桑、厚重、母性般的美丽。理性是一种精神的灵气，给人以深刻、厚重和思辨。在理性认知、理性碰撞和理性升华中，以文本为学生营造一个理性的思维空间，进而铸造学生内在的理性精神。歌德说："感情愈和理性结合，就愈高贵，到了极境，就出现了诗，出现了哲学。"我们不必苛求学生成为诗人，成为哲人，但是我们要培养学生具有理性的精神。

（七）给学生一种内儒外道的人生智慧

在中国五千年的文化长河中，思想流派众多，堪称壮观，其中尤以"儒""道"两家历史更悠久，影响更深远。南怀瑾先生曾在《论语别裁》中说："中国历史上，每逢变乱的时候，拨乱反正，都属道家思想之功；天下太平了，则用孔孟儒家的思想……道家则像药店，不生病可以不去，生了病则非去不可。生病就好比变乱时期，要想拨乱反正，就非研究道家不可。道家思想，包括了兵家、纵横家的思想，乃至天文、地理、医药等无所不包，所以一个国家民族生病，非去这个药店不可。儒家的孔孟思想则是粮食店，是天天要吃的。"南怀瑾先生以形象的比喻，深入浅出地讲述了儒、道在中国历史上的"角色"意义。"孔孟之道"和"老庄思想"作为中国思想文化的精髓，在中华文明中延续了两千多年，一个积极倡导"入世"，一个洒脱标榜"出世"，两者在"悖中并行"。一路就是两千多年，走过先秦散文、两汉纪传辞赋、魏晋骈文、唐诗、宋词、元曲、明清之小说，一直走到今天，这在世界史上也是罕见的。

1988年1月，75位诺贝尔获奖者在巴黎宣言："如果人类要在21世纪生存下去，必须回到2500年前，到中国的孔子那里去寻找智慧。"文化的遗传，重于生理的遗传；精神的接力，重于生命的接力。作为语文教师，我们有"得天独厚"的育人资源，应该用经典去开启学生的心灵，去启迪学生的人生，给学生一种内儒外道的人生智慧。所谓"内儒"，就是用孔子的"仁"充实学生的心灵，"仁者无敌"；以儒家的固穷坚毅，鼓舞学生，学会坚强，在坚守中创造自己人生的精彩；变换"学而优则仕"为"学而优则适"，让学生懂得学习是人生成长的需要，"学而优"方能在竞争中"适"，"适者"方能更好地"生存"。所谓"外道"，就是以老子的"有为之道"，正面引导学生积极面对人生事业，积极面对人生发展；以庄子的超然物外，淡看人生的荣辱功名利禄；以道家的清静无为，给学生提供一个超功利的理想，背向社会中的物欲和功利,来完成正面的自我人生。顾随先生曾说:"一个人要以无生之觉悟为有生之事业,以悲观之心态过乐观之生活。""内儒外道"的超功利与执着与此"异曲同工"。

　　社会喧嚣,人心浮躁,唯有经典可以静涤心灵,充实人生。《老子》《论语》《庄子》《孟子》等光耀千古的文化经典,时至今日,仍然熠熠生辉,闪耀着古圣先贤智慧的光芒。在课堂上,我们可以借助文本,读中悟,悟中感,感而有所用,与学生一同去追溯,追溯经典中的人生智慧。在课下,我们鼓励学生阅读经典,感悟经典,感悟人生的智慧。"天地有大美而不言,四时有明法而不议,万物有成理而不说。"(《庄子·知北游》)诗意语文,大美无形,能为忙碌的现代人提供一片无功利的人生净土。在那里,有先哲的思想光芒,为我们拨开人生阴霾,纯净心灵,为我们提供人生的智慧。

　　附:关于语文学习的十点建议

　　第一,读经典。

　　第二,读历史书籍,读人物传记。

　　第三,背诵古今中外的诗词名篇。

　　第四,作摘抄。

　　第五,写周记,自由表达,没有束缚。

　　第六,读点哲学和美学书籍。

　　第七,写读后感和评论、随笔。

　　第八,读报,看新闻。

　　第九,读自然,读鸟兽,读花木。

　　第十,看经典影片,听名曲,赏名画。

图24　古镇慢时光

二、还精深处以精深

  从三亚飞郑州是架大型的飞机，每个人都有一部平板电脑可以看自己喜欢的影视节目。我对噪声过敏，于是冥想加昏睡。每一次长途旅行都是如此，尤其是国际航班，动辄十几小时。"五色令人目盲，五音令人耳聋。"老子早就说过的。我静坐在那里"像一截枯木头"，并美其名曰"乌龟功"，万年之龟以静制动。这一段的飞行时间其实并不长，只有三小时，完全可以翻一本书。可是此次行程复杂，从牡丹江到深圳，从深圳到海南。从家里带来的"大象书系"的两本人物画传《张元济：书卷中岁月悠长》《常书鸿：敦煌铸就五字碑》已经读完，只有闭目养神啦。

  邻座的年轻女子戴着耳麦，沉浸在一片光色声响中。偶然，我瞥向屏幕，刹那被那份精致、精美、精深所吸引，油画般的饱满、抒情。镜头中的演员，我从未意识到他们会有这样的演技！

  坐在战斗机驾驶舱中的年轻人戴着头盔，英气十足的生命青春袭人，气质夺人。波诡云谲的云海，战火与死亡随时可能来临，带着几分沉重、厚重和悲怆。

  时空在交错，大幅度地开阖，童年童谣。流浪的生命，一咏三叹的主旋律，男女的情殇。女子花容已毁，那伤又仿佛伤到了观者的心上。遥遥而来的礼物，载着炽烈而隐秘的爱。爱情的伤与非，最让人难以释怀的爱情是爱而不得。在这里有双重的阻隔，女子的隐痛，男子的命殒。

  节奏是紧凑的，短短几分钟的画面就承载了那么多。电影的语言是含蓄多义的，那么多时空的任意叠加，画面的精美，细节的精致，除了童谣似乎没有一句台词。象征，暗示，无声即有声，真是一部好片子。

  我十分好奇，打断沉浸其中的年轻女子："什么电影？"她十分有修养地摘下耳麦，微笑着回答：《无问西东》。我连连称奇。忙来忙去，我和这部电影一直错过。

  "立德立言，无问西东。"这出自清华大学的校歌。"无问西东，只问自由，只问盛放，只问深情，只问初心，只问敢勇，无问西东。"这是这部电影的精神内核，也是短短几个电影镜头让我无比震撼的力量所在。燃烧的激情与担当，精深的艺术形式与同样精深的内容。

河南漯河，夜晚。

第二天我要在"首届中原名师高峰论坛"上讲一节公开课：郁达夫《故都的秋》。课的框架已经有了，几张 PPT 躺在电脑屏幕上。总觉得缺点儿什么，缺那份"精"，也缺那份"深"。

冬英是我十年前在中华语文网上开博客的时候就认识的知己，从郑州陪我一路到了漯河。她很有灵气，非常真诚、犀利，往往一针见血。

"在呈现史料的时候，背景要精准，不能有任何口误。"她很严肃。

"1931 年'九一八'事变，1932 年哈尔滨沦陷，1933 年山海关被攻陷，1934 年郁达夫在北平写《故都的秋》。"她拿着手机读。

好的，严谨，真的需要严谨。可是我的课似乎还缺少那么一点深度，缺少触及文化、触及感受、触及心灵的东西……

由刘海粟评郁达夫的一段话的导入始，课似乎一直围绕的就是诗与画，画与诗，转了多少个圈仍然是这个维度。从见识，到认识，到装在肚子里的古典诗词，再到对中国文化的理解，现在的中学生应该是与几年前的孩子不同了。无论应试教育如何碾压，不得不承认的是，学生的总体语文素养还是提高了。窄化、矮化、简单化语文教学，行于表层，止于简陋，甚至连道德说教，都是对学生的某种不尊重。

《无问西东》跨越四个时代，形形色色的人，满满的人间正道。"高大上"的内容与形式……荡气回肠。

爱国、青春、死亡、爱情、牺牲、清华，不可谓不大；校园、百年、战场、民国，不可谓不广。每一颗心灵，千万种情怀。每一种活法，千万遍的不悔，不可谓不深不厚。而演员的神情，光影的明暗，又有着不可言说的精与细……

我喜欢王崧舟老师的课《枫桥夜泊》。小学四年级的语文课，那种深度、厚度让身为高中语文教师的我汗颜，我尤其为王崧舟老师那简约的设计而击节赞叹。一咏三叹，重章复唱。古典之美，语文之美，中国之美。我们多少语文课是那样的粗陋，那样的营养不良，那样的浅薄。如此这般，我们用什么来滋养学生的心灵？用什么来搭建那座语文的大厦，甚至是精神的家园？

冬英也是舟粉，我们言说甚畅。忽然灵光一闪："在网上搜王崧舟老师的'风''花''雪''月'系列中的《湖心亭看雪》的教学视频。"找一下那份"精深"的灵感。

深夜十点半，我和冬英一起听王崧舟老师在济南给小学五年级的孩子讲那节时长80分钟的明朝张岱的小品文《湖心亭看雪》一课。

晚明的小品文是极品。那是一种"而今识尽愁滋味，欲说还休，欲说还休，却道天凉好个秋"的无语沧桑。晚明的小品文，特别是张岱的小品文，是散文一脉中中国文化的集大成者，洗尽了狂狷、愤懑和亡国的忧伤。椎心泣血地入，然后淡淡地出。尤其是那份禅意，更是妙不可言，妙不可解。

为什么把这样一篇文章"下放"到小学？我百思不得其解，和小学生一起学习这篇文章真是难上加难。

王崧舟老师是名家、专家，他举手投足皆是语文。他的声音融化了、诗化了整个湖心亭千年的雪。他让孩子们读懂了那个卓然独立有癖有趣的张岱。"读出人鸟俱'绝'，一绝也；品读'独'，二绝也；品读量词，'惟长堤一痕，湖心亭一点，与余舟一芥，舟中人两三粒而已。'三绝也。"

教师对文本解读有个性、有情怀，深、广、厚，无人能及。

在行云流水中，孩子们抵达了"痴"的境界，甚至理解并且脱口而出"天人合一"。那奔涌的教学智慧，那份举重若轻，那一招一式的弹性是语文课的大美。

前几天读麦家的《人生海海》。2019年，我的一本书和这本小说一起入选年度影响教师的一百本书，于是买来读起。

小说的主题是人生的"和解"。

麦家一向的风格：谜、仁慈、隐痛、误会、纠葛纠缠、极端……一个十岁的孩子的视角，跌宕有致，引人入胜。

可是小说在后三分之一处，当十岁的孩子背井离乡长大成人，几十年后再次出现时，满文的锦绣不再，已是昏天暗日。匆匆的结局，人物已挤压成概念，扁平庸常得不忍深读。简单的善恶因果，浅陋的人物归位。

没有了激情、张力、纠缠和难解。感觉到真实的麦家不见了，仿佛是高鹗替曹雪芹续写的《红楼梦》。

艺术的最高境界：风力弥满，张力不息。

语文课应该还精深处以精深的。毕竟我们面对的是学生的精神世界，毕竟教学是一门艺术。

图 25　入选百年中国语文人博物馆

三、汉语的世界充满诗意

汉语的魅力在于那份弹性，那份张力，那份创造。

在"汉字的王国里"，记录的是创造的形态，是那份日常的生活，是那种充满了生命力的诗意。

汉字，每一个汉字，都不是一种定格，不是一种终极的表达，每一个汉字都富于声音、格调和感情。千种风情，万种情怀，温暖如三月的原野，生生不息，具有生生之美。

经过五千年岁月的淘洗，以及不断地创造，不断地添加，不断地更新，不断地悟读，不断地成长，汉语已玲珑剔透，成为民族精神的标记。

"关关雎鸠，在河之洲。""关关"是鸠鸟的鸣唱，更是爱情之歌的历久弥新。

"噫吁嚱"是三个感叹词，又不是单纯的感叹词，因为它们属于李白，属于盛唐，属于高高的蜀道。仓颉造字凭借大天真与大浪漫，仰望宇宙，俯察内心，他画出了自然万物的模样，形似意到，而又轻盈舞动着"变化"，那么多的象形文字，像极了日月星辰，百鸟千兽。那么多的汉字影响着我们的心灵与情感，然后我们共同参与着汉字的创造，不断地注入我们的理解，成为绵延无尽的民族的精神血脉。

于是"噫吁嚱"便成了蜀道、成了盛唐的浩叹，成了瑰丽唐诗的高度。

"莫听穿林打叶声"这是苏东坡的表达，汉语的形象蕴藉风流宛转暗示象征弹性，从此可以略见一斑。苏子被贬黄州，天高地远，画地为牢。他对汉语的感受理解创造性地运用，也是在这一阶段达到另一种巅峰。当俗世万丈红尘的大门关闭无法打开，苏子与汉语与心灵与文化的对话，大开大阖云蒸霞蔚。

但丁在中世纪的意大利人间地狱，苦苦地思索生命的意义和价值，思考罪恶与超拔，思考生与死，思考崇高与渺小。他语言的表达自然也是西方式的直抒胸臆，是西方式的直白而深刻，是西方式的力量与哲思。"走自己的路，让别人说去吧！"

"莫听穿林打叶声，何妨吟啸且徐行"充满了中国式的柔软和空灵。

汉语让我们学会倾听感知，让我们敏感。因此我们获得活着的智慧、生命的尊严和润泽的心灵。

"吟啸""徐行"，唱着歌赶路，慢慢地走，苏子用最美、最形象、最有表现力的汉语，告诉我们汉语是诗意的，生命是诗意的。

庄子用"相忘江湖"四个字写出了生命的境界，呈现了大浪漫和宇宙的情怀。

无须记起，生命本该是轻盈的姿态，情感往往是最重的行囊。从此，汉文化中有了和高高的魏阙相对的"江湖"。"江湖"多么辽远，多么浩瀚。荷尔德林说："人类诗意地栖居在大地上。"已经是"减之一字

图26 专著《千江有水千江月》

则太短"的精湛表达了,可是面对庄子的"相忘江湖"总显得太直、太露、太白、太乏味、太笨重。"江湖"是我们中国人的另一个生命场。

"红学"是显学,可是据说任何一个国家的语言也无法最大化地翻译出"红楼梦",这三个字所承载的是故事、人性、人生、文化与宗教。

那份青春的伤感,那份"庭院深深深几许"的寂寞,那份"陋室空堂,当年笏满床"的盛衰无常,那份"天尽头,何处有香丘"的春之殇,那份"白茫茫大地真干净"的悲凉,那份"反认他乡是故乡"的人生局限……

"红楼梦"三个字足矣,这就是汉语的绝代风华。

作为一名语文教师,岁岁年年,我在每一节语文课里,引领着学生在汉字汉语里穿行驻足凝视感悟。我有一个宏愿,让我的学生拥有汉语这个诗化的世界,让他们可以用来安放心灵。

四、正大端然是语文

一句"诗三百,一言以蔽之,曰,思无邪",已昭示汉语之诗性、美好、正大、端然。

语文课本应温暖灿然,充满人情味和书卷气,可现如今却被矮化、窄化、俗化、浅化,甚至被戏谑、被丑化。

(一)致敬经典,拒绝矮化

于漪老师说:"经典阅读要上出点深度和难度,上出文化味。"难度和深度会让学生学会敬畏、学会谦卑和拥有教养,深度、难度可以成就他们生命的厚度。

语文课可以上出一点难度,甚至必须有一点难度,可以让学生用一个仰望的视角去看待语文与阅读经典。让学生怀着虔诚与敬畏,带着美好与希冀。带着顿悟会意与谜一样的难解神秘。

不要矮化经典,只为课堂上孩子们举起如森林般的手臂和那份喧嚣,这样的课堂其实是灵魂的缺席。不是所有的发声都是有真正意义的对话。教出难度和高度不是故作高深的"演绎"。

不要矮化经典，只为孩子们能你说我说。不是所有的发声都是精神上的交流与碰撞。设问、善问、曲问是一个语文教师的看家本领，语文教师要打通文史哲等诸学科的壁垒，让语文课堂简约而缤纷。

　　中国文人讲究静观，也许正是那份难得的沉静，才是最深沉的思考和感悟。文本的诗意，美与哲思，有时只能是师生之间的意会。

　　把语文课上出难度、深度，并不是让我们满堂地偏问、深问、怪问，不是炫技，甚至炫耀自己的才华，而是要求语文教师能够化繁就简，绚而后朴。简约地提问可体现出一位教师的教学智慧。教师要胸中自有万壑群峰却绝不逞才使气，把坚硬的文本化为绕指柔，循循善问，娓娓而谈。如果说语文课是一部宏大的交响乐，教师只是那位首席的提琴手，绝不故作惊人之语，绝不刻意追求语惊四座，绝不哗众取宠，而要温暖和煦，在不经意间引领孩子们抵达经典，抵达文本的内核，让孩子们带着发现的惊喜，登堂入室。

（二）致敬母语，不可戏谑

　　仓颉造字，"天雨粟，鬼夜哭"。汉字是我们这个民族的骄傲。而如今的语文课，却充斥着多少歪解与戏说。精神的媚俗，无底线的油腔滑调，会让语文课成为江湖卖艺者表演杂耍的卖场。无论是深沉的家国情怀，还是彻骨的爱情悲剧；无论是黄钟大吕之声，还是委婉曲折的最中国的表达，还是那么多有声音、有表情、有历史、有文化、有智慧、有深情的汉字，在语文课上都和教者一起沦为小丑。中国古代真正的读书人在任何情况下都是不讲语言暴力的，永远都是那么文质彬彬、温文尔雅，"不读诗，无以言"。戏，无"丑"不成戏。我们是教师，端然正大才是我们的当行本色，"谑"是对语言的"虐"，是对母语的"虐待""施虐"，"见字如神"是古代读书人的信仰，如今我们丢失了。我们对汉字、对经典、对语文肆意施虐，只是为了引来那些孩子们，引来孩子们的笑声，然后，我们洋洋得意。

（三）做一个正大端然的读书人

　　有的语文教师已太久没有读书了。有的语文教师虽读了一些书，甚至很多书，却把自己读得偏激，甚至褊狭，总是愤愤而不平。

　　如果书不能给人以幸福与温暖，如果书不能让一个人在精神上不再匍匐，如果读书未能构成教者的精神家园，我们又如何帮助学生构建精神家园？

孔子说，要做"君子儒"，不可做"小人儒"。而更为糟糕的是"小人儒"反倒充当起灵魂的工程师。

语文课是教人读书的。

语文课是要充满诗意和美的。

语文课是要让孩子们有一种强烈的文化认同感的……

语文教师是一扇窗子，孩子们通过我们去认识语文的世界。

有人说，中学阶段是"精密期"，所以又称作基础教育，我们夕惕若厉。

但是还有多少语文教师还在教孩子们读着"鸿鹄志"，还要美其名曰：俯身关注学情。教师是引领者，不是无原则地迁就、窄化、丑化、俗化语文教学。

正大端然就是有见地思想，有境界情怀，就是学而不厌，诲人不倦。

让我们都有一份正大和端然吧，正大地教语文，端然地教语文，还语文以正大端然，打通文史哲的壁垒，融通我们的道德学问。让我们从中国古典传统的温柔敦厚、乐而不淫、哀而不伤中寻找语文的精神向度吧。

图 27　在重庆，参加全国学术会议

五、回到诗意的种子

　　记得我曾在一篇谈教学语言艺术的文章前写下这样一个题目《雪落黄河静无声》。现在想起来，不光教学语言有言外之言，教育本身也有一种无法言说的美。一个教师，特别是语文教师所能给学生的如果仅仅是语言所传达的那就太狭隘了。"一瞬传情，一目传神。"每一个教学瞬间的背后都应该隐藏着一片令人心驰神往的汪洋。教师的一言一行，一举手一投足，都是一种教育，一种比知识更重要的教育。这种潜移默化、春风化雨的教育将沉淀在学生的眼中、心中，甚至生命中。正像一杯清水，视之无色，嗅之无香，却宁和、透彻，最能消除干渴，无须多加粉饰，却传达一种人生境界：修美于内，自然清澈，滋养生命，润物无声。

　　语文教师的教学之美，固然美在优美蕴藉的教学语言，丰富扎实的文化常识，透彻精辟的分析品读，但仅仅有这些是不够的。知识之外，能力之外，还有内在品格的养成，精神家园的构建，生命价值的探索。这些东西并不是能以说教的方式灌输给学生的，而应是以身教的方式一点一滴去影响学生的。下面我想从三个方面来谈谈这种无言而教的教育。

（一）唤醒学生善感的心灵

　　"孩子是春天的另一种姿势。"一位诗人这样写道。我想，在孩子的眼中，世界每天都该是新的，如春天的第一朵鲜花，第一声雁鸣，第一张风筝，给人惊喜，让人感叹。可是我们的语文课堂又如何"保鲜"呢？我想，最紧要的是读书，其次是思考。

　　邓拓写过一篇文章叫《有书赶快读》，里面提到两则记不清上联的对联，一个下联是"补读平生未见书"，一个下联是"闭户遍读家藏书"。这样的胸怀和气魄虽不敢自比，但私下里觉得身为语文教师而不读书，不常读书，那他的课堂只能应了那句成语——"老生常谈"，学生怎么会乐意听课，喜欢读书呢？很多人都提倡语文教师要做个"杂家"，不只要读本专业的书，还要读其他相关学科的书，这样方能触类旁通。不过我还是觉得"语文"这个范畴里可读的书太多，语文教师的主要精力还是应该放在读经典、读美文上。通过阅读，我们不再只有一辈子，而是可以有几辈子了。我们可以是印第安少年，可以是海上的渔夫，可以是复仇的船员。通过阅读，我们可以穿越时空，走进古人的生活，随李白登天姥山，和柳永望杭州胜景，约李清照赏绿肥红瘦。读书让人生的境界常新，自然会给课堂吹进一缕清新的风。这种身教往往比言教更有感染力，学生对老师的仰慕会激励他们自己去读书。很难想象一个不读书的老师能培养出一批热爱读书的学生。当读书成为一种内在的驱动力时，适时的引导很重要。应该培养学生形成纯正的欣赏品位和高雅的审美情趣。当学生可以和孔子、司马迁、杜甫、辛弃疾畅谈时，当学生可以与鲁迅、巴金、老舍、徐志摩神交时，你，一名语文教师可以自豪地说，至少，我将学生引向那条通往文学殿堂的路了。就像苏霍姆林斯基说的那样："让学生在图书世界里生活，这是当今学校一个重要的教育问题。我认为一个非常重要的教育问题，就在于使读书成为每个孩子最强烈的、精神上不可压抑的欲望，使人终生都入迷地想同书中的思想、美、人的伟大精神、取之不尽的知识源泉打交道。这是一条最基本的教育规律。"

法国哲学家帕斯卡尔说："思想形成人的伟大。人只不过是一根苇草，是自然界最脆弱的东西，但他是一根能思想的苇草。"只有勤奋的读书而无勤奋的思考那就根本谈不上什么创新。勤于思考是一种习惯，是一种能力，需要语文教师去培养。当然语文教师本身就要具备这样的素质。周杰伦的歌大行其道，很多学生都是他的歌迷，这种时候，一味批评他的歌如何不入流、媚俗，只能造成自己和学生关系的对立，莫不如将其歌词中的某些古典文化元素拿出来和学生共同欣赏，让学生自己去品评这样的歌词和古典诗词的高下雅俗，这将更有利于培养学生对古典诗词的兴趣，也能让他们在比较中形成高雅的审美情趣。

（二）在星辉斑斓里放歌

柯灵先生有本散文集名曰《墨磨人》，语意源自苏东坡的那句"非人磨墨墨磨人"。东坡果然是达人，深知世间最难的并非创造而是坚守。当机器开足马力轰响时，当电视电脑全天候开动时，当国内生产总值高速增长，全社会都像得了多动症时，你还能闲坐书斋与古人对话吗？你还能神游八荒与哲人辩论吗？我想只有那些能守住自己心灵的原则的教师，那些坚持做自己认为有价值的事的教师，才能恪守灵魂的高度，才能保有生命的尊严和价值，也才有资格成为学生心灵的导师。这种无言的教育要告诉学生的是生存的意义、心灵的需要。无论你是达官显贵，还是贩夫走卒，无论你身居华厦，还是置身陋巷，人生总有些东西是必须坚守的：爱、自由、人格……只有坚守才能超越常人眼中的荣辱得失，才能在生命的考场上交出一张潇洒与旷达的试卷。

周作人在提到废名的文章时曾评论它如一弯溪水，遇到一片草叶都要抚摸一下，然后再汩汩地向前流去。语文教师的坚守正如这清流，因为那份对文学的爱，对学生的爱，而选择了远离喧嚣，静静流淌。对他们来说，那轻抚草叶的温暖就足以抵御清风的薄凉。原来，坚守有时是一种眷恋，眷恋三尺讲台下的稚嫩笑脸，眷恋千载以降的悠悠文明。于是，这份坚守变成了忘情地专注、热情地投入，变成了锲而不舍全神贯注地追求、探索。这份源于爱的坚守不正是我们要教给学生的吗？

空谷幽兰，不以无人而不芳，无论是寂寞还是喧闹，她都在开放；大漠红柳，不因无水而不华，无论是酷热还是苦寒，她都岿然不动。在这个世界上心灵的安静极为缺少，难能可贵，那是天地间的无言大美。坚守有时是一种放下。梵志持花献佛，佛云："放下。"梵志放下左手之花，佛又道："放下。"梵志放下右手之花，佛还是说："放下。"梵志道："我手中之花都已放下了，还有何可放？"佛曰："放下你的外六尘、内六根、中六识，一直舍去，舍至无可舍处，是汝放生命处。"放下浮躁，坚守平静；放下功利，坚守淡泊；放下流俗，坚守雅韵。"行到水穷处，坐看云起时。"看似闲淡的生活态度其实是对生命本真的回归。教师的这份淡定对学生而言是一贴清凉剂，让他们在日夜奔波的路上有机会停下来想一想，生活到底意味着什么。如果学生心里只装得下"高考"两个字，那么我们很难期望走上社会的他们会摒弃功利，用热忱的心去工作、去生活。那样，对他们而言，世界就只有物质的一面，再无其他。

坚持我们的原则，执着我们的梦想，继续我们的奋斗。语文教师，你在用无声的语言进行着这属于孤独者的教育吗？

(三) 站在人生的高度

世间还有比托尔斯泰的坟墓更美的墓吗？简单到极致，朴实到极致，宁谧到极致，却因那个伟大的灵魂、那种卓越的精神而留给世人最美的感动。生而为人已是万物之灵长，又怎能甘心做一个平庸的人呢？"墙角的花，你孤芳自赏时，天地便小了。"语文教师给学生展开的生命画卷应是宽广的。"时间顺流而下，生活逆水行舟。"语文教师教给学生生活的真谛就是拼搏。"正如瀑布以流水感动遥远的大海，我用歌声感动上帝。"语文教师应开启学生那扇不甘平庸、追求卓越的心灵之窗。

是山，就要做喜马拉雅山，睥睨万物，雄立东方；是水，就要做长江、黄河，浩荡无垠，奔腾入海；是教师，就要站在顶峰，千山万壑，指点迷津。山前面还是山，一峰过后还有一峰。生活就是这样，在追求卓越的路上只有临时休息站，没有终点站，"没有比脚更长的路"，生命不息，追求不止，"山登绝顶我为峰"。山呼唤我们攀登，我们坚信"没有比人更高的山峰"。人的形体可能渺小而微不足道，但人的精神却是可以浸染自然、超越自然的力量。

"时间永是流驶，街市依旧太平。"在庸常的日子里，语文教师心中的梦想是否已被销蚀干净？在内心深处，你是否已经认同自己"教书匠"的身份，认为生活不过如此？平庸还是卓越其实更多的是在精神领域进行衡量的，并不完全由现实的成就所左右。更何况有些平庸的人善于用平庸的手段制造卓越的成绩，我们不能以此就判定他是卓越的。我们的精神世界应该由星辰导航，由山脉铺就，通向不知名却美丽无比的远方。一个人要有精神追求，一个教师更应如此，平凡的生活不应抹杀我们心中对梦想的追求，对卓越的向往。站在三尺讲台上，站在学生面前，每一位教师就是一座山峰，一座向学生展示梦想和卓越的山峰，一座垫在他们脚下、把他们托往更高处的山峰。

曾国藩有过这样一句话："天下事，在局外呐喊议论，总是无益，必须躬身入局，挺膺负责，乃有成事之可冀。"有了梦想，有了执着追求的目标，还要躬身实践才行。一位老人说："越是泥泞的路，踩下的脚印越深。"是啊，路在脚下，一双踩过最艰难坎坷路的脚，一定会踩出最踏实的脚印。一个教师在困难面前不畏缩，不胆怯，迎难而上，勇挑重担，这种精神一定会折射到他的学生身上，他的学生才会也用自己稚嫩的脚踩下勇敢的脚印。

如果老师是一座高山，他的学生会长得很高很高；如果老师是一颗恒星，他的学生会发出夺目的光辉；如果老师是万里长城，他的学生会有坚实的臂膀。

《列子·汤问》内有一段"薛谭学讴"的故事："薛谭学讴于秦青，未穷青之技，自谓尽之，遂辞归。秦青弗止，饯于郊衢，抚节悲歌，声振林木，响遏行云。薛谭乃谢求反，终身不敢言归。"不言之教正是秦青教育的成功之处，真正的"道"只可意会，不可言传，需要教师顺其自然，因势利导，顺应学生身心发展规律，引领学生去观察、去领悟，使教育无时不在、无处不在。

老子主张"师法自然"，庄子则说："天地有大美而不言，四时有明法而不议，万物有成理而不说。"让诗意的种子撒播在大地的每一个角落，让教师书桌上常新的书香自然地浸润学生的心灵，让教师课堂上灵动的思想自然地浇灌学生的慧根，让教师生活上淡定的坚守自然地安抚学生的躁动，让教师精神上卓越的追求自然地照亮学生的心路。

图28　中国教育电视台专访《诗意语文教学智慧》

六、汉字本色

山羊说：我是哲学家。
袋鼠说：我是拳王。
斑马说：我是英国皇家水兵。
狮子说：我是狮子。

我喜欢这则简约而又隽永的寓言。我喜欢狮子强者的自信，喜欢它一语道破天机的从容。在教学百家争鸣，你方唱罢我登场的喧嚣中，我更喜欢这样的声音：语文教学就是语文教学。语文教学就要追求中国的语言文学的原汁原味，不加糖，不放色素，更不加任何防腐剂，让学生彻彻底底地走近《诗经》的古拙、《楚辞》的浪漫，走近汉魏，走近盛唐，走向博大精深的中国古典文化，感受她的海纳百川，体会她的气象万千，在每个方块字中感悟浪漫和美丽。

（一）汉字流淌成墨写的母亲河——呈现汉字的本色

汉字的表意性，使它具有了非凡的魅力和灵动的美。每一个汉字都静静地散发着生命的芬芳和文化的气息。"天雨粟，鬼夜哭"，仓颉造字的效果就是惊天地，泣鬼神。

高中的汉字教学不同于小学、初中，也有别于大学。在汉字教学中，我追求三味：文学味、文化味、美学味。在教学中我融入了造字法，词语、成语、诗词、美学、历史、地理、民俗知识、古文化常识熔于一炉。激活汉字的生命力，让它从平面走向立体，从单元走向多维，从静止走向变化，生动形象地阐释汉字的喜怒哀乐。

第一，引导学生体会汉字魔方般的组合。汉字大部分是形声字，它那魔方般的组合令人着迷，教师要在教学中凸显这种美。但是中学教师应忌过多的理论化和刻板的考证，有时甚至可以得"意""忘""形"。如从"衷、褒、衾、哀"，"碟、蝶、谍、堞、牒、鲽、喋"等的无穷变化莫测中，体会造字的美丽，而这种变化的美丽是意味深长的。

第二，连接相关词语、成语、诗词，拓宽学生的视野，让汉字成为学生语文学习的窗子。如一个"岑"字可以让我们想起边塞诗人岑参，想起周朴园和鲁侍萍相认的"汗涔涔"。讲一个"彘"字可以联想到汉武帝的小名刘彘，联系到《鸿门宴》中表现樊哙勇武之气的"彘肩"，再讲到"豚""豕"，从而理解豚栅鸡栖，理解狼奔豕突，甚而"三牲"（猪、牛、羊），甚而"六畜"（猪、牛、羊、马、鸡、狗）。讲字词最忌呆板、教条、训诂式、学究式的死记硬背。应洋洋洒洒，如行云流水，最贵信手拈来，这也要求教师有较为渊博的储备。一个"高"字我可以随口说出二十几个与之相关的成语，让学生在这狂轰滥炸般的视听效果中积淀钙质。

第三，在汉字教学中阐释文化、美学、哲学，让汉字散发出浓浓的人文色彩。一个"黄发垂髫"的"黄"字，要讲出中原黄河文化的厚重。让学生体会中西文化的碰撞就是"黄与蓝的交响"。讲清"五色"中"黄"的中心地位，进而讲清黄袍唯我独尊的国色。连接"黄道吉日""黄花晚节""黄金时代""黄茅白苇""黄钟大吕""黄袍加身"和"黄粱一梦"，在这斑驳陆离的"黄"中窥见中国文化之一斑。

我认为学生的人文素养很大一部分来自厚重、千变万化的方块字。参透了汉字也就参透了中国的文化，而四字短语又是浓缩了的文化的精华，是中国古典文化的神经末梢，在语文教学中完全可以大讲特讲。不应有套子，不应有禁区，只要有表现力就可以讲。

（二）诗词奔流成冲天的雪浪——呈现中国语文的本色

中国文学史从本质上讲是诗史，学习汉语如果离开了诗歌的教学也就意味着舍本逐末。

诗歌是语言的钻石、情感的铀。诗歌教学是语文教学的重头戏。

第一步，选择古今中外一定数量的诗歌作为教材的补充，从诗经、楚辞、唐诗、宋词、元曲、明清小诗到当代海子的诗，以及雪莱、拜伦、普希金等外国诗人的诗歌若干，以专题课的形式进行诗歌教学。

第二步，背诵积累。诵读教学是传统语文教学的精华。语感是天性也是修养，"熟读唐诗三百首"造就了多少文学巨匠。当语文课堂上响起吟诗声的时候，在某种程度上就意味着学生们已经触摸到"文心""诗心"了。我的学生诗歌阅读量极大。除了脍炙人口的古典诗词外，像林徽因的《你是人间的四月天》、海涅的《罗蕾莱》、

普希金的《假如生活欺骗了你》、海子的《九月》都是学生们的最爱。背诵成风并且蔚然成风，接下来自然是引用成风，化用成风。

第三步，授之以鉴赏方法并开展个性鉴赏。对于高中生来说讲方法很必要，讲诗歌的鉴赏方法尤为重要。

比如，我在陈子昂的《登幽州台歌》中讲大开大阖的时空设计；用李清照的《声声慢》讲叠字的妙用；用王安石的"春风又绿江南岸"、宋祁的"红杏枝头春意闹"讲炼字；借"枯藤老树昏鸦"讲意象；借李商隐的《锦瑟》讲意象密集而造成的诗歌的多义和难解；让学生在"秦时明月汉时关"中体会空间的时间化和时间的空间化；在杜甫的"两个黄鹂鸣翠柳，一行白鹭上青天"中体会诗歌的绘画美和色彩美……

同时，诗歌专题教学可以令学生产生鲜明的印象。例如，盛唐边塞诗人是盛唐的仪仗队；苏轼是百变的苏轼、千面的苏轼，王维的山水诗字字入禅；李白擅长七古、七绝，杜甫则擅长七律；汉乐府民歌热烈大胆，而元曲小令则泼辣十足。

这种理性的概括必能对学生产生深远的影响，站在前人的肩上是为了让受教育者站得更高，看得更远。我们培养的绝对不是"掉书袋"的学究，而是有独立个性、有独特精神风采、有才情、有品位的人。

诗歌的个性鉴赏，可以培养学生的语感，培养典雅的语言表达、卓尔不群的思维。在进行诗歌审美的个性鉴赏的时候，教师的引导一定是宽泛的，让学生的思维在一个较为广阔的空间伸展。久而久之，学生可以面对古今中外的任何一首诗侃侃而谈：从民族心理到时代风貌，从诗人个性到诗的内涵……

（三）让作文幻化成灵动与激情的彩虹——呈现文学的本色

文学是人学，文学人的情感学，是有着独特个性的人的情感学。语文教育可以唤醒沉睡在孩子心灵深处的那颗"诗心"，让他们的人生细腻、丰盈、浪漫，富有情调，富有精神品位，使他们深情、厚重、达观、洒脱，作文抒写的正是心灵激情和文采。

陆游说得好，"汝果欲学诗，工夫在诗外"。作文不是一朝一夕的工夫，也绝不是单纯"练"的结果，写作的工夫实际上蕴含在读、品、悟之中。

1. 读

读什么？阅读储备当然越丰富越好，然而在高中有限的时间里还是应该有所指向的。学生可以读诗、读词，读新概念作文、读高考满分作文，读时文、读美文，甚而读模拟套题中的精彩片段，最好还要读摘抄本。学生应该准备一个大的摘抄本，每天课前十分钟都是读摘抄本的时间。这一项活动可以使课内阅读和课外阅读连接起来，使阅读教学更灵活、更立体。"奇文共欣赏"，这种学习成果的分享，是非常有成效的。学生的摘抄本是一个五色缤纷的世界，有张爱玲一针见血的感悟，有幾米俏皮的箴言……这是一份语言文化的大餐。

2. 品

品评文章很重要。《赤兔之死》的成功在依托名著，有典雅的行文、独特的思辨。品，最好由学生自己来完成。《儿子，请作选择题》是一篇以选择题的方式来表达父亲对儿子牵挂的文章。那份荒诞中的辛酸，那份平淡中的浓情，那份轻松中的沉重，那奇巧的构思，令学生深深沉醉，不能忘怀。在现代社会匆匆的步履中我们遗失了什么？"好在哪里？"这是在指导学生品评诗文时最常用的一句话，这个开放性的话题可以让学生"海阔凭鱼跃，天高任鸟飞"。学生在无限中挖掘宝藏，品读文学、人生，能为作文打下坚实的基础。当他们骨鲠在喉的时候，就是一篇好文章诞生的时候了。

3. 悟

"从喷泉里出来的都是水，从血管里出来的都是血"，绝美的文字是要经过心灵和情感的孕育的。要让学生拥有一颗"诗心"、一颗"琴心"，让学生诗意地居住。让他们有着对文学的敏感，对艺术的敏感，对生活的敏感。"感时花溅泪，恨别鸟惊心"，只有这样，那平常的文字才有神采，才有生命，才有灵性。呼唤激情，

图29 与工作室黄缨涵、龙潇，研究生张贺在长沙

打造浪漫，是语文教学永远不能丢失的。于是孩子们跨越千年将自己的眼泪和荆轲、和苏轼洒在一起；于是蒹葭有情，山花有恨；于是他们关注自己的心灵，关注芸芸众生的感受；于是便理解了"人生自是有情痴"；于是便笔走龙蛇，下笔有神，有了"至法无法"的行云流水的结构，有了喷涌的情思。我也终于完成了将自己对文学的爱转化为学生对文学的爱的传薪。

作为语文教师，我因为美丽的方块字，因为博大精深的中国文化而存在。我要把我对祖国语言文字深深的爱和理解告诉学生，我要告诉他们那份来自祖国文化的最本色的美丽。

七、凤凰鸣矣，于彼高冈

一次语文课后，一个青年教师问我："董老师，语文理想的课堂氛围应该是什么样的？"我未能当即回答他。一连几天，我循着帕斯卡尔那著名的句子"人是一根脆弱但能思想的苇草"思考着，答案渐渐清晰。现在，我想告诉他：我理想中的语文课堂氛围应该是充满文学气息和浪漫情怀的，在诗意的创设中，以缤纷的语言引领学生走向对文化的膜拜，在幽默而又蕴含智慧的思维探索中体悟生活语文的无限魅力。课堂永远是我们传播诗情画意的主阵地。

（一）文学气息

我总是想，在红尘滚滚、物欲横流的社会里培养一群热爱读书的孩子，是一件高尚的事。我的出发点就是我的语文课堂。一直以来，我都在努力使自己的语文课堂充满文学气息，在这里给学生们撒下精神的种子，希望多年后能绿树成荫，让他们终身受益。记得一次看山东大学百年校庆专题节目，感触颇深。山大年仅四十岁的校长说，山大培养的人首先要有深厚的人文底蕴，其次才是科学的思维方式。有着"山之魂，海之韵"的山大的校训也深深地激励着我，使我坚定超功利性的教学理念。在语文课堂上，在传承人类文化知识的同时，我努力使我的语文课堂更具有书卷味，让课堂充满文化底蕴，让我的教学语言具有文化的魅力，让自己在举手投足之间都能有人文气息。而要想把这样的课堂变成现实，就需要真正博览群书，有着扎实的文化底蕴。充满文学气息的课堂是由师生共同创造的，孩子们的文学素养亟待提高，于是我领着学生"狂补"，背唐诗、宋词，列书单，写日记，办手抄报，办诗社，于是在课堂上渐渐有了美的呼应，甚至有的学生已有了美的创造。我在课堂上引经据典、滔滔不绝时，学生亦能各抒己见、妙语连珠。课堂教学散发着浓浓的语文气息，我和学生深深地陶醉其中。

（二）浪漫情怀

有人说数学是人思维的体操，我想语文就应该是人精神的舞蹈。语文教师必须是一个充满浪漫气质的人，有着理想主义者的浪漫情怀，对文学有着敏锐的感觉，对人生有着独特的感悟，把语文教学当成一门艺术来追求。

新课程改革使得语文教材的内容有了巨大的变化，教材的选材更加广泛、丰富。很多文章都洋溢着浓浓的人情之美、人性之美，处处渗透着对世间万物的关怀，蕴含着生活的哲理，极大地唤醒和激发了学生对美好生活的向往和追求，培养了学生纯真的浪漫主义情怀。在此基础上，我更是广泛选材，领着学生读屈子，从《离骚》到粽叶飘香的汨罗江上，去追寻屈子浪漫的足迹；带着学生读李白，在浪漫主义的世界里体悟李白的成与败、悲与喜、天与人，一起"思接千载""视通万里"；同学生们神游在虚幻却又魅力无穷的西行路上，把神通的金箍棒变成手中的笔杆，挥洒属于自己的人生游记。在文学的百花园里，孩子们自由地采撷着浪漫的花朵，在浪漫中酝酿着浪漫。我们要让浪漫成为一种修养，成为一种胸怀，成为一种内在的精神。

我给学生们打过这样一个比方：对于一棵白杨树，一个情感粗糙的人会看到白杨树的树干、树枝、树叶，一个敏感而浪漫的人会看到叶片的脉络，而一个浪漫的经过文学熏陶的人会感受到白杨树绿色的汁液在流动。在课堂教学中，我努力将学生带入纯粹的文学世界，让学生纯洁的心灵诗意地栖居在文学的怀抱之中，培养学生的浪漫情怀，将浪漫进行到底。

（三）诗意创设

《义务教育语文课程标准（2011年版）》特别强调了培养学生自觉的审美意识、高尚的审美情趣，帮助他们意识到客观世界、精神世界处处存在美，学习、工作、生活处处需要美，要时时注意把实用目标、科学规律和审美要求结合起来，提高学习、工作和生活的质量。要让学生在阅读鉴赏的过程中，提高文化品位和鉴赏能力，增强自觉的审美意识和高尚的审美情趣，提高发现美的能力，学习对美的表现和创造。因此，语文课应该给人以美的愉悦、美的享受。诗人荷尔德林说："人类诗意地栖居在大地上。"课堂，作为学生和老师栖居的主要场所，也应该充满浓浓的诗意——涌动着诗的灵性，洋溢着诗的浪漫，弥漫着诗的芳香，勃发着诗的激情，流淌着诗的旋律，演绎着诗的精彩。

有人用这样的语言形容语文：语文是炫目的先秦繁星，是皎洁的汉宫秋月；是珠落玉盘的琵琶，是高山流水的琴瑟；是庄子的逍遥云游，是孔子的颠沛流离；是魏王的老骥之志，是诸葛的锦囊妙计；是李太白的杯中酒，是曹雪芹的梦中泪；是千古绝唱的诗词曲赋，是功垂青史的经史子集……可见语文的本色就是诗意。因此，语文课堂必须是充满诗意的。作为语文教师，只有富有诗意的语言才能唤起学生个性的思维。语文教师的课堂语言应该具有诗意的美感，应该尽可能用诗意的语言组织课堂教学，激发学生美的情感，创设诗意的教学情境。教师要善于"以情传情"，利用情感因素，使文中情、教师情、学生情"三情合一"，以达到情感共鸣的佳境。苏霍姆林斯基说过："没有一条富有诗意的感情和审美的清泉，就不可能有学生全面的能力发展。"在教学实践中，我开设了诗歌专题教学，以诗歌的立意美、语言美、结构美、表现手法美，启迪学生按美的规律去感受美的意境，使学生在美的熏陶中，激发情理，形成情操。通过一段时间的努力，学生的思维能力和表达能力都有了很大提升。让学生诗意地存在在我的诗歌专题教学中的目标得到了落实。

（四）缤纷的语言

苏霍姆林斯基说："教师的语言素养在极大程度上决定着学生在课堂上的脑力劳动的效率。""雪落黄河静无声"那飘逸的神采，那不着痕迹的融会贯通，那浑然天成的境界不正是我们语文教师所追求的，用蕴含着真味和美的语言感染学生，从而激发他们强烈的求知欲望的境界吗？

课堂中的教学语言应该具备内蕴美。好的教学语言应该是"情""理""思"的结合体。文学是情感的艺术，语文教学更需讲究情感的升华。在课堂上，教师要想产生扣人心弦的教学魅力，是不可缺少激情的。因此，丰富的内心世界，高尚的思想情操，渊博深厚的文化修养与职业见识，是语文教师重要的内在条件。有情亦要有理，教学语言虽然不像书面文章那样严整而富于逻辑性，但必须做到出口成章，引经据典，必须真实准确，无懈可击；分析判断，必须严格地遵守逻辑规则。只有这样才能使学生信服，最终消除疑虑，颔首称赞。有理更要有思，教师的语言要能够使学生思接千载、纵横万里，让学生的思考具有智慧的深度和广度。

有人说，教师的语言如钥匙，能打开学生心灵的窗户；如火炬，能照亮学生的未来；如种子，能深埋在学生的心里。这几个比喻生动而贴切，好的教学语言也应该是形象并富于节奏感的。卢梭说："在达到理智的年龄以前，孩子不能接受观念，而只能接受形象。"作为语文教师，我们应该善于铺陈，使事物历历在目，栩栩如生，同时还要善于摹形、摹声、摹色，使学生如闻其声，如临其境。在口语表达的时候，要善于运用跌宕和节奏，有时如大江东去，一泻千里，有时如小桥流水，莺声燕语。就像叶圣陶所说的："激昂处还它个激昂，委婉处还它个委婉……"这样可使学生的听觉达到亢奋状态，调动情绪，触发思维，加深理解，增强记忆。唯其如此，才能极大地调动学生的积极性，使学生随着教师自然而然地入情入境。让学生情不自禁地随文起落，之后还余味无穷，期盼着每一节语文课。

（五）文化的膜拜

2007年，江西的一位考生在他的高考作文中写道："语文，汉语中蕴藏的文化。从结绳记事到文字的出现，蕴藏着形象；从诗词的清丽脱俗到散文的柔美飘逸，蕴藏着灵动；从气势磅礴的论文到经典的小说，蕴藏着灵魂。品味语文，就像细品一杯香茗，温馨的气息沁人心脾；品味语文，就像荷叶上刚沁出的一滴露水，生命的气息传遍全身；品味语文，就像山溪间一股流淌的清泉，纯然、质朴……"

每当读到这段文字时，我都会被这位同学对语文的热爱深深地打动，这是一种多么可贵的情感。可遗憾的是，我们的很多学生还没有这种对语文、对母语的感情。产生这种遗憾，我们语文教师有不可推卸的责任。所以，语文教师可谓重任在肩。在语文课堂上，我们应该引领学生把语文当作一种文化来膜拜，师生应该心怀虔诚与恭敬，在汲取丰富的文化营养的同时，更应该懂得尊重我们共同的文化遗产。在语文课堂上，任何对语文的冷漠、轻视、不屑，都是对她的亵渎。我们要带领学生以严肃的态度来对待我们的每一次写作，提倡以清新纯净的文字写作，以高雅纯洁的情感入文，远离一切矫情、虚伪。只有这样，我们才能更好地培养学生的情操，才能更好地发展我们的母语，使它更具魅力。

（六）智慧与幽默

培根说："善言者必善幽默。"幽默是智慧的产物。为了给自己的教学语言添上亮丽的色泽，有时不免"幽"上一"默"，在和谐愉悦的气氛中使学生学习到知识，顿开茅塞。在语文课堂上，幽默是绝不能少的，幽默的语文课堂是学生学习的天堂。记得一次在介绍《聊斋志异》时，我说："蒲松龄的书斋为什么叫'聊斋'呢？就是蒲松龄和他的朋友们常常在书房里聊天，聊着聊着就聊出一本书，'志异'就是记神仙鬼怪和花仙狐怪的。顺便问一句，你们喜欢他笔下的狐仙吗？"学生大笑。在介绍杜牧的《樊川文集》时，我如是说："小杜可谓纨绔子弟，他流连于扬州这一烟柳繁华地、温柔富贵乡之后，觉得还不尽意，于是在家乡整修了祖上的一栋别'野'，即樊川别业。"我故意利用正反修辞，令学生哄堂大笑，并牢牢记住了这一文集得名的原因。

充满哲理的幽默语言使我们的课堂充满了思辨味和笑声，载着学生驶向知识的彼岸。

总之，"至人无法，非无法也；无法而法，乃为至法"。轻松愉悦的语文课堂氛围需要我们每一位教师以青春、热情孜孜不倦地追求。"凤凰非梧桐不栖，非竹实不食，非醴泉不饮。"不忘初心，必果本愿。

图30　与肖培东老师、工作室崔桂静合影

八、语文天地与诗意人生

余光中先生在《听听那冷雨》中曾这样写道:"杏花。春雨。江南。六个方块字,或许那片土就在那里面。而无论赤县也好神州也好中国也好,变来变去,只要仓颉的灵感不灭美丽的中文不老,那形象,那磁石一般的向心力当必然长在。"寥寥数语,唯美且具诗性。借助方块汉字,先生道出了心中的那一片赤诚,那赤诚中有故土的依恋,有传统的追溯,有文化的传承,亦有民族的回响……从小与书结缘的我,陶醉于"只要仓颉的灵感不灭美丽的中文不老"那诗意的情境。从高考填报志愿选择师范院校中文专业的那一刻开始,我便真正与语文结缘。我希望在我的生命中,能借助"仓颉的灵感",去诠释美丽且永远不老的中文!

诗意在岁月的河流中流淌,初登讲坛至今已有二十多个春秋。是"语文人生",充实了我,成长了我,丰盈了我……我与语文相携走过,变与不变是我们心灵的歌。在时代大发展的背景下,语文一路走来,变了很多,教材变、理念变、方法变,但在我心中它却万变而美,美丽不老。面对语文的变,我在不断加速前进的同时,始终保持着两个"不变"。其一是"一颗至爱语文的心"不变,其二是"在语文教学实践中,追求唯美与诗意,寻找创造与感动,弘扬浪漫与理想"不变,与诗意浪漫的语文结缘。我曾以"如果这个世界上还剩下一名语文教师,那就是我——董一菲"来表达我对语文教师这个职业的不渝之爱。

(一)语文天地:教师、学生、文本的诗意汇融

语文教学的外延即生活,我觉得一名教师的成功在于立足课堂教学,依托文本教材,将"生命生活"引入课堂,将学生引入个性化的语文天地。在这个天地里,教师、学生和文本,平等对话,诗意汇融,体现着一名语文教师对大语文教学观的践行。我们的语文教坛几经改革,语文理念也几经变化,语文教学在求索中求变,在求变中求进,而今渐臻佳境。教师已由课堂的主导者,转变为课堂上的组织者、引领者、合作者;学生作为课堂上的主体,进一步被定位为学习上的主人;在教材教学上,也由传统的"教教材"转变为"用教材教"。这些变化,为新时期的语文教学提供了新的发展

机遇。我认为，教师、教材、学生三者都是"主体"，只是以不同的"角色"出现，教学中不可"顾此失彼"，要体现"三位一体"，要共赢共生。但令人遗憾的是，有很多课堂存在教师、教材的"缺席"，教师在践行课改新理念的过程中，主观化、曲解课改新理念，完全放手于学生，课堂变成了学生的"众言堂"。热闹的背后，让我们感到了教师的"冷冷清清"及教材的"零零落落"。这种"众言堂"式的"学生自主"，脱离教师，脱离文本，也违背了教育规律，实际上是盲目无方向的，只是学生热闹式的"孤独"！还有一种情况是，课堂上虽然教师、教材、学生"一个都不少"，教师完全践行语文学科工具性的特点，认真且认真、准确且准确、严谨且严谨地将教材上的知识传递给学生；但这种语文课堂，沿袭传统，充其量只是师生互动的灌输式教学，仔细品来，总觉得这样的语文课又缺少了什么。语文学科作为百科之首，兼具工具性和人文性，其鲜明的特点在于人文性。而人文性的魅力在于"诗意"二字，缺少诗意汇融的语文课，会变成没有语文的语文课。为此，我认为真正的语文教育，应是教师、教材、学生"三位一体"的教育，从某种意义上说，教师是学生知识和人生的"摆渡人"，教材是渡船，是工具，是凭借，也是维系"摆渡人"与"渡者"的纽带。与此同时，教材又是河流，是诗意流淌、汇融的河流。"渡者"在守望渡口时，更要领略河流的诗意，感悟人生的成长。而"摆渡者"摆渡的是知识，更是诗意的人生。语文教学的外延是文化，是历史，是生活。只有诗意地汇融，才能真正实现"三位一体"，才会有语文天地里大民主、大和谐的共赢共生。

（二）诗意——语文天地里永远的光芒

诗意地栖居，是人生的一种境界。其实，引导学生学习的过程就是教会学生学会生活，尤其是诗意地生活的过程。从这个意义上而言，唯有学好语文，才会让学生的生命拥有诗意，因为，诗意是语文天地里永远的光芒。我曾在自己的教学随感中这样写道："在文学的王国里，让学生诗意地存在。语文教师一个神圣的职责就是使学生少一分冷漠，多一分温情；少一分粗糙，多一分细腻；少一分庸俗，多一分浪漫；少一分功利主义、实用主义，多一分理想主义、英雄主义。"有人曾说语文的本色是诗意，语文的活力、灵魂和生命是诗意。我很喜欢这位教育同人诗意的话语，因为他道出了语文的魅力！尼采曾自诩为太阳，泰戈尔曾巨人似的手指东方。生活中离不开诗意和光芒，有了诗意，语文的天地才那样深邃，因为现实生活是语文天地中诗意的海洋，蔚蓝深邃；有了诗意，语文天地才那样悠远，因为悠久的历史是语文天地诗意的星空，璀璨悠远……简言之，诗意是语文天地中永远的光芒！

那么，诗意又从何处寻呢？一代美学大师宗白华在《流云小诗》中对此做过诗意、唯美的阐释："啊，诗从何处寻？在细雨下，点碎落花声，在微风里，飘来流水音，在蓝空天末，摇摇欲坠的孤星！"宗老先生的诗意之美，来源于细雨微风、落花流水、蓝空天末的孤星，即自然与天然的一切。顾随先生曾说过："诗人力如牛、如象、如虎，好，而感觉必纤细。"语文教师未必是诗人，但我觉得一名语文教师要有诗人般的敏锐，要感觉纤细，要从现实生活一朵花、一片云、一只鸟、一串笑中发现诗意。在语文的天地里，亦是如此，要学会从一个词、一句话、一首诗、一篇文章当中发现诗意。当然这也就要求，语文教师要有一颗诗心。有诗心方可慧眼独具。很难想象，一个没有诗意意识的语文教师会在课堂上向学生传递诗意，启迪心灵，开启学生诗意的人生。

语文离不开诗意，教材是诗意的载体。从这个意义上讲，语文教师可谓"得天独厚，近水楼台"，尤其是新课标背景下的语文教材，满载着诗意与文化。记得有人说："在所有的语言中，诗歌是语言的钻石；在所有的情感中，诗歌是情感的铀。"在多年的语文教学中，我个人比较钟情于诗歌教学。我觉得诗歌专题是美的天地，是情感的火山，诗歌教学更能让学生"享受"语文天地中诗意的"光芒"。如在《走近苏轼》诗歌专题中，我引导学生在《念奴娇·赤壁怀古》中感受一个豪情万丈的苏轼，在《江城子·十年生死两茫茫》里认识一个深情的真诚的苏轼，在《定风波·莫听穿林打叶声》里认识一个超然淡泊的苏轼……诗意化地解读苏轼，能为学生在语文天地里，全方位地呈现一个立体化的苏轼。当然这里也要避免两个误区，一是谈到诗意大家就想到诗歌，认为只有诗歌是诗意的；二是回归古典就是诗意，只有古典的，才是诗意的。其实只要你有颗诗心，学会诗意地发现，在文本教材中，可谓处处有诗意，处处有美。如在讲《花未眠》一课，介绍川端康成的画像时，我这样说道："这是川端的画像，美丽的川端，永恒的川端，淡紫色的川端。旁边有三个词——'物哀''幽玄''风雅'，这是日本作家永生永世追求的美，也是川端康成为之献出一生心血的美。"诗意化的介绍，易于让学生入情入境地感受川端康成。在语文教学中，教师是一个引领者，诗意地引领，引领学生一同去发现诗意的光与影；

教师又是一个评价者，诗意地评价，评价文本中的诗意与魅力……只有教师作诗意化的解读，学生才可能会有诗意化的感悟。

（三）回归诗意心灵，以生命解读生命

教师被赞誉为"人类灵魂的工程师"，肩负着塑造灵魂的高尚重任。客观反思一下，我们能胜任这样的赞誉么？传授知识是为了学生人生的成长与丰盈，是为了塑造"灵魂"，但是我们要清楚，传授知识并不等同于塑造"灵魂"。一段时间以来，语文工具性学科的倡导，应试教育的功利化问题，已经让我们在语文的道路上越走越远，甚至在很大程度上背离语文教学的人文性。所以很多同人感到语文的课堂气氛越来越活跃，语文的教法越来越丰富多样，语文的味儿却越来越淡。长此以往，我们的语文课也只能更加"有名无实"。王尚文先生指出，具体到语文课程，它正是通过如何运用语言文字这一有别于其他课程的特殊途径使其成为"人的灵魂的教育"的。我认为真正的教育永远是指向心灵的，而不是功利地指向知识、指向能力。为此，我们呼唤，我们真诚地呼唤"要回归诗意心灵，以生命来解读生命"。用我们最具心灵化的语文教育，以情悟情，将心契心，在语文教育对话中滋养学生的精神，塑造学生的诗意灵魂，在语文天地里，构建学生的精神家园。

梁启超曾言："乃至欲新人心，欲新人格，必新小说。"面对人文价值的"流失"，面对个体生命的"不在"，当务之急是，教学要回归心灵，回归诗意的心灵，"将心比心"，用生命去解读生命，让诗意的清泉在师生之间汩汩流淌，进而还原语文教学的"灵魂"，还原语文天地的生机与活力；让学生在诗意的语文课堂上，感受语文的千般美丽。想达此境界，其核心在于诗意心灵，并以之感悟文本，解读生命。

其一，要用诗意心灵引导学生感悟文本。在平时的教学中，我们有时对文本"涉入不深"，只是在知识上作以梳理，并没有真正去感悟文中人物的命运及情感。这样，在讲解的时候，必然是情感脱离的，做"无生命"的人物分析与解读。而且，在分析人物的时候，好以概括性、符号性的语言进行模式化的定位，而没有给学生思考和感悟的空间。"强硬式"的教学引导及调控，只是流于形式的做出"似"与"不似"的解读归纳。这无疑是一种剥离生命式的解读，必然枯燥、乏味。为此，我们要用心引导学生去感悟文本，给他们以想象的空间。在讲授《西地平线上》这篇散文时，我引导学生："说到西部，你会想到哪些自然的景观？人文的景观？哪些类型的美？"（屏幕显示浩瀚的沙漠、绝美的敦煌和辽阔的大草原等）给学生想象的空间，让学生在想象西部中，感悟西部。在学生感悟过后，我又以诗意引导学生，以心灵进入文本的研读："高建群托起了西部的太阳，写出了西部的落日。但我们能感受到西部的落日永远不会落下。余秋雨《文化苦旅》是行走式的文化感悟，无论是《千年一叹》《文化苦旅》还是《霜冷长河》都是行走式的、瞬间的文化感悟。在这里，我们毋庸讳言这种感悟失之肤浅，而高建群每年都在走马西部，感悟西部。他将这块土地，这块生于斯、长于斯的土地挥写得真挚动人。"

其二，以诗意心灵完成生命的对话。从某种意义上说，语文教学是一种生命的对话，这种生命对话离不开诗意的心灵。缺失了诗意的语文课堂，毫无生动可言，缺失了生命的语文课堂，只能是一片死寂。我们常说"进入课堂，走进文本"，在精心的"准备"之下，流畅自如地对文本进行了深入且细化的分析。就分析、解读来看，也堪称精彩，但是更多时候我们只是在为文章"贴标签"，为人物"贴标签"，为知识"贴标签"。对于文本中人物的解读，往往也只是把他作为文本的一个符号，特定背景下的一种符号。讲解分析过于注重概括和归纳，而将人物的"灵魂"与"肢体"分离，无生机，无生气。这种走进文本的方式，充其量算作"走过文本"，这样的语文课堂，并不是我们

图 31　与贾玲老师、樊玉仙老师在无锡

想要的真正意义的语文课。我觉得"走进文本"其要旨在于"走进心灵"，教师要从生命层面上感悟"人物"，对文本中人物进行生命意义上的解读，然后再将这种生命感悟、生命解读，以对话的方式传递给学生，师生在以生命感悟生命的过程中，完成对人物心灵式的解读。

作为语文教师，我们是幸福的，因为我们每天进行的是心灵的对话、生命的对话。教师、学生、文本"三位一体"，为我们提供了一个浩瀚无际的语文天地。诗意

是天地间永远的光芒，为我们照出了一个色彩斑斓的世界。教材与老师、教材与学生、老师与学生诗意地融合，教师引导学生尽情畅饮知识、感受诗意、充实人生！相信只要拥有诗意的心灵，让诗意在语文的天地中流淌，你就会分外感到充实。由充实知识，进而渐入佳境到充实人生。在语文天地里，只要有一颗诗意的心，你的一生就不老，你的诗意人生就永在！因为语文、因为诗意，语文教师才可以从容看花，潇洒望月，深情读心，才会拥有优雅人生。

九、唯有语文重重结，谁是系铃解铃人？

千结万结解不开，风风雨雨满园来。

——题记

（一）兴趣结

语文教师是学生认识、了解历史文化的中介。如果能够让更多的孩子因为我们而喜爱历史文化，那是我们莫大的幸福。

兴趣是最好的老师。兴趣是和个人的认识与情感密切联系着的。如果一个人对某项事物没有认识，也就不会产生情感，因而也就不会对它发生兴趣。相反，认识越深刻，情感越丰富，兴趣也就越浓厚。

一个语文教师的语文魅力指数来自他的学识、修养、语文积淀、才情和语文教学智慧，更来自他对母语深深的爱。一个语文教师只有不断地"充电"，不断地行动和思考，拥有自己的教育艺术、教育哲学和教育理想，才会引导孩子们走进语文的殿堂，用好奇的眼睛去观察，用善感的心灵去感受，用敏感的耳朵去倾听。

要打开学生的兴趣结，有这样几个关键词不能绕过：学问、识见、人格、激情、幽默、口才。语文教师必须是个博学者，掌握天文、地理、文学等知识，能分析一字一词一句一篇一章，经纶满腹。试想教育的神话西南联大的名教授哪一个不是博学者？金岳霖、闻一多、刘文典、朱自清、陈寅恪、钱锺书……汪曾祺先生在回忆西南联大老师的文章中说：闻一多讲唐诗最叫座，因为他作为学者的学识底色起着决定性的作用。闻一多讲晚唐诗可以和后期印象派的画一起讲，这超人的识见使人耳目一新，听闻先生讲座的学生"满坑满谷"；而罗庸老师上课更是神奇，他不带片纸，不仅能背所有杜诗，就连仇注都能背下来。如此博学风雅之士，别说在中学讲台，就是在大学讲台也几乎要绝版。

西南联大为中国教育乃至世界教育写下了极其重要的篇章。西南联大是国难深重时文化和科学薪继火传的一种精神象征，也是一段彪炳千秋的精神史话。西南联大"囊括大典，学术立人"的学术教育，至今仍闪着耀眼的光辉。

中学语文教师也只有重学问、重学术，剔除匠气，才可能使语文教育产生神奇的魅力。

只有学问，没有识见，那是书呆子，是腐儒。识见也可以理解为独特的见解，一个有独特见解的老师才是一个有魅力的老师。任何文本都是要经过语文教师独特的情感过滤，经过他的"第三只眼"的观察，都是要经过心灵的催生，作用于灵魂，方能呈现在学生面前的。只有带上教师独特的智慧烙印和精神烙印的课堂才具有独特的个性和魅力。

一位语文教师的人格魅力来自善良、慈爱，来自对学生的信任和宽容，也来自对事业的忠诚。

"暮春者，春服既成，冠者五六人，童子六七人，浴乎沂，风乎舞雩，咏而归。"（《论语·先进》）这是一种超功利的生活态度，这是一种自然率性，这是一种教育的浪漫。能进行浪漫的教育是语文教师不可缺少的品质，浪漫使我们远离大地，使我们精神飞翔。浪漫可以点燃语文教师的智慧和激情，使其和青春同行。当年闻一多先生讲《楚辞》，每每在课堂上饮酒痛哭，可谓"真名士自风流"。一个优秀的人是不能缺乏浪漫情愫的，没有浪漫就没有毛泽东的红色中国，没有浪漫就没有巴顿出神入化的战略战术，没有浪漫也就没有郭晶晶在碧池上完美的腾跃。让我们把浪漫的种子种在孩子们的心田吧！

语文教育生涯是语文教师永远的激情燃烧的岁月，只有以激情才能点燃激情。

激情是一种强烈的情感表现形式，有人将教师比作蜡烛，这正是对燃烧的激情的诠释。

有激情的语文课堂，才能完成师生生命的共同生长，才能调动师生巨大的精神潜能。

幽默使语文教师走下高高的讲台，走进学生的心里、梦里；幽默使课堂灵动、飞扬，使课堂温暖温馨；幽默化干戈为玉帛，化秋风为春雨，能使语文教师举重若轻，用四两拨千斤。

口才是语文教师的当行本色，是语文教师的看家本领。要描摹一定要绘声绘色，呼之欲出；要抒情就要痛快淋漓、排山倒海；要议论一定要点石成金、画龙点睛。要简当简，要繁当繁；要文采一定要精彩绝艳，要朴素一定要素面朝天；要凝练惜墨如金，要渲染泼墨如水；要俗则活泼热闹，要雅则一片天籁。

如果一个语文教师能够在"学问、识见、人格、浪漫、激情、幽默、口才"上多下点功夫，少研究一点所谓的教学流派，少盲目地跟风，那么他成为一个优秀的语文教师，甚至语文教育家就指日可待了。当然，治学之路是漫长的、艰苦的，甚至是寂寞的，我们至少要读十年的书。

余秋雨的散文自成一派，有无数人模仿，却无人能超越他。他的成功源于他平心静气，回到乡间苦读了十年书，于是他的散文有深度、有厚度、有高度、有气度。

清史家阎崇年也是如此，十年面壁苦读，走出来的是清史大家。

如果我们每一个语文教师在走上讲台之后再潜心读十年书，那我们再谈语文教学的时候，才些许有点底气。我们也许才会有点"太极"的味道，而不至于对一些花拳绣腿津津乐道，以致贻笑大方。

练剑者的最高境界是"人剑合一"，语文教师的最高境界是"人书合一"，于是至法无法，达到化境。

孔子曰："好之者不如乐之者。"当语文教师用生命爱着语文，集"学问、识见、人格、浪漫、激情、幽默、口才"于一身时，学生的兴趣结会轰然打开，这才是真正的芝麻开门。

（二）汉字结

汉字是美丽的，汉字是有生命的，汉字承载着五千年的文化，奔流成一条墨写的黄河；汉字像黑色的闪电，照亮了古今。

一个语文教师必须熟知：汉字的起源，汉字的构成，汉字的相关典故、逸事，汉字与中华文化，汉字的魅力，汉字的演变和汉字字体的变化……

每一个汉字都有着独特的民族内涵，每一个汉字都凝聚着民族的智慧与勤劳，每一个汉字都是不老的精灵。

语文教师不能肢解文章，也不能肢解汉字。如果我们的汉字教学还只停留在汉字"音、形、义"的表层解读上，还重复着抄写、听写、默写的故事，那这将是汉字和中国文化的双重悲哀。

语文教师必须和汉字有心灵的共振。汉字是走过千年的智者，我们与它是千年等一回的美的宿命。

汉字的横、撇、竖、捺都是一种无言的述说，或简或繁，或大或小，或宽或窄，变幻着生命的美丽。汉字走过甲骨文、金文、小篆、隶书、楷书、行书、草书，一路美丽，一路千回百转。

语文教师应多读汉字类的书籍，加上自己的个性解读，必然会使汉字美丽得独具个性。如读许慎的《说文解字》，苏培成的《现代汉字学纲要》，张晓虎的《最新汉字趣味字典》，何九盈等主编的《中国汉字文化大观》。

汉字是独特的，是古老的，又是简洁的，有人说汉字总数只有6万多个。余光中在《听听那冷雨》一文中这样赞叹中国汉字的魅力："杏花。春雨。江南。六个方块字，或许那片土就在那里面。而无论赤县也好神州也好中国也好，变来变去，只要仓颉的灵感不灭美丽的中文不老，那形象，那磁石一般的向心力当必然长在……"

让我们用生命复活生命吧！让孩子们精神的血脉与汉字相连。

"我愿意天天变成一只快乐的小雀/为飞入美丽的汉字之林。"（山城子）

汉字结就是这样被打开的，我喜欢这样的汉字解读：

"藥"（药的繁体字）——用音乐治病的故事。"藥"字是由草字头和"樂"组合而成。治病需要药草，神农尝百草，治百病，所以"藥"字上面有一个"草"。那下面为什么是"樂"呢，原来不是"快乐"的"乐"，而是音"樂"的"樂"。"樂"在甲骨文中是把弦绷在木头上的意思，指的是琴、瑟之类的乐器。到了金文，又在丝弦之中加了一个"白"。这个"白"不是指颜色，而是指拨动琴弦的工具。那么"音乐"和"藥"又有什么关系呢？虽然"音乐治疗"在发达国家早已进入正式的医疗体系，但从汉字来看，中华民族比世界潮流还早了几千年呢。上古时期，黄帝勤政爱民，被推为天下共主后，却不断遭受蚩尤的挑战，以致生灵涂炭。蚩尤铜头铁脑，战斗力强，使得黄帝很苦恼。有一天天帝派使者来入梦，告诉黄帝一个秘密，说："用牛皮制鼓，鼓声可克制铜头铁脑。"黄帝醒来后，立刻招来工匠，制造了八十面大鼓。在两军对阵时，鼓声震得蚩尤连滚带爬，其率领的将士则个个昏死在地上。黄帝正高兴时，回头一看，己方的士兵也奄奄一息！幸好乐师在旁，就解下士兵弓箭上的弦，按在中空的木头上，缓缓拨动琴弦，奏出如流水般悠扬的乐声，使他们逐渐苏醒过来。黄帝因此悟到"用音乐治病"的道理。所以，中医讲究"五音治五病"，用不同的曲调来治疗不同脏腑的疾病。"藥"这个字，不只见证了古代医药的先进，也说明中医用药不局限于草、木、矿石等物质层面，而像精神上的音乐陶冶、心性上的升华等，才是用药的最高境界。也就是说，当我们身心安宁自在时，身体能达到较好的状态，进而保持健康。

每一个汉字都像一幅美丽的图画，每一个汉字都有一个动人的故事，每一个汉字都像先人智慧的眼睛，每一个汉字都融汇了历史和文化。

（三）修辞结

汉语从严格意义上讲没有系统的语法，却有着出神入化、百变千奇、摇曳生姿的修辞。当今的中学语文修辞教学，缺乏科学性和系统性，使许多学生在学习的过程中如雾里看花、水中望月。

修辞是运用语言的艺术。俗语有"一样话，百样说"。这虽然是一种夸张的说法，却道出了语言运用的实际。是不是"百样说"在任何情况下都可以随意使用呢？当然不是，只有根据表达的需要，选用其中一种最恰当的说法，以提高语言的表达效果，这才是修辞。

《尚书·虞书·尧典》中有"诗言志，歌永言，声依永，律和声"的记载。词语是声音和意义的结合体，说话写文章应该声情并茂。词语的声音配合得好，就念起来顺口，听起来顺耳，又便于记忆。词语韵律能给人以美感。

汉语的修辞包括：词语的锤炼，句式的选择，修辞格，语体风格。修辞是从综合运用的角度、提高表达效果的角度来研究语言、词汇和语法的。"红杏枝头春意闹"，一个"闹"使静中显动，鸟语花香跃然纸上。孔乙己"排"出几文大钱，"排"很有表现力，说明了钱来之不易，表现了孔乙己的斯文郑重、拘谨、认真等。"粪土当年万户侯""春风又绿江南岸"，由于诗人临时改变了"粪土""绿"的词性，赋予词语新的生命力。

汉语修辞又十分注重音节匀称整齐、声调平仄相间、韵脚和谐，叠音、双声叠韵相配（叠韵如两玉相印，取其铿锵；双声如贯珠相连，取其婉转），等等。

汉语的句式有：长句和短句、复句和单句、整句和散句、主动句和被动句、肯定句和否定句、口语句和书面语句。

《修辞学发凡》列举了38种修辞格。近几年，学生学习出现了语法修辞知识储备严重缺乏、能力偏低的现象，因此高中语文教师应该开设"修辞"专题课，将修辞讲透，讲出体系，从而提高孩子们的语言表达水平。

修辞学是由柏拉图的学生亚里士多德发展起来的。中国古代就已经有了关于修辞的零散言论，如庄子很重视寓言的效果，惠施十分重视比喻的手法。

作为主导的教师担负有为学生指导方向、引导路径的重大责任。如果连语文教师都认为在语言学习中修辞无足轻重，可学可不学，那么更不用指望他会指导学生掌握修辞知识了。因此，教师应首先认识到学好修辞对学生的重要意义。

目前，语文教师的修辞教学意识普通淡薄，一方面教师满足于语音、词汇、语法、文章的教学，以为这就是汉语教学。另一方面汉语修辞正在日新月异，特别是当代汉语修辞学已经在模糊修辞、变异修辞、接受修辞、社会心理修辞、修辞理据研究、阐释修辞、修辞心理、得体修辞、话语修辞、语用修辞等领域取得了突出的成果。语文教师必须与时俱进，为学生打开修辞这个结。

修辞是增强言辞或文句效果的艺术手法。自语言出现，人类就在使用修辞的要素。

修辞，可以让学生修饰自己的文章、语言，吸引别人的注意力，加强抒情效果，加深别人的印象，有利于别人更清楚地了解自己的意思，也便于分析欣赏文学作品。

修辞理应在高中阶段得到科学、系统而又详略得当的落实，这对学生语文基本功的夯实十分有益。

（四）文学常识结

文学常识就是文学上的一些知识要点，我以为语文课应开设专门的文学常识课。正如有人说，开设文学常识课是为了打破学生不了解作家作品这种隔离的坚冰。

细读文学作品的过程是一个心灵与心灵互相碰撞和交流的过程，文学阅读的过程是作家、读者和文学作品本身三个元素互相融合和冲突的过程。阅读是欢快的、投入的、感性的。细读固然是进入文学殿堂的捷径，可是在当今学生课业负担重、高考压力大这个现实中，有时只好用"文学常识"作为吉光片羽，让学生窥斑见豹，弱水三千取一瓢饮。

文学常识教学常用的教学方法如下：

第一，文学史的拉网式介绍；
第二，鸟瞰式总观；
第三，背景介绍，分享情节；
第四，作家风采介绍；
第五，习题式检测。

对学生来说，能够了解一些文学大师的只言片语，就如同和大师进行灵魂的对话，可以得到某些启示或内心受到震撼。文学常识可以帮助学生在有限的生命和永恒的存在之间寻找内在的交点，扩大阅读视野和知识面，为学生阅读和走向经典作铺垫。

（五）诵读结

我以为在学习语文的过程中诵读是至关重要的，而"诵"又往往比"读"重要得多。"腹有诗书气自华"，往往指的是"诵"，而所谓"肚才""内秀"是指牢记了大量的诗章。从《诗经》、《楚辞》、《玉台新咏》、唐诗、宋词、元曲、宋元明清的诗中精选300首让学生背诵垫底；再选取中外现代诗50首，如臧克家的《三代》、余光中的《民歌》、于右任的《葬我于高山之上兮》、叶芝《当你老了》、彭斯的《我的心呀在高原》……精讲熟背，排除一切困难和干扰，坚持不懈，将诵读进行到底。背久了学生的语感就会特别强。悟性高的孩子能听出词牌，能找到词性，能了悟语言之道。

诵读贵在坚持，久而久之学生会越背越快、越背越轻松，甚至越背越上瘾，一天没背会怅然若失。背诵是学习语文的重要方式，也是生命的一种状态。

（六）导读结

如果我们把文化的历史比作一片星空，那么最耀眼的就是经典作品！经典作品经过时间的打磨，仿佛明镜折射着人性的善与恶，犹如画笔描摹着人生的悲与喜，历经岁月而常新。无论时光如何流转，它们永远是我们心灵最美的风景。

高中生的课业负担重，高考压力大，教师的导读显得尤为重要。导读课一要重点突出地介绍作者，二要介绍作品的故事梗概，三要抓住作品的精髓引导学生精读片段。

梳理一下中国传统文学经典，你会发现它们十分注重对人的教诲，强调人的修为。这是其有益的一面。但相随而至的缺憾是对人性的多面性缺乏有力而丰富的剖析。而西方文学恰恰非常重视人生如水般的流动性和易逝性。西方文学不仅不避讳灵魂有其光明与黑暗的两面，而且把人类灵魂的痛苦、摸索以及晦暗全部展现了出来，这就是西方文学所说的"裸露的灵魂是美丽的"。所以，一个希望全面认识自己以及人类的人，应该去了解并理解西方经典。

导读西方经典难度较大，对教师的要求很高。

例如，《呼啸山庄》导读课的几个板块：

（一）作家介绍：天才的女作家艾米莉·勃朗特

（二）背景介绍：维多利亚时代的英国

（三）主人公形象分析：无情的复仇者

（四）作品评论：最奇特的小说

"作家介绍""背景介绍""主人公形象分析""作品评论"这四个板块可以作为一般导读的框架。经典作品不仅是个人心灵的历史，也是人类灵魂的历史，以广阔、深邃直入神秘的心灵世界，探索心灵，探索真、善、美。

无论是《荷马史诗》还是《天问》，无论是《伪君子》还是《西厢记》，无论是《复活》还是《平凡的世界》，都向我们昭示着心灵和艺术。

（七）鉴赏结

在背诵的基础上，开始诗歌的鉴赏活动，分步骤地将基本鉴赏方法教给学生。如白描、兴、对比映衬、一句一景、动静结合、虚实结合、色彩美、时空设计、蒙太奇手法、意象的组合、炼字、景语作结、用典、各种修辞格等。然后可以设置三个维度的要求，引导学生鉴赏：一有文采、有个性地鉴赏；二联想对比鉴赏；三简约明确地鉴赏。

有文采、有个性地鉴赏就是要求学生放弃一切思想套子，说自己想说的话，将自己读诗后的直觉表达出来，并且要十分华丽地表达出来。这一要求可锻炼学生独立思考的能力并使其语言丰富多彩。

联想对比鉴赏，就是运用联想将诗置于一个大的背景下比较鉴赏。培养学生运用大的视野，运用大的空间，运用大的手法，在不断地比较中，感知诗章的细微处和独特处，培养学生敏锐的洞察力。

简约明确地鉴赏是洗尽铅华、删繁就简的诗歌鉴赏方法，可培养学生提炼信息、处理信息的能力，学生要用最精省的语言直接正面地表达"是什么""好在哪里"。

以王维的诗为例："桃红复含宿雨，柳绿更带朝烟。花落家童未扫，莺啼山客犹眠。"

第一步，有文采、有个性地鉴赏，可用散文的笔调加之自己的个性解读尽情渲染、尽情想象，言之成理即可；第二步，联想对比鉴赏，可将这首诗和孟浩然的《春晓》、王维的《鸟鸣涧》等诗进行对比鉴赏；第三步，简约明确地鉴赏，可以抓住整首诗的某个方面进行鉴赏，如色彩、动静、炼字，三言两语即可。

鉴赏能力事关学生学好语文的全局，不可等闲视之。

（八）对子结

对对联是最好的练笔方式，运用得当往往会事半功倍。这一练习对培养学生的语感，培养学生对词性、音韵的敏感性有着相当大的作用。可以把对对子练习穿插在每堂课的间隙。学生的兴趣很浓，积极性也很高。

我曾经出过这样一副上联：

　　松声、竹声、钟磬声，声声自在。

看，孩子们对出了那么多漂亮的下联：

　　断桥、鹊桥、奈何桥，桥桥存情；
　　云色、月色、荷塘色，色色朦胧；
　　湖光、月光、北极光，光光天成；

风骨、傲骨、建安骨，骨骨生威；
梅雨、心雨、菩提雨，雨雨惊蝉；
孔子、庄子、韩非子，子子争鸣；
天味、地味、人情味，味味称绝；
家梦、国梦、春秋梦，梦梦流连；
燕歌、秦歌、垓下歌，歌歌生猛；
烟幕、夜幕、山水幕，幕幕阑珊。

我也出过一副有几分诙谐的上联：

欧阳修作诗成于三上，马上、枕上、厕上。

孩子们的下联更是五花八门：

东方朔赋文就于三中：帛中、简中、心中；
光源氏纵情毁于三壶：桐壶、藤壶、夜壶；
司空曙吟诗成于三籁：人籁、地籁、天籁；
纳兰词流芳成于三情：真情、离情、衷情；
苏东坡突围独因三家：佛家、道家、儒家；
东郭逡成名在于三度：速度、轻度、风度。

这些对联虽稚嫩、粗糙，还不十分耐推敲，但是那份智慧、那份思考、那份语感还是令人着迷和感动的。"对对子"的确是一个非常令人心仪的语文教学活动。

（九）写作结

考生对作文真真是"爱你在心口难开"。据统计，高考 60 分的作文题，大多数考生会得 40 多分，想考出高分太难，于是很多语文教师放弃了作文训练，学生也放弃付出多回报少的作文训练。近年来，从全国范围来看，学生的高考作文水平在下降。"假唱""仿写""套作"之后，作文教学更陷入四面楚歌的困境。写作教学，归根结底，还是重中之重。适当的科学的规范的写作课、写作指导是必不可少的。我以为,写作应大处着眼小处落笔。我在记叙文写作教学中紧紧抓住生活中最感人的人和事的片断进行描写训练,注重抓细节、抓描摹的功夫。学生的参考书是杨绛、琦君、余光中、白先勇、张爱玲、迟子建、张晓风的散文集。随写随评,既锤炼语言又叩问心灵,议论文分两个方向:一个是"一事一议"对"时事"进行思考,我手写我心;另一个是"历史反思"对"史实"发表自己的看法,提高对历史文化的鉴别力,参考资料是余秋雨的《文化苦旅》。这样化整为零,随时训练,学生的写作能力提高得很快。

语文课、语文教育有许多"结点",打通它们势必使我们的语文课堂走向一个新天地。语文教师是永远的拆解人,永远地困惑着,永远地思考着,也永远地行动着。

图32　在江苏镇江上公开课

十、语文教学是一门艺术

苏霍姆林斯基说:"教育,首先就是人学。不了解孩子——不了解他的智力发展,他的思维兴趣、爱好、才能、禀赋、倾向,就谈不上教育。因此充满教学艺术的课堂,教师青春常在,学生如沐春风,课堂春意盎然。"

教学是一门科学,也是一门艺术。《大教学论》的作者夸美纽斯在《致意读者》

中宣称，大教学论是指教学的艺术，就是一种把一切事物教给一切人类的全部艺术，并且它又是一种教起来使人感到愉快的艺术。什么叫教学艺术？他说，教学的艺术，表现在能使学生透彻、迅捷、愉快地学习知识和技能。这种艺术的本质是美。

(一) 教学结构艺术

第一，是教学步骤（程序），要求程序清楚，环环相扣，连锁性强。要能明确体现老师有目的、有计划、有组织地指导学生积极主动地学习知识的过程。这样的过程是阶段性和连续性的统一。所谓阶段性，是指教学目标的实现要循序渐进，经历几个必要的阶段；所谓连续性，是指教学过程是一个连续的教学流程，不容许中断、跳跃和颠倒，否则就会导致课堂教学自由化。

第二，是艺术结构，强调的是结构的艺术。讲究导语、环节、提问、布白、讲述、过渡、点拨和氛围，体现展与收、守与放、张与弛、庄与谐八字，同时也要体现巧与拙、顺与逆、动与静、庄与谐及情与理。

教学结构艺术首先体现在教学步骤上。教学步骤应该体现一种艺术结构，因为教学是一门科学，也是一门艺术。教学艺术结构涉及的第一个问题就是导语。首先讲导语，导语可以有很多种方式，我就谈谈自己的一点感受吧。

以前，我喜欢用一些比较美的语言来导课，因为它们可以渲染气氛，便于造境，使学生们领悟到美进而被感染，在短时间内进入一种情境。但是事物都是辩证的，这种导语也有它的弊端，就是有时候可能不够自然，更何况是在一节课的开篇。如果大段背诵优美的书面语，有时候会给教学带来一定的难度，因为它有一点造作。导语有多种方式，有时候也可以以问题的形式来导课，以谈话的方式来导课，以一句诗词来导课……总而言之，就像写作一样，导语应当讲究艺术性，因为它是艺术性的开端。人们经常说，写文章要"凤头、猪肚、豹尾"，这里所说的就是"凤头"问题。

教学艺术结构的第二个问题就是教学环节。教学环节的设计是个重要的问题，甚至可以说是最重要的问题。教学是一门艺术，是艺术就存在创作，是创作就涉及灵感和美。教学环节设计的问题，是最重要的问题。我以语文课为例，一篇课文，到底以什么方式呈现出来，以什么方式让学生领会，这就是教学环节的问题。在2003年之前，我讲散文、讲诗歌，喜欢用板块的形式设计课，如第一板块、第二板块、第三板块等。我用板块教学上了许多课，可是用久了，就不新鲜了。我在这里所说的环节应该是自己心中有的，应该是不留痕迹、行云流水般的感觉，我们主张的教学可以用一个词来概括，那就是"天衣无缝"。真正的好课都是有环节，但又让人看不出环节的，浑然一体，且行云流水。这是我毕生追求的，可能达不到，但是是一个最高境界。

接下来谈谈"提问"。课堂上有很多提问的方法，但不外乎两大类。第一类是直接提问，另一类是间接提问，又叫曲问。直接提问是我们多数采用的。直接提问颇为直白了，要采用曲问的方式。何为曲问？言在此意在彼。这个给我的印象最深了，我上大学的时候，在学校看授课录像，看两位特级教师的录像课，上海的两位大师级的特级教师。一个是于漪老师的课，她讲的是杨朔的《春》；另一个是钱梦龙老师，他讲的是列子名篇《愚公移山》，当时印象十分深刻，尤其对钱梦龙老师的曲问，可以说是刻骨铭心的，至今不敢忘怀。在列子《愚公移山》中有这么一句话"邻人京城氏之孀妻有遗男"。同学们应该对这句话很熟悉，如果教学方法拙劣一点，或者疏于思考，很简单翻译就是了，译过来就是"邻居有一个人家姓京城氏，他有一个孀妻，孀妻有一个遗腹子"。但是他这么问了："愚公移山的时候，邻人京城氏来了么？"学生一想没来呀，因为是"孀妻"，说明京城氏已经不在人间了。接下来，钱老师说："那么他的妻子来了么？"他们家里有几口人？三口人啊，"孀妻有遗男"，同学们想了一想，有的说来了，有的说没来。后来读懂才知道"邻人京城氏之孀妻有遗男"的中心词是"遗男"。有个小孩子"跳往助之"，"始龀"，"始龀"又如何处理呵？钱老师似有神助般地提问："小男孩有多大啊？""始龀"的"龀"字怎么写？是牙齿的"齿"加上匕首的"匕"，也就是换牙的时候——七八岁，泛指童年的时光。真是叹为观止，给我留下的印象非常深刻。我也希望在我的课堂上多些生花妙笔，多一些这样的曲问，但是有时候真的很难做到。

过渡课堂的教学法讲求八个字，这八个字也适用于各种艺术。这八个字就是"展、收、守、放、张、弛、庄、谐"。其中"展"能展多开，就展多开，我一向说这个问题。因为有的时候到外面讲课，也受到这样的一些评价，他们说"给中学生讲课，是不是讲得过多了，讲的知识超出课本太多了"。我的教学理念是："既然是语文课，人文学科的东西，没有太多这样或那样的界线。只要孩子们能吸收，只要孩子们能听懂，只要老师有能力，能展开的地方，一定给它展开。"这是我的座右铭。"收",该收的地方要收好,能放出去的,收不拢是不可以的。在哪收束,在哪完结,这是一个颇具匠心的问题。再一就是"守",要守住什么?因为现在的课堂教学,我讲的是中学教学,因为大学教学我不太懂,我只讲讲我的感受。中学的课程结构改革,在新课标的要求下,有许多新的问题。经历了教学大纲到语文新课程标准的变化,语文究竟是什么?语文姓什么?人们不停地讨论,很多老师将语文上成了"实验课",上成了"综合实践课"。那么语文教师要守住什么?要守住我们的课堂,它姓"语"。语文是什么?它是情感的,是审美的,所以要守住这个阵地。可能要守住的东西很多,但是我一生坚定不移地要守的就是这个问题。"放",该放则放,该张则张,该弛则弛。"庄、谐",我们讲究"亦庄亦谐"。这个"庄"我们称之为孟子思想和墨子思想中的那份崇高,但是崇高不等于道貌岸然,在这要讲究一种谐。诙谐幽默使师生心灵能够走近,只有心灵走近的时候,学生才会很好地接受我们要讲的"道",这个是我们要做到的。

下面还有几组辩证关系。"巧"与"拙",在我看来,有的时候追求"巧",但是有的时候我们不妨"拙"一下。"拙"就是老子的几种辩证法,他说"大智若愚、大巧若拙、大象无形、大音希声"。"顺"与"逆",顺着讲,如讲《花未眠》按照作者的思想在讲文本;有的时候需要逆着讲,如讲到朱自清先生的《荷塘月色》,我们可以直接讲"月下荷塘,荷塘月色",没必要从头到尾地讲。"动"与"静"是绘画追求的境界,也是诗歌的最高境界。王维的诗歌,字字入禅,讲求"动"与"静",课堂教学也应该追求"动"与"静"。"动"可能是课堂的表面或者是深层次的活跃,"静"便是"此时无声胜有声"。"庄与谐""情与理""密与疏""直与曲"刚才都有涉及。像"密与疏"就是"密不透风,疏可走马",这都是理论性话题,这里就不多谈了。

教学过程是一个多要素多层级的动态性的网络结构。设计时须处理好两个关系。

第一,整体与局部的关系。教学过程应从整体到部分,再从部分到整体。格式塔心理学认为:整体大于局部之和,"似动现象是直接呈现于意识的一个知觉整体"(韦特海默)。

第二,程式与变式的关系。科学化的程序机制能制约、规范教学朝正确的方向运转。但教学过程也应当允许教师根据主客观实际,灵活变通教学程序(万变不离其宗)。教学过程应实现程式和变式的辩证统一。

（二）教学语言艺术

教师的语言艺术，就是教师遵循教学规律和审美原则，以完美的语言为手段去实行教学，努力提高教学质量的技能技巧。"教师的语言修养在极大的程度上决定着学生在课堂上的脑力劳动的效率。"（苏霍姆林斯基）

在讲教学语言的艺术当中，我主要讲三点：第一点是语言的规范性，第二点是情感的丰富性，第三点是文化的负载性。课要有文味、情味、趣味、余味，要津津有味。教学语言要有"文味"，任何一科老师，我个人以为讲课都应有"文味"。语文老师更应如此，并且还要有情味，有情感；同时还要有趣味，有余味，要津津有味，这就得来说语言。

1. 语言的规范性

课堂语言要符合语言学的规范，要求发音标准，吐字清楚，遣词造句讲究语法，论说事理符合逻辑。要注意"暖色型"语言的恰切运用。

我自以为我的语言还算规范，曾经自以为过，但是后来受到一点挫折。我到北京讲过一节课——"首届著名诗人聚焦语文教学"，我讲的是诗歌，当时是给北京的学生讲。讲诗歌的时候，我讲到魏晋风骨，自然就讲到"掷果盈车"。魏晋时期的美男子潘岳，上街的时候，"掷果盈车"，每当他的车子走过，所有的女性都向这个车子上抛果，因为他长得太漂亮了（魏晋时期特别讲究形象）。我又讲了一个例子，左思，他就是男性版的"东施效颦"，他长得特别砢碜，我讲"他长得特别砢碜"后，所有的学生都用不解的眼神看着我。我想难道是我平卷舌不分，我又反复强调，重锤敲音，我说："他长得'太砢碜了'，同学们，你们不知道！"我想这"砢碜"还不好懂，我比喻一下，用《世说新语》中的一句话来形容，他长得"稀里哗啦"，如土委地，稀里哗啦掉渣。我想这会形象一点吧，总算明白吧。最后有一个小女孩实在按捺不住，说："老师，什么是'砢碜'？"我终于明白我说方言了，我把东北方言带过去了，不小心带过去了，自己浑然不觉。所以语言要规范，一定是标准化的，一定要是普通话，尽量做到标准化，因为我们是老师，我们在做语言示范！

2. 情感的丰富性

"感人心者，莫先乎情。"如同写文章，"情者文之经，辞者理之纬"。情能攫住学生求知的心，情能点燃智慧的火，情能升华教学的感染力。情感性语言可分为三类。一是阳性语言，表现为情绪激昂，热烈奔放，音调高亢，语速迅疾。二是阴性语言，表现为情感幽沉，谐婉，音调柔和或降抑，语速舒缓。三是中性语言，即情绪平稳，音调适中，语速不快不慢。

教学语言必须具备三个性质：第一个要会一套语言，充满阳刚之美，我们可以简称阳性语言。阳性语言在表达的时候，其实就说这么一句话就可以了，"激昂处还它个激昂，诵读如大江东去"，这很难做到，但是要努力。第二套语言应该称之为阴柔的语言，这个阴柔的语言，简称"阴性语言"，应该像"小桥流水"那样委婉。第三套语言，就应该是中性语言，这个中性语言是纯粹的、冷静的、客观的，适用于旁观者、陈述者这样的语境。

3. 文化的负载性

教学语言是密集型文化信息的载体。教师在运用语言时，应十分注意语言与社会文化的联系，使自己的语言从整体上透出一种秀丽、典雅之气，营造出良好的文化氛围。因为我们是教师，所以教学语言要完成一种文化的传递，其文化负载性会非常强。它应该是密集的文化信息的载体。作为教师，我们也要告诉学生更多的文化信息。

此外，教学语言的技巧多种多样，有叙述式、议论式、抒情式，又有简明术、强调术、幽默术、讽喻术、变调术、停顿术、抑扬术、节奏术、重音术、语气术等。教学语言各要素之间，诸如轻重缓急、抑扬顿挫等均应配合适当，充分协调。讲课的语言，抑扬顿挫，有时舒缓，有时激越，会形成韵律美，会使学生感到"唯恐聆听之不周，不知铃声之既响"。

（三）教学精讲艺术

精讲是具有一定学术含金量的理论阐述，是教师语言艺术的集中体现。

1. 精要之美

精要之美指主旨明确，纲目简明，取宏用精，厚积薄发。"约而达，微而臧，罕譬而喻"，"出言寡约，而显达易解；义理微妙，而说之精善"。

精要之美顾名思义，一定是简明扼要的。以中学语文教学为例，中学语文教学会涉及长篇小说的节选，如《红楼梦》的节选《林黛玉进贾府》。这样的长篇小说，这样的世界级小说，光红学家就一代又一代人，这个怎么讲？这就要有一种精要的艺术，删繁就简，明确抓住什么来说。我经常抓住人物的判词来讲，因为人物的判词可以贯穿《红楼梦》，整部书当中峰回路转，所以是一种精要之美。

2. 精当之美

精当之美要求把重点、难点、疑点、盲点、关键点讲正确，讲清楚。要讲在奥妙处、讲在不明处。刚才问同学们，学没学过史怀哲《我的呼吁》（同学们说没学，这是新教材的一个新的篇目）。那么在讲史怀哲《我的呼吁》时，涉及一个关键的问题——生命的伦理问题。在这里就涉及老师如何把这个难讲的问题，精当地讲出来，于是我举了许多例子。我说在古代的时候，东西方文化，可谓殊途同归。大家看《西游记》中的孙悟空，他每到一个地方，都会喊一声"土地佬儿"，那里的土地佬就出来了。大家说土地的精魂就是土地佬儿，这是泛神论的。树会有树精，甚至把树精都分得非常清楚。像金庸，他继承的是中国的传统文化，比如他写《笑傲江湖》中的桃谷六仙，他们个个都有自己的名字，他们其实都是精灵的化身，这就是泛神论的表现。西方也是如此，也经历过泛神论的阶段。奥林匹斯山上，演绎的是众神的欢颜，所有的神都是个性化的结果，一个人性化的结果就这样神化了。所以经过这样的岁月，再走向文艺复兴，那种对人性旗帜的高扬，人们自以为是。从这个社会，从生物当中，从生命当中，将自己的生命高于一切，这是对的。然后尼采宣布"上帝死了"，人成为超人，人的个人的东西开始膨胀。膨胀的结果是，到了今天，地球就面临着一个危机。它实际上是人自身的危机，就是生命伦理没有得到落实的危机。万物众生平等。史怀哲认为什么呢？植物都是有生命的，"一花一叶"都是有生命的，这就是他的观点。所以我只讲了第一自然段，其他观点如反对战争，反对核武器，这都太简单了，就不要讲，所以讲要做到精当。

3. 精深之美

"讲"还要讲精深，什么叫精深？深，是指一定的理论深度。层层深入，步步推进，集中概括，如有位老师讲写作：爱—情—美。

我问过学生们一个问题，西方发展史上有几个苹果？开始同学们很茫然，有几个苹果呢？后来想一想，可以有这么几个苹果：一只是夏娃吃过的苹果，一只是砸在牛顿头上的苹果，还有一只是希腊神话当中帕里斯的苹果。还记得帕里斯的苹果后来给谁了吗？爱神。总而言之，这样的问题能够使课堂更深入一些。

4. 精彩之美

语言多少要有些文采，讲求活、熟。语言带"彩"——妙语连珠。学生的美感享受是"杜诗韩集愁来读，似倩麻姑痒处搔"，学生的心理感受（对于老师）是"仰之弥高，钻之弥坚……夫子循循然善诱人，博我以文，约我以礼，欲罢不能"(《论语·子罕》)。

（四）教法选用艺术

"方法是任何事物所不能抗拒的、最高的、无限的力量。"（黑格尔）"教学方法的本质实际上取决于学生的学习活动（学）和教师相应的活动（教）的逻辑——程序方面和心理方面。教学方法取决于学的方式和教的方式行动上协调一致的结果。"（巴班斯基）先进的教学方法，往往只能是"这一个"。

关于教法的选择，有这么一句话叫"教学至法，乃无定法"。教学最高的方法，其实就是没有法，它应该是在有法之中寻无法，在无法之中谈有法。那么常见的教学方法是什么呢？

1. 启发式

启发是教学方法的指导思想。"不愤不启，不悱不发。举一隅不以三隅反，则不复也。"（孔子）"愤者，心求通而未得之意；悱者，口欲言而未能之貌。"（朱熹）"孔子教人，不愤不启，不悱不发。盖不待愤悱而发，则知之不固，待愤悱而后发，则沛然矣，学者须是深思之。"（程颐）"相机诱导"中的"相机"就是要相准教学之机。

孔子喜欢运用启发式教学方法。作为中国先秦时期的教育家，孔子有学生三千。孔子因人而异，相机诱导。启发式教学有张力，有活力，也充满了魅力。

2. 谈话法

第二个方法就是谈话法，谈话法实际上既是孔子的方法，也是苏格拉底的方法。东西方两个著名的哲人、教育家，都用谈话法来谈最玄、最深的哲理。比如，高中课本中学到的《子路、曾皙、冉有、公西华侍坐》怎么谈道？这个道是怎么完成的？其实就是一个谈话。同学们知道，文中有"点！尔何如？"点怎么样啊？点就可以谈了，然后孔子说"吾与点也"，我同意点的观点。上课的时候多用一些谈话方式进行师生间交流也是很好的，比如说点拨式，最后交流到一起就好。

3. 重视"三性"

运用教学方法必须重视"三性"。

一是多样性。"教亦多术矣",须因人、因课、因时、因地而异。

二是灵活性。教有常法,教无定法,妙在得法。"天机云锦用在我,剪裁妙处非刀尺。"

三是局限性。"尺有所短,寸有所长。"每一种教学方法都有其自身的特点,很难有一种可以称作"万应灵方"的方法。如果说,教学方法是一把金钥匙,那么教师就是手执金钥匙的人;如果说,一种教学方法是一把钥匙,那么在种种教学方法之上还有一把总钥匙,它的名字叫作"活"。

(五)师生互动艺术

实际上,学生、教师、文本三者之间必须是互动的。其实中学讲教法,大学也讲教法。看一些书,像闻一多、沈从文、朱自清的,他们都当过大学老师。闻一多在西南联大讲《离骚》的时候,正好是抗战时期。他以屈原的痛楚讲授《离骚》,可谓情景交融,这种师生互动造成了一个感人的场面:教室里水泄不通,并且站了半院子的大学生在听闻一多讲《离骚》。其实这是一种互动,没有互动就不会有这种大学讲台盛况空前的场面。再比如,我在读大学的时候,哈师大的张锦池老师是非常有名的学者。他讲《红楼梦》专题的时候,也是盛况空前。达到什么程度呢?当时阶梯教室里学生"满坑满谷"。有一个细节就是一点缝隙也没有了,一个胖一点的学生过去的时候,他需要提气才能过去。我觉得这便是互动的一个样板,因为没有任何一种单一方法,会有这样的效果。这个互动是怎样的一个互动,其实不外乎就是三种互动:学生和老师之间的碰撞;学生和老师共同解读文本;文本给予学生的灵感,文本给予老师的一种审美启示。在这里我想引用泰戈尔的一句诗:"不是槌的打击,乃是水的载歌载舞,使鹅卵石臻于完美。"把学生比作鹅卵石,如果我们每个教师都是拙劣的石匠,拿着锤子来打,那肯定不会成就完美的鹅卵石。教师只有像水一样,载歌载舞,才会有鹅卵石的完美。这句话我觉得我们可以共勉。要坚持双主体论。

1. 学生

学生是学习的主体,也是学校的主人;是教育对象,也是教师的服务对象;

是教育的接受者，也是教师的"挑战者"。其实在今天的课堂上，我感觉到无数次的挑战。作为教师，我非常喜欢挑战。有的时候，同学们在课堂上的很多话题，我可以听得懂；有些话题、有些"球"我未必接得好；有些"球"我不敢接，这些都是挑战，也促使我加倍地学习。还是庄子的那句话"吾生也有涯，而知也无涯"，我愿意去学习。教师还应明确，学生是自己的"忘年之交"和真正的"知音"。学生不仅是教学艺术美的欣赏者、审查者、最有发言权的评判者，而且是教学艺术的参与者、合作者。一句话，课堂教学艺术美是师生共同创造的。

2. 教师

教师不是一般的"艺术家"，而是集教育、教学、宣传、语言、表演等诸多功能于一身的"艺术家"。甚至就表演艺术而言，教师也是集改编、导演、主演于一身的"艺术家"。能够在时空有限（像中学一堂课只有四十五分钟，在大学一堂课一个半小时）、道具少的情况下编导、演出声情并茂、威武雄壮的话剧是很难的。在这种情况下，我们必须师德高尚，业务精通，风格自成，屡有建树，才不愧为深受学生尊敬和爱戴的老师。

3. 课堂

课堂是讲堂，是学堂，是展示充满活力和魅力的教学艺术的神圣殿堂。课堂教学是真、善、美的和谐统一的整合过程，是知、情、意多向交流的互动系统。此处的"互动"非但指师生互动，也包括学生互动。课堂教学艺术是创造性很强的综合艺术，既与时俱进，又因课有别，更因人而异。对于教师，搞好课堂教学，不单单是完成一项工作和任务，还理应是恒久的课题和执着的艺术追求。

讲究不讲究、深钻不深钻课堂教学艺术，结果大不一样。

（六）教学节奏艺术

下面我来讲教学节奏艺术，教学节奏应该讲究艺术性。以我们这一节《花未眠》为例，我就觉得有些节奏过于拖沓，如对于文本的研读，老师就没有很好地、恰当地点拨到位，将同学们引向文本，其实这就非常拖沓了。许多同学在谈"有一种哀伤的美"这些议论性的句子，我就有些措手不及，就处理得不好。我应该在更早的时间，将同学的目光引向对细节的描写、对生活的关照。这就是节奏没有处理好的表现。

教师要掌控教学语言的轻重隐显、疾徐张弛。教师要讲究教学方式的间隔变换、有机组合，还要讲求教学方式的间隔化。这节课的教学也很单一，多半是问答式，没有体现过多的教学方式，所以容易产生审美疲劳。教学方式的交替变换，有助于消除学生的疲劳，吸引学生的注意力。板书也是调整教学节奏的重要手段，应对此给予足够的重视。

要注重内容安排的疏密相间、错落有致。教学活动信息量的疏密也是构成教学节奏的重要因素。信息量的疏和密直接影响学生心理感受的变化。疏给人舒缓、轻松的感觉，密则使人感到急促和紧张。密而不疏，会给人以堆积感，学生长时间紧张，容易疲劳；如果一味地疏而不密，则会使人产生空疏感，学生情绪过于松弛，注意力就难以集中。只有疏密相间，才会给学生带来有张有弛的心理节律，使学生保持旺盛的精力。本节课，在这一点上也有遗憾，这里就不说了。

要追求教学节奏的融洽统一、整体和谐。语文教学的节奏艺术追求整体之美。语文教学不能仅关注某些环节，而应综合考虑，全面安排，使构成各要素搭配合理，穿插得体，衔接自然，融洽统一，以构成整体节奏的和谐美。苏联美学家斯托洛维奇曾说："在每个领域中出现的凡是值得被称为艺术性的活动，都必定具有审美意义。"作为语文教学艺术重要组成部分的节奏艺术，它本身就是一种重要的审美因素，有着不可忽视的美育功能。因此，我们应当把它提升为一种美育方式，以充分发挥其在整个教学活动中的美育效应。

（七）教学反思艺术

"课堂教学是一门遗憾的艺术"，而科学、有效的反思可以帮助我们减少遗憾。思之则活，思活则深，思深则透，思透则新，思新则进。只有反思自己的教学行为，总结教学的得失与成败，对整个教学过程进行回顾、分析和审视，才能形成自我反思的意识和自我监控的能力，才能不断丰富自我素养，提升自我发展能力，逐步完善教学艺术。

在教学过程中进行反思我认为应注意以下几个方面。第一，反思学习内容是否得到充分的展示，还需要在哪些方面进行补充，师生在课堂上的交流对话与合作是否充分。有时，课堂活跃不等于教学设计合理。有的教师存在为活动而活动的倾向，教学设计中活动一个接一个，学生积极踊跃地参加。课堂上看似热闹非凡、一派繁荣景象，但我们不禁要问每个活动是否达到了预定的教学目的。因此，教师必须围绕教学目的进行教学设计。第二，反思教学过程是否适用于所有学生，是否还有学生不适应，怎样积极引导学生参与教学活动，如何鼓励促进学生主动思考、主动提问、主动答疑。课堂回答问题活跃不等于思维活跃。教师应根据学生已有的知识水平精心设计，启发学生进行积极有效的思维，从而保持课堂张力。第三，反思自己对知识的准备和课前的教学设计方案是否合理。特别在导入新课时，要设法由学生自己提出问题，然后再将学生的思考引向深处。只有学生经过了思考，教学内容才能真正进入他们的头脑。同时，教师也应清楚地认识到，提倡教学民主不等于不要教学秩序。

总之，反思为教师和学生提供再创造的沃土和新型的学习方式，为学生和教师的学习注入了活力，适应了新课程改革的要求。

（八）教学风格艺术

教学艺术的理想境界在于形成鲜明而独特的个人教学风格。这是一个境界，是所有教师应该追求的一个境界。教学风格可以体现教师的教学思想，或称之为教学理念。每个教师都有自己的教学风格，都有自己毕生追求的教学风格。以我个人为例，我觉得我也是经历过中学语文教学的许多次强劲的风、不同风格的风。记得刚毕业的时候，是工具论盛行的时候。工具论是什么？就是对语文教学来说，讲究中心思想、写作特点，讲究字、词、句，是一个将语文课文"肢解"的过程。在这个过程当中，就涉及自己刚毕业时对语文的理解，这是个理念的问题。这个理念的问题很重要，如果我不是坚持自己的东西，也是讲中心思想，讲写作方法，恐怕很快就会"倒退"。再一个就是教师的教学技巧。我想借用宗白华的观点来说明问题。宗白华认为，艺术作品的故事，就是一个用枯木搭成的花架。那么艺术的技巧是什么？艺术对人生的关怀是什么？那就是繁花似锦的花。用这几句话来说艺术技巧，是很恰当的。其实每个教师都应形成自己的教学技巧。教学技巧是一个层次比较高的东西。再者就是教学风格和教学特色。还以我刚才讲到的于漪老师和钱梦龙老师为例。于漪老师是词采派，她的一节课可以讲成一首诗；而钱梦龙老师更像一个智者，他在不经意之中，在平和散淡之中，将学生引向一个境界，一个士大夫的境界。

教学风格体现着教师的教学思想、教学技巧、教学风格和教学特色，是教学活动个体化的重要表现，教学风格的形成标志着教师教学艺术的成熟。教学艺术的根本追求是通过培养学生的自学能力，达到"教是为了不需要教"的境界。

教学艺术植根于教师对学生深厚的爱，是情感与情感的共鸣，是心灵与心灵的呼应，是个性对个性的影响。教学艺术体现在教学全过程中，是人格化的；而教学技巧和机智则是方法上的。这是因为教学艺术除了包括对教学效果至臻至美的追求，还包括教师对学生的挚爱。因此，如果只是为了展现教师的教学才智，那充其量只是娴熟的技巧。而艺术是属于良心的，教学艺术首先是爱的艺术。我国特级教师成功的教学艺术，就是他们"一片爱心"的结晶，很值得我们认真总结、整理，上升为理论，使之成为中国特色的教学艺术思想的精髓部分。

（九）教学唤醒艺术

教学是什么？教学其实就是一个唤醒的过程。教学唤醒的是学生的文化意识、生命意识、课堂情绪，任何一个学科的教学都是如此。怎么检验一节课是否有艺术性？其实我们可以扪心自问，反思这节课是否有文化意识，是否在课堂中有生命意识，课堂情绪调动得好不好。这些都是唤醒艺术。

唤醒教学是建立在"以人为本"基础上促进人全面觉醒，进而实现自我生命自由自觉建构的教学过程。它使课堂教学具有生命性、意义性、立体性和过程性等特征。在课堂教学中，我们要唤醒学生的主体意识，关注人的成长和发展；我们要唤醒学生的文化意识、生命意识，唤醒课堂情绪，创造充满生机与活力的课堂。让课堂辉映着学生最健康、最富有成效的五种品质：尊严、活力、自我管理、集体感和自我意识。在这样的课堂里，学习不再是一种异己的外在控制力量，而是一种发自内心的自觉。学生的心灵得到解放，主体意识得到唤醒，学习的主动性、创造性被激发出来。唤醒课堂情绪，就是要使教学过程成为触及学生灵魂的过程，成为贯穿学生生命体验的过程，成为释放学生内部力量的过程，改变以往那种他主性、被动性的学习，使学生内在的自主性、能动性、创造性被不断唤醒，使学习成为生成、张扬和提升的过程。这种被唤醒建立在生命层次上的课堂，是师生展开对话的平台，是意义生成的重要场所，也是激发生命成长、进行自主建构性学习的空间。

(十) 教学欣赏艺术

最后一点我讲的是教学欣赏艺术。我想借用《荀子》中的一句话："与人善言，暖于布帛；伤人之言，深于矛戟。"这句话说得很好，这就是教师的期待。有时候我们说"好孩子是夸出来的"，在课堂上给予孩子更多的鼓励，这种温暖有时候比阳光还灿烂，这就不是"布帛"的问题。那么说到"伤人"，可能一句话就可以毁掉一个天才。记得在1998年的时候，我在哈师大附中上了一节课，犯了一个错误，多年之后，还在反思。当时有一个哈师大附中的小男孩作了一首诗，那首小诗写得非常好。我在表扬他的时候，不经意说了一句话，我说："你这首诗的味道像一个怪味豆。"这句话说完后，我又说："怎么有一点王朔的味道？"我觉得他没听懂，没听懂也就算了。我觉得有点"王朔"特点，这句话还算中性的。紧接着，我说了一句，说得非常快，快得连我自己都没有反应过来，我说："怎么有点痞子的味道？"课堂本来很活跃，此话一出，大家开始沉默。这堂课情绪低落倒是次要的，关键的是这个小男孩深深地低下了头，此后一言不发。这个给我的触动是很大的，所以，在以后的教学中，我就提醒自己要非常注意这个问题。教学是一门欣赏的艺术，在不同的欣赏层面上，会有不同的收获。

在课堂上应多一分肯定、多一分赞赏。一位教育家说过："你要想把孩子塑造成你渴望的样子，只有靠你激励和赞美的语言，才能真正达到目的。就像植物都是朝着有阳光的方向生长一样，欣赏的教育实质上就是把人生的价值赋予学生的教育。在这个世界上，教育的方向和效果更多地取决于我们的信念和期待。"

教学欣赏艺术

与人善言，暖于布帛；

伤人之言，深于矛戟。

学生们的精神世界是丰富而复杂的，他们具有各自不同的个性特征、气质爱好和才华，仿佛是"人的初稿"。教师是调动和修饰这一初稿的工程师。我们要给予学生关爱、尊重和赏识。"赏识"不等于爱，赏识更重要的含义是一种信任和肯定，其本身就体现出平等。我们在课堂上面对学生有时并不令人满意的"回答"，也要给予真心的赏识，这才是春风化雨般的教育。

（十一）结语

以上谈的是我对教学艺术的十思，那么怎样才能使我们的课堂充满艺术的魅力呢？让我们借助这样的话语共勉。

一个国家的前途，不取决于它的国库之殷实，不取决于它的城堡之坚固，也不取决于它的公共设施之华丽，而在于它的公民的文明素养，即在于人们所受的教育，人们的远见卓识和品格的高下。

——马丁·路德·金

人师是师道之最高标准。人师能以身作则，能行不言之教，此即所谓师表或师范，为人师表，这是一了不起的人。

——钱穆

图33　专著《自由呼吸的课堂》

十一、语文：三生石畔

语文是我们安身立命之器，是我们精神的家园。

语文能够唤醒我们内心充满神性的精神的种子，让我们的潜质变成素质，让我们觉悟、敏感，让我们充满书卷气和智慧。

《周易》六十四卦中，有一卦和教育有关，叫作蒙卦。蒙卦是山水蒙，上坎下艮，上山下水，水在山的覆盖下，在山的遮蔽下。如果说水代表的是人的才华天赋，那么教育就是要引导这股水穿越山的阻挡，潺潺淙淙，汨汨滔滔，奔流到海，流向天涯地角。

中国的传统教育一向是用语文来开蒙的。孩子们入私塾跟随先生认认真真地学上整整六年的语文，然后再专攻术业。

语文让我们用心灵贴近母语。印度总统尼赫鲁曾对他的女儿说：世界上有一个古老的国家，它的每一个字都是一幅画。这个国家就是中国。汉字古老而又常新，每一个汉字都充满了形象、色彩甚至表情。相传黄帝的史官仓颉根据鸟兽虫鱼的形状、山脉的纹理、河流的蜿蜒创造了汉字，汉字从诞生之日起就"天雨粟，鬼夜哭"。汉字充满了智慧和趣味，于是苍天之上不落雨不落雪，却飘洒飞扬着金色的粟米，灵异奇诡。无情无泪的鬼怪妖魔因为汉字凝聚的人类智慧而泪飞顿作倾盆雨。

汉语简约，富有弹性和韧性，辽阔浩瀚天真淳美，生生不息。汉语娓娓，侃侃，款款，美丽的单音节汇成曲曲折折平平仄仄的美丽的诗词曲赋。

汉语直观而又充满艺术性，"武"的最高境界是"止戈"，"旦"是遥远的地平线上喷薄的日出。汉字的书法是充满天籁的艺术：行书如雅士游春，楷书如老僧禅戒，隶书如将军开帐，草书如战马狂奔。汉语独特而多彩，形声字占去了汉字大部分国土：喋、鲽、蝶、牒、堞、谍，带着独特的印字和DNA谱系，独立着，骄傲着。汉语丰富而有音乐性，数万个汉字蜿蜒轮转，一部儿童的启蒙教材《声律启蒙》韵脚丁丁。汉语意会而模糊，充满了弦外之音、意外之音，东边日出西边雨，道是无情却有情。汉语有承载性而神秘，字有神威，《三国演义》中的凤雏庞统必然被射死在"落凤坡"，《红楼梦》中"元、迎、探、惜"贾家四姐妹也注定在薄命司。

　　语文让我们的心灵贴近中国文化。子曰："入则孝，出则悌，谨而信，泛爱众，而亲仁，行有余力，则以学文。"让我们恍然悟得做人做事是如此简单却又难以抵达。《论语》朴素而又元气淋漓。老子《道德经》开篇的一句："道可道，非常道；名可名，非常名。"寥寥十二个字，字字如千钧。庄子的"天地有大美而不言"，让我们发现了自然的美，敬畏生命。从此我们有了一颗柔软而温暖的心，也因此有了精神的飞扬和灵魂的穿越。孟子的"我善养吾浩然之气"让"天地为之久低昂"。让人有了更高贵的生命的尊严，让我们民族的精神走向崇高。我们的美丽的母语铸就的经典，让我们内儒外道内方外圆。

　　语文让我们的心灵贴近大地山川。在人生不足百年的匆匆步履中，如果我们无法把自己的足迹印在世界的每一寸土地上，那么就让我们在文字中做一番壮游吧。去普罗旺斯看漫山遍野的薰衣草，去耶路撒冷体会战火与苦难；去一趟巴厘岛吧，那里的阳光有金子的颜色；或者随李白走蜀道，在乐府诗中去江南采莲，随岑参看西北边陲的雪花。

　　语文让我们的心灵贴近岁月苍生。我们在文字中感受岁月的轮转，感受春风秋雨，感受草木葱茏。我们在别人的人生里照见自己，在别人的生命里进行着自己生命的彩排。我们在文字中学会悲天悯人、关注社会、关注人生、关注生命、关注尊严。语文使我们善良而温暖。

　　语文让我们的心灵贴近生命。语文让我们懂得生命的本真，让我们活得理性。孔子说："知者不惑，仁者不忧，勇者不惧。"当我们遇到苦难与挫折的时候，语文会帮助我们完成精神的超拔与突围。

　　《红与黑》让我们懂得灵魂的哲学与博爱，《雷雨》让我们懂得生命里有最残酷的爱和最不忍的恨，《生命不能承受之轻》让我们学会用哲学来思考生命，《雪国》告诉我们美与爱是独立的。

　　传说，人人都有一块属于自己的三生石。人死以后会重新转世，在约好的时间里，人们会站在自己的三生石上，与旧人约会，与昔日话别。

　　斗转星移，时移俗易。蓦然回首，吾三生有幸，与语文缘定三生。也许你会疑惑语文可以带给我们什么，我想说，语文会改变我们和世界相遇的态度，让我们乐观、诗意、理性、天真，语文给我们热心与冷眼。

图34 在第十二届"万唯·语文报杯"全国中青年教师课堂教学大赛中合影

十二、追问：语文课堂的诗意对话

课堂究其实质是对话，使语文教学由传授和灌输走向对话是诗意语文的关键内容之一。雅斯贝尔斯在《什么是教育》里这样写道："训练是一种心灵隔离的活动，教育则是人与人精神相契合，文化得以传递的活动。而人与人的交往是双方（我与你）的对话和敞亮，这种我与你的关系是人类历史文化的核心。可以说，任何中断这种我和你的对话关系，均使人类萎缩。如果存在的交往成为现实的话，人就能通过教育既理解他人和历史，也理解自己和现实，就不会成为别人意志的工具。"

课堂对话的前提是对话的双方必须是平等、真诚、合作的。对话可以使师生达到新的精神境界。

课堂中的对话是多重的，即师与生、师与文本、生与文本、师生共同面对文本、师生共同面对作者。

课堂中的多重对话碰撞交织，生成一幅精神的画图，生成，生动，生命，生生不息。

诗意语文课堂是课堂对话的坚守者。对话与倾听是诗意语文课堂的起落。动静、错落，从而促成学生心灵的丰盈和成长。

（一）诗意对话注重生命体验

人的本质之一是情感的、精神的、灵魂的。语言能够照亮世界、照亮自我，承载生命诗性的存在。

对话是为了让对话者通过对话学习对话，学会对话。正如海德格尔所说："语言是存在的家园。"

课堂教学的多重对话中最主要的是师生对话。这种对话一定要规避简单的是什么、为什么，应融入浓浓的人文关怀。教师的教学语言应有温度、有情感、有鲜明的价值取向；有启示、有感染、有导引、有推动、有深化、有升华，有点石成金的效果。

学生在倾听中被照亮、被唤醒、被感动、被丰盈，然后在实践中实现语言的成长和精神的成长。

课堂对话的另一个层次是学生和文本的对话。阅读是阅读者和文本的相遇相知，教师为学生提供的往往是一种"视角"。学生与文本的对话是感悟，是碰撞交融，是丰富，是心灵的成长，是抵达一种精神的自由与飞翔，而不是传授、训练和灌输。

比如，2007年我在扬州邗江中学高二的一个班级讲苏教版高建群的一篇散文《西地平线上》。这是一篇表现大西北雄浑壮阔之美的散文。每一片土地都有自己独特的美和文化。为了让学生带着已有的生命体验走进文本，我放弃了简单的背景介绍，用两句唐诗引入：

小白长红越女腮。（李贺）
秦娥梦断秦楼月。（李白）

我问，越女和秦娥的美有什么不同，表现了怎样的地域特色？

这个问题无疑是一个曲问。唐诗的包孕性使得孩子们思维活跃，调动了以往的生命体验，进行联想想象，抵达一种有价值、有审美、有情感、有内容的学生与文本、学生与教师的对话。

因为是借班上课，事先又未见过学生，我抛出这个问题之后并未急于和学生交流。停顿片刻，我在很多举手的孩子之中选择了那个把手举得最高的女孩子，她几乎是出口成章：

当我看到第一句诗的时候，我觉得越女就是江南的女子，江南的女子就是"芙蓉如面柳如眉"，她们既有"桃花笑春风"的妩媚，亦有"梨花一枝春带雨"的婉约……而秦娥是西北的女子，在西北那块广阔的土地上、在充满崇高感和苦难的地域中，她们果敢坚韧有毅力。

她的回答大大出乎我的意料，因为一节课的开篇应"迂回"渲染，我本想"曲径通幽"，她却一语中的。因为事情突然，我只好点到为止，走入"正题"。当然这是关乎教学节奏和教学智慧的问题，在这里暂且不议。

看一看这段学生的"对话"。我们分明感到学生对文本的理解是融入了她独特的生命体验个性的。她对"江南""塞北"阴柔和阳刚的不同类型的美的体验，与教师与文本构成了一个高位的碰撞和交融。她的回答不仅有典雅的诗的引用，赋予了诗以新的意义，如"桃花笑春风"是妩媚，"梨花一枝春带雨"是婉约，而且选择运用了具有表现力、穿透力的形容词"广阔""崇高""苦难"等，足见学生与文本的对话、与教师的对话是融入了自己的生命体验的。而这种生命的体验又引导着精神走向更高更远的境界，当然这与教师的导入有直接的关系。如果不是用生动形象的唐诗导入，只是一个"直问"——"西北有什么样的美？"——恐怕师生的对话就要在另一个层面上进行了。

（二）诗意对话尊重个性张扬

科学强调共性，强调"我们"。文学强调个性，强调"我"，与文本的对话更是强调"我读"。

面对文本的对话，诗意语文的诗意对话尊重学生个性的张扬，支持学生在精神上开疆拓土，打造自己心灵的栖息地。

语文教学不追求唯一的正确，追求的是开放性、多义性、个性，追求的是精神的自足、思想的活跃、独具神采的语言表达。

如在《葡萄月令》的教学中，教师问："汪曾祺这篇散文给你最初的印象是什么？"

学生的对话极具个性和开放性。有读出闲适的，有读出淡雅的，有读出精致的，有读出朴实的，有读出洒脱的，各抒己见，异彩纷呈。教师客观地褒扬，学生的思维十分活跃，课堂对话也因此更具张力和魅力。

当然"开放"与"个性"是心灵的某种映照，绝不是标新立异和哗众取宠。在诗意的对话中，师生更深更远地走进文本，既是我注六经，更是六经注我。只有充分地展开对话，尊重与包容学生的个性，才能激发学生的主体性和创造性。

（三）诗意对话传承传统文化

在语文课堂上，学生只有不断地与文本、与教师、与其他学习伙伴对话，才能触摸到文化的内核，在彰显自己理解的时候，才能建立自我与传统文化之间的内在联系。

对语言的感受、对思维的培养使人的精神之树枝繁叶茂。精神之树的根正是源远流长的文化。

熏陶和渐染使学生具有"中国人的眼睛""中国人的耳朵"和"中国人的心灵"。

如在《诗经·采薇》一课的教学中，教师在引领学生鉴赏"昔我往矣，杨柳依依。今我来思，雨雪霏霏"这样的名句时，就不能不叩问中国传统的哲学思想"仁心"，传统的美学思想"温柔敦厚""乐而不淫，哀而不伤"，传统的抒情方法"融情于情""一切景语皆情语"。"文化"是一个深厚广大的话题。语文教学一定要规避"标签式"，要潜移默化、润物无声、言在此而意在彼，由教师和学生充满意味的诗意的对话生成。可以巧问："这四句诗抒发的是一种什么样的情感？是直接表达的吗？"

在师、生、文本的多重对话中碰撞交融直抵文化的高度、深度、广度。

（四）诗意对话感受创造之美

诗意的精魂是美。语文课堂应当在对话中感受创造之美，让学生的生命在语文课堂中自在活泼、富有尊严、富有创造性，让学生感受自然之美、社会之美和人性复杂多变之美，从而追求深沉的人生感和深邃的历史感。

清代的戴熙说："画令人惊不如令人喜，令人喜不如令人思。"我们可以这样讲，诗意的对话惊不如喜，喜不如思，令人沉思。能引发美的沉思的对话才是大写的诗意。美的内涵是至真至淳至理。

以《乡愁诗鉴赏》一课为例。

师：戴叔伦《调笑令》中有几个意象？分成两类，怎么分好？
生1：分为视觉的意象和听觉的意象。
师：好，大家谈谈对"胡笳"这个意象的理解。
生2：它应该有着悠扬的声音。
生3：在边塞显得格外亲和。
生4：胡笳是类似箫的一种乐器。
生5：我觉得是悠长、凄婉的那种。
…………
生9：胡代表边塞。

课堂是师、生、文本对话的生命场，有激情的美，有理性的思考，有灵动的飞扬。

诗意语文对话追求美。正如席勒所说："只有在梦之园里才有自由，只有在诗中才有美的花朵。"

诗意语文，课堂诗意的对话，只有循着美的途径才能抵达自由，拾回人性的和谐，使人生得以诗意地栖居。

十三、诗意写意：强烈与深远

（一）

诗意语文就是要在语文教学中呈现一种审美的抒情的境界，追求一种悠然而有余韵的优美和精致。

无论是教师的教学语言还是学生在课堂上的语言表达，无论是教学设计还是教

图 35　诗意在课堂上绽放

学的细节，都力求充满诗之意、诗之境、诗之韵，同时还要有情动于中、声形于外的想象空间。

无语不"诗"，无文不"诗"。诗歌、小说、散文、戏剧都充满"诗"之光，即使是议论文也有理性之美、逻辑之美、条理之美、考据之美，也有详略、缓急、疏密的节奏之美。说明文的绵密和一字千金也颇令人深思。

诗意语文是一种境界，更是我们看语文的角度。教师引领学生用诗意的眼光去领悟汉语，去欣赏春花秋月，去感受人情人性之美。

中国文学的纯粹是在抒情性的无穷延伸以及无限表达上。文学传统的"传统"是抒情传统（王德威）。从这个意义上讲，"诗意语文"的本质就是美与抒情。

诗言志，志者，情也，诗意也。

诗意语文，不是风花雪月，也不是一己的小悲小喜，而是在轻盈和曼妙中有历史、有文化、有理性的深思。

屈原《湘夫人》："帝子降兮北渚，目眇眇兮愁予。袅袅兮秋风，洞庭波兮木叶下。登白薠兮骋望，与佳期兮夕张。鸟何萃兮蘋中，罾何为兮木上？"

《湘夫人》是屈原的"湘夫人"，带有强烈的个性色彩、强烈的浪漫主义情怀和浓郁的楚地之风。

只有民族的才是世界的。一个语文教师只有具有鲜明的个性风格，将自己的情感、个性、审美和所教的语文融为一体，才可能是成熟的，才可能用饱满的情感、投入的姿态去诠释语文。

有人说湘夫人是楚地文化中的爱与美之神，诗意语文的灵魂也正是那份爱与美。

没有爱就不会有诗意语文的一咏三叹，也不会有诗意的阳光的照耀。诗意语文的爱是一种深情、一种圣洁的情怀。课堂是"活着的"，浓浓的情流淌其间，像楚辞般浓烈和鲜妍。

《湘夫人》的开篇是"帝子降兮北渚，目眇眇兮愁予"，这是美的降临和美的震撼，诗意语文追求的正是"自天而降"般的冲击。"降"是一种来自天外的飘逸、超拔，让语文升腾出一种纯灵性的神性之美，牵引我们的灵魂，让孩子们感受逍遥，感受自由的美。真正的美一定是超凡脱俗的，让我们擦亮文字，让"语"和"文"焕发神圣之美，让语文使孩子们"惊艳"。

诗意语文是一种启示、一种感发，不是说教。正像张爱玲所说，是一种"葱绿配桃红"的启示。

据说白先勇九岁的时候看梅兰芳的《游园惊梦》，感受到美的巨大力量，从而一生探寻美，成为不可多得的自成一格的"美文"作者。诗意语文要唤醒的就是人的这种灵性。

诗意语文要像中国传统的山水画一样懂得留白，讲究余韵，留有思考，讲究互动。

诗意语文讲求叩问、低吟、呼唤。

"叩问"是扎扎实实的求索；"低吟"是沉思，是低回，是感发；"呼唤"的是美、是爱。

诗意语文是个人的、诉诸感性的、浪漫的，可能还有点精英的意味，是一种求索文学，是一种文化的模式或方法。

诗意语文"不仅仅是积累而来"，而且需要作者生命中有一些特别的东西。

诗意语文不汲汲以求事功的印证，而关注一个优雅诗意的人的成长。

诗意语文有时呈现一种秾丽之美，有时悠游一种婉转神秘的气息。教师和学生铸文成"诗"，以"诗"为课堂之魂、人生之魂。

普实克说："抒情是最个人、最私密，也最唯我的诗歌形式。"

诗意语文直指个性、情感、自我。

诗意语文是一种境界。

"情以物迁，辞以情发"，刘勰谈及的是诗歌创作，这又何尝不是诗意语文的座右铭。

激情是诗意语文的又一内核。

诗意语文如水，是一种柔韧的存在。

诗意语文是一种生命的节奏、一种灵境、一种神性的光辉。

诗意语文追求气韵的生动。

诗意语文是"象"的世界，层层叠叠，生生不息。

诗意语文不排斥事功，却终于"有情"的抒发。

直觉＋静观＝诗意语文
象征＋古典＝诗意语文
言志＋缘情＋纪事＝诗意语文

把无情的理性化作缱绻的诗魂是诗意语文。

诗意语文有的时候有个人的、主观的、直觉的、耽美的、唯心的弊端和负面。

（二）

"不学诗，无以言。"多么渴望有那么一天，我们这个曾经以诗为"教"的国度，再次呈现那一番浪漫和高光。诗意语文就是给学生以自由之思想、优美之文字。

诗意语文要给学生一个悲天悯人的情怀，诗意语文拥有强烈的当下感和庄严的"人间"关怀。

诗意语文就是要普遍地培养诗歌素养，让孩子们有一种语言的精致、雍容和优美。

诗意语文应自然而然地融入日常人生，让文学和诗歌的才能成为人的智慧、才华的一个象征。

诗意语文就是引导孩子们倾听中华文化的黄钟大吕之音，神往那份从容、自信、健康。

诗意语文既是强大奔涌的激情，追求优美、细腻、雅致的汉语之美，也绝不排斥知性、冷静的理性。

让诗意语文灌注一种理性生命的灵魂。正如曹文轩所言："缺乏哲学力量的任何一门科学研究，总难免虚弱无力。"

诗意语文追求气盛而情深，文胜于质。

人人是尧舜，人人是圣贤，这是中国儒家思想的一大信念，更是诗意语文对生命的珍爱与高扬。

生命的尊严来自精神的气象和人格的阶位，诗意语文就是要用爱与美构筑起孩子们精神的云蒸霞蔚的气象和高远大气的人格。

诗意语文就是要教会孩子们自珍自爱自贵和道义的自任。

诗意语文让孩子们有高远的自我期许，使人有温度高度热度深度。

诗意语文坚信文化理想高于功利实用，追求美、善、纯、精。

诗意语文是醉者、醒者，更是行者。醉是艺术精神，醒是一种思考，行是积极地面对教育和人生。

诗意语文充满对人的力量的歌颂与相信，充满对美的瑰丽与皎洁的遐思，充满对时代天下的关怀与责任。

诗意语文因为与孩子们的青春相遇，所以升腾出光与热、诗与美、力与神圣，新鲜而又古老，简单而又深邃。

诗意语文就是引导孩子们看到一个更远更大的语文世界，就是引导孩子们看到一个更远更大的人生。

诗意语文就是要彰显一种文化精神，继承而又创新。

诗歌关注的是心灵，诗意语文关注的是孩子们的心灵。

诗意语文就是让我们的生命有声有色，有光有热，平凡而通透，学生和文本的相遇，究其实质是心与心的相遇、人性与人性的照面。

诗意语文以人生为课堂，以文字为珍珠。

诗意语文视美为命，因美而勇，以美为善。

诗意语文始终荡漾着一种诗性的激情、诗性的思维，这是诗意语文的内核和底蕴。

诗意语文有时需化朴实、平淡为奇崛、抽象、抒情。

诗意语文融入的是语文教师的个人气质和理想主义激情。

诗意语文是一颗活跃的诗心，是一种力量。

诗意语文的教学语言、整堂课的构思、结构、节奏，应该是一个美的存在。

诗意语文并不简单地把语言作为表达的工具，而是作为一种独特的思维路向与生命体验的精神符号，诗意语文的课堂语言包含着丰满的血肉与活跃的精魂。

诗意语文要求语文教师有文学气质和良好的文学修养，语文知识是情智交融的审美资源，语文教师要入乎其内出乎其外，浸染着自己独特的感觉、体验和情感。

点燃与激活学生的诗情思维与生命激情，让语文凝结成学生无形的精神素质，渗进他们的血液，化成他们生命有机体的一部分。

当语文榨干个人趣味与内在情绪的丰富汁液时，语文就成了某种干枯的概念的附着物，诗意语文要做美的虔诚的守望者。

图36　彩云之南，与金波老师、张玉新老师、曹公奇老师、任玲老师、工作室杨旭的阳光相聚

十四、短章与尺牍

  一个人的语文素养在很大程度上决定于他的高中语文积淀,决定于高中毕业后的阅读习惯。语文素养既是一个很抽象的概念,又是一个具体的渗透在生活缝隙中的微小的所在。

  我曾在仲秋的拙政园遇见上海复旦大学的学生。一群青春袭人的天之骄子兴奋地读着楹联,可是他们不仅把楹联读反了,断句和个别语音也有误。看着满园的秋色、满园的精致、满园的中国文化、满园的"语文",作为中学语文教师的我,不知道该说些什么。

  当语文成了即食产品、成了快餐、成了一份又一份的试卷,文本成了知识点、成了背诵任务、成了一个个散发着陈年腐朽之气的老旧篇章,我们谈何语文素养?

  我不知道英国的绅士之风是否源自伊丽莎白时代的积淀,我不知道法国的浪漫之气是否和路易十四的提倡风雅有关。但我知道,20 世纪 80 年代是中学语文的黄金时代,那是一个崇尚文学、对诗人礼遇有加的时代,是阅读成风的时代,是在公园、在街角、在影院人人都要以捧着一本书为荣的时代。甚至,恋爱男女谈论最多的话题也是诗歌、文学和作家。

  那时候,相声都要把不知道奥斯特洛夫斯基《钢铁是怎样炼成的》的男青年当作嘲讽的对象。

  当年的著名演员刘晓庆的自传《我的路》,向粉丝炫耀的不是名包和豪宅跑车,而是她读过西方名著:司汤达的《红与黑》、梅里美的《卡门》,列夫·托尔斯泰的《战争与和平》……

  上中学的时候,同学们交换最多的是小说,谈论最多的是文学常识。我在一个高中同学那里知道了罗曼·罗兰的《约翰·克利斯朵夫》,在另一个高中同学家的书架上发现了但丁的《神曲》,在新华书店买到了雪莱、拜伦、普希金的诗集,在母亲任教的学校图书馆借回来《莎士比亚全集》……

  那是时代之风尚,是一代人的风气。

  虽然后来我们上了大学,术业有专攻,但彼时语文的素养、语文的奠基已经形成，我们那代人很多都是有阅读习惯的。读书是我们的休闲方式，也是我们的享受方式。

语文的素养，有天赋的成分，也有后天的培养。而后天的学习中最重要的就是读书。

莫言和世界上绝大多数的作家一样，没有读过大学中文系。他在他的故乡山东高密东北乡村头的大树下完成了自修。在那里，他阅读了他能借来的所有小说。

汪曾祺说："一个爱读书的青年人总不至于学坏。"毕竟阅读铺就了一个人的精神底色。

我的一个朋友是一个爱读书的人，她毕业于农学院的农学专业。前不久她的爱子到墨尔本留学，她在微信朋友圈里发了一组儿子的背影照片，然后引用了下面这段文字：

有些事，要一个人去做；有些关，要一个人去闯；有些路，要一个人去走……

所谓父女母子一场，只不过意味着，你和他的缘分就是今生今世不断地目送他的背影渐行渐远。你站在小路的这一端，看着他逐渐消失在小路转弯的地方，而且，他用背影默默告诉你，不必追……

我的另一个同学本科学的是历史，研究生学的是法律，现任某省高级法院某庭庭长。闲来无事，他偶尔写写"红"评，填词赋曲。

飞龙天游

《易》云："憧憧往来，朋从尔思。"天者昼逝，存者夜喊，万年尘情功非过！错将弯月鹊日苏！三国分合天定，万载几士贵天语，蒙将天象垂此？

青月无醉，世华沉浮。挥泪对杯唯诗少，回溯秦月汉关骑！憧憧万里客方识？富贵本无种，弱强志群思！

《诗经》言："知我者，谓我心忧；不知我者，谓我何求！"人本少忧！草尚无愁！心有千千结，湍夺溪溪流。

揖散一壶浊酒，高朋醉陪川流！寂寂夜风云晚，不觉宵深人困？只言覆水再收。

试问这样的语文功底、语文素养，这样精美雅致的语言，当今中学语文教师有几个能敌？

"60 后"的大学生，又有几个不是"文学青年"呢？

文学素养往往决定了一个人生命的品质和那份生存的诗意与品位。

我特别喜欢给理科班的学生上语文课。我以为一个理工科出身的人一旦有了文学素养，那一定是天下第一的大好事。

理科班的孩子，特别是男孩子，往往是所谓的数理化达人，语文往往是他们致命的短板。于是他们思维刻板，人文精神缺乏，语文素质贫乏贫瘠甚至贫血。

激发学生的兴趣，让他们对语文爱起来，并且让他们保有持久的兴趣，把对语文的爱和阅读习惯延续到未来，这是我要努力抵达的目标。

博博是一个理科高才生，我认识他的时候他的数理化三科成绩名列年级前茅，而语文、外语的情况却令人担忧。

让学生对语文感兴趣，语文教师首先要对语文充满浓厚的爱，并且善于把语文中美好的东西通过巧妙的方法展现给学生，让语文课变得有趣、富有变化、丰富厚重而灵动。

记得讲"日中则昃，月满则亏"这个成语的时候，我引用了《三国演义》李恢说降马超的那一段原文：

吾闻越之西子，善毁者不能闭其美；齐之无盐，善美者不能掩其丑。日中则昃，月满则亏，此天下之常理也。今将军与曹操有杀父之仇，而陇西又有切齿之恨；前不能救刘璋而退荆州之兵，后不能制杨松而见张鲁之面。目下四海难容，一身无主，若复有渭桥之败，冀城之失，何面目见天下之人乎？

博博的眼睛亮了，执意要背诵这段文字，大概用了一小时的时间就能够背诵下这一回书了。他是一个《三国》迷，没想到"成语""典故""文学""文化"就这样藏在小说里，真是奇妙极了！从此，他爱上了语文课。

2015 年，博博考取了大连理工大学。他一入学就成了文学骨干，在校级诗朗诵比赛中一路过关斩将，在最终评比时获得了评委老师的一致好评。博博把"文学青年""文学才子"的角色演绎得顺理成章。在"十一国庆征文比赛"中他更是斩获了一等奖。

　　有时我在想，这太神奇了。读高二的时候博博还把语文课当作"休息课"呢，我刚刚接手的时候，他的作文还是错字连篇呢。忽然，所有沉睡在他心底的字句章节都醒了过来，都有了生命力和表现力。

　　教育是有契机的，语文是要守候的，是要经过时间的淘洗、要经过心灵的育化方能文眼大开的。

　　今年春节，牡丹江传媒集团有春联有奖征集活动，博博积极参与，信心满满，志在必得，然后大获全胜：

　　　　菜蔬本无奇，五味调和，厨师巧做十样锦。
　　　　酒肉真有味，四季轮回，员工遍尝万种鲜。（食堂）
　　　　泉水滴滴滋水稻，色香味美名驰天下。
　　　　春雨丝丝润新米，甜软糯弹誉满舌尖。（大米产品）

　　试想，博博有着扎实深厚的专业知识，加之爱好文学，自然是如虎添翼。

　　今年元旦，我校的一座教学楼的春联被稀里糊涂地贴反了。两天内，进进出出的教师、学生超过千人次，然而大家都熟视无睹。

　　陈彦存校长在各教学楼巡视。好读书的他凭借对语言的敏感一下子就发现了这个问题。陈校长是化学专业出身。

　　语文素质是什么呢？还是很难描摹清楚。但是既然语言是人类存在的家园，那么语文真的关乎我们存在的方式，大到家国岁月，小到举手投足，它直指心灵。

　　不经意间的流露更是语文素养天然不着粉饰的芳华。

　　书，是永远不会白读的。当书沉淀在心灵、血脉、细胞的时候，我们就会说：瞧！这就是一个人的语文素养。

我的诗意课堂

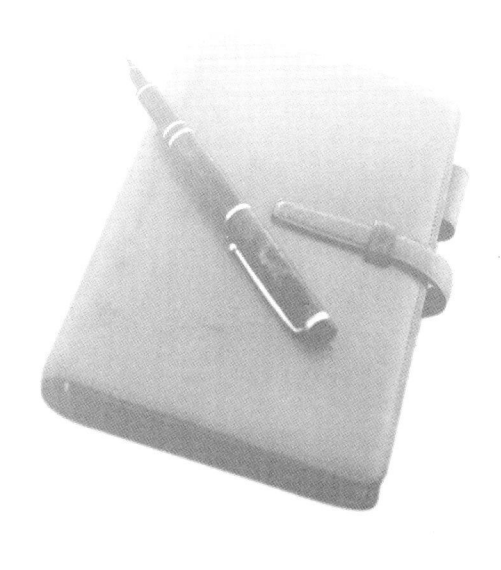

一、淡雅风物，沉重家国

——执教郁达夫《故都的秋》

首届中原名师高峰论坛

（人民教育出版社统编语文教材高一必修上册第七单元）

时间：2019年12月21日

地点：河南省漯河市高级中学

整理：河南省郑州市管城回族区第二中学　刘冬英

　　　山西省忻州市静乐一中　胡艳

师： 同学们，上课

生（起立，鞠躬）：老师好！

师： 同学们好，请坐！今天我们学习的是一篇散文——郁达夫的《故都的秋》。同学们，请看题目。

师： 我们先来读这段话。

生（读）：青年画家不精读郁达夫的游记，画不了浙皖的山水；不看钱塘、富阳、新安的山水，也读不通达夫的妙文。——刘海粟

师： 刘海粟，著名的国画大师，也是郁达夫的挚友。这段评价非常精当。同学们，研读这段文字，是否可以说出郁达夫的散文、游记有什么特点？

生： 郁达夫的游记可以表现山水的特色。如果不了解景物的美，就无法理解郁达夫散文中的精妙之处。它能够体现景物的独特特色。

师： 你从中读出了什么？

生： 郁达夫的散文中有山水的深情，有精妙之处。

师： 除了有山水的深情，还应该有他对山水的理解。

（师范读刘海粟的文字。）

师： 这段话的主语是青年画家，是对青年画家说的，意味着郁达夫的散文除了有山水，还有——

生：画。

师：郁达夫先生的散文还有画一样的美。宋代大诗人苏轼这样评价盛唐时期的山水诗人王维："味摩诘之诗，诗中有画。观摩诘之画，画中有诗。"有人说，诗画本同源。郁达夫的散文中有那么多的山水。山水中有他的深情，有他的心灵，有他的感受，有他的体验，有他的生命，有一种画一样的美。今天让我们共同欣赏他的散文，题目是——

生（大声齐读）：故都的秋。

师：四字标题，重点突出。散文如诗如画的郁达夫，对故都的秋画了几幅秋景图？

（生认真阅读文章。）

师（指导阅读）：掌握文章的一般规律。散文不外乎有这样几种结构方式，总分总、递进式、并列式，等等。可以圈、点、勾、画，跳读，抓关键句子。几幅秋景图呢？

生：五幅图。

师：同学们，同意吗？

生（点头）：同意。

师：阅读速度特别快。阅读得法，训练有素，才会有这样快速的阅读和精准的回答。

师：五幅秋景图，代表了故都。一共有哪几幅呢？本着概括从简的原则，我们从最上面的秋院图开始，顺时针读下去。

生（齐读）：秋院图、秋蕊图、秋蝉图、秋雨图、秋果图。

师：如果想概括得更有诗意，同学们可以再加词。

师：今天我们真正探讨的地方在这里。郁达夫不仅是一位散文家，而且是一位小说家，不仅是小说家、散文家，而且是一位深谙文学创作规律的理论家。他曾说："原来小品文字的所以可爱的地方，就在它的细、清、真的三点。"小品文是散文在明清时期的称呼。郁达夫认为小品文最突出的特色是什么呢？

生：比较细腻，也真实，描写比较平淡，具有真情实感。

师：细腻，真挚，清又指什么？

生：清新。

师：这是小品文的原则所在。纵观五幅故都的秋景图，任选你喜欢的一幅图，可以从色彩、视角、动静、细节、炼字等角度进行赏析。同学们，这么多的角度，我未必穷尽所有的特点，但是，这五个词同学都懂吗？什么叫炼字？

生：炼字就是选取某个写得比较生动或者深刻的字来对它进行分析。

师：这样的字，多数是什么词性？

生：动词。

师："炼"字是什么偏旁？

生：火字旁。

师：那什么是视角？

生：视角就是作者对待一个事物的看法，就是他的观点和角度。

师：观察它、表现它、审视它、凝望它的角度，看故都的角度。我相信同学们真的懂得了。五幅画面，你最喜欢哪一幅？请选择一幅进行鉴赏，稍作准备，可以讨论。

（学生讨论。）

生：我最欣赏秋院图中第三段里的这一句，"朝东细数着一丝一丝漏下来的日光"。我觉得"一丝一丝漏下来的日光"中的"一丝一丝"和"漏"这两个词语用得比较好。因为日光本来是没有形态的，现在用"一丝一丝"和"漏"这两个词语，就把它写得像有了一种具体的形态，又显得日光比较真实，可以更好地让人感受到这种日光的温暖。

师：我想采访一下，你选择了自己喜欢的一段文字，这是从什么角度去鉴赏的？

生：我是从炼字的角度鉴赏的。

师：在鉴赏的过程当中，我们感受到，日光是抽象的，最难状写的便是这抽象的所在。有人说："画龙画虎难画骨。"骨是风骨，是风采，是神韵，是抽象的所在。日光，如何表达？正是借助这样的炼字，这样的数量化，这样的小，这样的清，这样的静，可以做一种宏观的把握处理。

生：我选择的也是这一段，"你也能看得到很高很高的碧绿的天色，听得到青天下驯鸽的飞声"。我是觉得听得到青天下驯鸽的飞声，因为前面的天色是静态的，而"飞声"听得到，是动态的。这运用了以动衬静的手法，写出了秋季幽静的特点。我是从动静的角度来分析的。

师：表达得非常完整，富有逻辑性。这五幅画，配上人们独特的印象，倾听青天下驯鸽的飞声，这就是老北平，这就是故都。

生：我是从色彩的角度进行赏析的，如"很高很高的碧绿的天色"，还有灰色的驯鸽，以及"静对着像喇叭似的牵牛花的蓝朵"。作者认为"蓝色或白色者为佳，紫黑色次之"。作者在描写庭院的时候多选用青、白、蓝、灰等冷色调，与他的内心主观情感自然融合，完美地交融与统一。

师：真好！非常精到的解读，理解了色彩。如此冷色调的画面，是他对故都的不舍眷恋，清、静、悲凉。"静对着一种花"，这种花的名字叫——

生：牵牛花。

师：它还有另一个名字，朝荣。这让我想起另外一种花。紫式部是日本的一个女作家。日本文化深受中国文化的影响。紫式部的一部书叫《源氏物语》，其中有个回目就是一个女子的名字，叫夕颜，你们猜猜这两个字怎么写？夕颜，朝荣。

生："夕"是"夕阳"的"夕"，"颜"是"容颜"的"颜"。

师：能猜出这位女子的相貌吗？在大内深宫有这样一位女子，她叫夕颜，她的容貌一定是——

生：闭月羞花，沉鱼落雁。

（大家善意地笑。）

师：一定是闭月羞花，沉鱼落雁，非常典雅的表达。她的命运呢？

生：在深宫中，独自度过一生，非常孤寂。

师：这就是语感。这就是一种文化，一种表达，一种积淀。朝荣，就是牵牛花，能不能猜出这种花的生命长度？

生：我认为生命比较短暂。

师：能不能具体一点？多少小时？

生：十二小时。

师："寄蜉蝣于天地，渺沧海之一粟。"有一种生命，有一种昆虫，朝生暮死，叫作蜉蝣。有一朵花，朝生夕死，它的名字叫朝荣。牵牛花静对着一个人，一位诗人，一位散文家，一位才子。郁达夫静对的正是这样一种花，他读出了怎样的生命感？

生："或在破壁腰中，静对着喇叭似的牵牛花（朝荣）的蓝朵，自然而然地也能够感觉到十分的秋意。"

师：这是怎样的使命感？

生：蓬勃。感觉到早晨开放的时候，生命的蓬勃。

生：我觉得是生命的短暂、转瞬即逝，以及对生命有一种悲哀。

师：若要用书上的词是——

生：悲凉。

师：我再追问一下。在1934年郁达夫读出了故都的悲凉。在20世纪的四十年代，一个红透上海滩的才女作家、传奇作家——张爱玲，对于那样的乱世、那样的时代，对于上海，对于沦陷的香港，对于她自己的生命与爱情，她读出的不是悲凉，而是苍凉。多么不同，你喜欢的词是——？

生：苍凉。

师：为什么？

生：悲凉主要谈到的是悲而苍凉，强调一种孤独的味道。

师：程度更深。郁达夫为故都的秋画了五幅画，当然用的是他的文字。你喜欢哪一幅？为什么？

生：我喜欢秋雨图，它首先是对秋雨的描写，"忽而来一阵凉风，便息列索落地下起雨来了。一层雨过，云渐渐地卷向了西去，天又青了，太阳又露出脸来了"。从一个个"又"字，可以看出故都的雨忽来忽去的特点。在这样的背景之下，郁达夫又写了在雨中都市闲人穿着青布单衣或夹袄，咬着烟管，站在桥边，然后用缓慢悠闲的声音，微叹着，互答着。可以看出故都闲人那种闲适的特点。

师：咱们暂且就前面的一部分做探讨。你刚才关注了拟声词，你能复述一下吗？写雨的拟声词。

生：息列索落。

师：拟声词就这样活泼着，跳跃着，活跃在文字里。拟声词、感叹词，入诗、入文都需要艺高人胆大，剑走偏锋。大家还记得李白的《蜀道难》吗？开篇便是三个感叹词，齐背。

生（齐背）：噫——吁——嚱——

师：开篇是三个感叹词，构成了全诗的一种精彩。郁达夫写故都的秋雨，用的拟声词——

生（齐答）：息列索落。

师：再说快一点。

生（快速）：息列索落。

师：最后一遍。

生：息列索落。

师：你还关注到了一个词，非常细致。"又"是什么词性？

（生有些犹豫。）

师（引导）：修饰动词、形容词的叫副词。能够关注到副词的孩子，是有一颗诗心的孩子，是懂得欣赏的孩子。句子的主要成分是主、谓、宾，附加成分是定、状、补。在表情达意上哪一个更重要？

生：定、状、补。

师：他抓住了，也感受到了。请同学们继续说，郁达夫为故都用漂亮精当的文字画了五幅秋景图，你读出了什么？

生：我选择的是本文的第4段，就是秋槐图。我认为它是秋槐落蕊图，这里最重要的手法就是视觉与触觉的结合。"脚踏上去，声音也没有，气味也没有，只能感出一点点极微细极柔软的触觉。"这是其触觉。"扫街的在树影下一阵扫后，灰土上留下来的一条条扫帚的丝纹，看起来既觉得细腻，又觉得清闲"，这是它的视觉。触觉与视觉相结合，生动形象地写出了秋槐落蕊图的曼妙。这不能说是曼妙吧？

师：为什么不可以是曼妙？这么好的词语，当然你还会有更好的词。

生：因为如果用一个形容词来修饰的话，这个形容词需要与情感挂钩，但是"曼妙"与这一段话的情感，我感觉不是太搭。

师：与景语契合，无关情语。读到深处，就读出了故都的秋深沉的所在。

生：老师，请允许我请教您一个问题。（大家都微笑）老师，我很有些疑问，就是他脚踏上去，声音也没有，气味也没有，我想他为什么要说声音也没有气味也没有，为什么不把这些话直接省去？如果这样写："脚踏上去，只能感出一点点极为细致柔软的触觉"，您觉得这样和原文比起来如何？

（大家都笑了，为这样的质疑鼓掌。）

师：他在强调，用一个倒装句强调，声音也没有，气味也没有，无声无息，那么细腻、那么缠绵，故都的秋思。我想问问你，你听过这样的儿歌吗？"槐树槐，槐树底下搭戏台"。

生：略有耳闻。

（大家笑。）

师：读过老舍或林海音的作品吗？

生：读过林海音的，读过《城南旧事》。我感觉这本书的风格跟这篇文章有几分相似。

师：他们为什么相似？林海音后来到了台湾，在台湾写的《城南旧事》。郁达夫生于斯、长于斯，当然与他有10年的日本留学的经历有关，为什么写起来相似？郁达夫，男性也。林海音，女子也。最终殊途同归。为什么？

生：因为两个人的人生经历有一定的相似性。比如，林海音最后到了台湾，她是远离故土的。而郁达夫，您刚才说到，他去留学了一段时间，也会对故都产生真切的思念之情。所以我感觉他们有同样的思念之情，造就了非常相似的风格。

（大家鼓掌。）

师：很有辩才，颜值、才华都可以担当了。我想追问一下，不是写秋吗？不是1934年北平的秋吗？在那样的乱世，郁达夫作为江南才子来到了北平，他写秋的落蕊是这种声音和气味。在唐代安史之乱中，杜甫也曾经写过秋天。他不写落蕊，而写落叶。他这样写，"无边落木萧萧下"，为什么？你更喜欢哪一种？杜甫的《登高》，是唐人七律的压卷之作。"无边落木萧萧下，不尽长江滚滚来"，你可以比较异同，可以谈你更喜欢哪种描写，为什么？

生：我想比较一下两者的异同。我们来看看第4段，"脚踏上去，声音也没有，气味也没有，只能感出一点点极微细极柔软的触觉"。在读到这一段的时候，我觉得作者描写得非常温柔、非常细腻。你们想象一下，灰土的地面，上面铺着秋槐的落蕊，本来就有小小的凄清萧瑟在里面，而且给人的感觉是极微细极柔软的。在这一段中，作者的心情是温柔中带着一点萧瑟，所以说我在读这一段时感觉这个场景非常温柔、非常和谐。而在读杜甫的"无边落木萧萧下"的时候，我就在想"无边"指没有边际，而"萧萧"有一种声音。叶子比较枯涩、凄凉，所以无边的落木，没有边际，给人一种非常苍阔的感觉，非常苍茫，非常广阔，那个拟声词用得非常好。虽然他们表达的主旨情感一个偏向温柔中带些萧瑟，一个偏向苍茫，但我觉得他们两个都非常好。

（鼓掌）

师：不仅出拳很快，而且语惊四座。同样的家园情怀、家国情怀。杜甫是无边的，是沉郁顿挫的，那是诗圣。郁达夫是温柔的，柔情似水，这是故国之恋，这是故都之恋，这是一首深情的歌。

生：杜甫的诗"无边落木萧萧下"，这首诗描写的是秋天的落叶，所用的词"无边"比较宏大，而且寄托了作者内心的苦闷。而这秋蕊图，它的描写就比较细腻。我能不能说都喜欢，老师？

师：当然可以，世间的美本就多种。一种叫阳刚之美，得阳刚之美者，如雷如霆如长风出涧。有阳刚美，也有婉约美，

生：如烟，如霞，如幽林曲涧。

师：过耳不忘。所以，世间最大的美，阳刚与阴柔之美，都可以喜欢！世间的美有百媚千红，你可以爱任何一种！

生：我就认为杜甫的诗，它的长处在于写景的层次比较宏大，比较有气魄；这篇文章的秋蕊图，它胜在描写比较细腻，所以我认为这两个都值得欣赏。

师："宏大"一词多好。因为这里有家，有国，有他人，有忧患，有担当。于是杜甫是诗圣，辽阔的，无边的，宏大的，深厚的。郁达夫有他的缠绵、温柔，有他的剪不断，理还乱。郁达夫为故都的秋，用他精美的文字，画了五幅秋景图。这就是故都，他不写巍巍的万里长城，他不写明清两代故宫，他不写九个充满诗意看尽了我们民族苦难沧桑的城门。

生：我更喜欢秋蝉图。从意象赏析，我记得唐代有诗为《咏蝉》，如骆宾王在狱中也曾写过《咏蝉》。自古以来，人们认为蝉是饮露而生的。蝉被视为一种高洁的象征。而且人们认为秋蝉的寿命只有一夏，极为短暂，所以说秋蝉这个意象有一种凄凉的意味。通过意象就更能体会到作者对秋的凄凉的感慨，对这种人生时光易逝的惋惜，还有对故国之秋的悲凉。尤其写作背景，因为1934年距离"华北事变"的时间也不远，当时的日本已是磨刀霍霍。在此情景下，作者的家仇国恨，那是更深的一层。而且我记得郁达夫三岁丧父，然后两度离异，两度丧子，人生经历不可谓不悲摧。所以，他可以用秋蝉来象征自己，用秋蝉的意象来衬托自己的这种感情。

师：他对于传统意象的理解太棒了！我们的祖先认为，蝉可以死而复生。大家会写"禅让"的"禅"吗？尧舜禹禅让制的禅，什么偏旁？（一男生在黑板上写出"禅"）其实就是由蝉而来，他们希望世世代代，无穷无尽，禅让下去。我们的民族

是一个视死如视生的民族。在我们的丧葬习俗里，死去的人嘴里会含着玉蝉。离别诗的千古绝唱，莫过于柳永的《雨霖铃》。它的开篇便是"寒蝉凄切"，不见其人，先闻其声，用这样的声音造境。故都的秋，有这样独特的声音，是青天下驯鸽的飞声，故都的秋有这样独特的声音，便是那秋蝉。刚才这位男同学一是从传统意义上入手，二是他说了最深刻的话，惊为天人，精彩绝艳。他说这座城就是郁达夫。所有的解读都要融入自己生命的体验、自己独特的烙印，人们称之为才华。

生：我比较喜欢秋槐落蕊图里的意象。

师：非常忠贞，非常痴心。

生：大家请看他在这里选择的意象，他在写了落蕊之后没有继续写槐树，而是写扫街人在灰土上留下的丝纹。扫街留下的丝纹，极富生活意蕴。可以看出来北平的人在杂草庭院中的感触。我们在细节上可以看到郁达夫在人生的悲凉中对生活还是有热爱和留恋的感觉的。

师：说得多好。这里他感受到的是生活的气息，是市井的味道、世俗的味道、烟火的味道、家人的味道。它不是天国，不是乌托邦，不是伊甸园，它是我的家园，它是我的家国，那是我的家啊！我们的民族安土重迁，对于我们这个民族而言，家是至上的，那份血亲，那份温暖，那份人伦之情。哪一段在写什么的时候反复地提到家？

生：我看到的是第五段中最后一句话，"简直像是家家户户都养在家里的家虫"。

师：这个家虫是什么？

生：蝉。

师：我们知道六畜，太牢，祭祀三牲，猪牛羊，马拉车，鸡在飞，狗在跑。这是农耕民族的温馨、温暖，但独独没有听说，还有一个叫家虫的。家虫是什么？是蝉吗？是蟋蟀。北平故都又有一种声音，它吟唱了百年，吟唱了千年。从洛水之滨到蓝田日暖，就是那只蟋蟀。为什么称它为家虫？《豳风·七月》："七月在野，八月在宇，九月在户，十月蟋蟀入我床下。"从原野，到屋檐下，到家里，最后亲切地来到我的座席下。床，席也，理解为卧具。

师生（齐背）：七月在野，八月在宇，九月在户，十月蟋蟀入我床下。

师：蟋蟀唱响的是乡愁。它是我们民族的家虫，多么美好，多么天人合一。大家一定知道，《百家讲坛》有位易中天教授，他有一本书，名字叫《读城记》。他说北京是一个田园的城市，这里有树，这里有家虫。蟋蟀的叫声，驯鸽的叫声。和平鸽。我们是一个热爱和平的国度，即使是小小的蟋蟀也是我们的家虫。

师：郁达夫不仅写了《故都的秋》，还写了《北平的四季》。请朗读，体会语言特点。

生（读）：秋高气爽，风日晴和的早晨，你且骑着一匹驴子，上西山八大处或玉泉山碧云寺去走走看；山上的红柿，远处的烟树人家，郊野里的芦苇黍稷，以及在驴背上驮着生果进城来卖的农户佃家，包管你看一个月也不会看厌。

师：他对北平的四季，对北平是什么样的情感？

生：他热爱北平。因为这段描写的就是北平农家生活和日常农民生活的一种情形，我读到很强的生活气息。郁达夫的这一段文字，表现了日常生活中北平这些百姓的生活，从而表现了他对生活中这些细节的热爱。

师：非常独特的交通工具是什么？

生：驴子。

师：读老舍的《正红旗下》，我们会看到这是一个独特的交通工具。骑一匹驴子出城了。城外也是绿水青山。

师：江南的冬景又是如何呢？

生（读）：到得冬天，不时也会下着微雨，而这微雨寒村里的冬霖景象，又是一种说不出的悠闲境界。你试想想，秋收过后，河流边三五家人家会聚在一个小村子里，门对长桥，窗临远阜，这中间又多是树枝槎桠的杂木树林，在这一幅冬日农村的图上，再洒上一层细得同粉也似的白雨，加上一层淡得几不成墨的背景，你说还够不够悠闲？

师：上声读得真到位，平平仄仄的美丽在朗诵当中尽显。读音标准，字正腔圆，加上一层淡得几不成墨的背景，都正好，这是江南。辽阔的祖国大地，杏花春雨的江南，铁马秋风的塞北，都是我的爱，都是我魂牵梦绕的地方。

元代有个画家，他叫倪瓒，又叫倪云林。请大家思考一个问题，倪瓒，汉族画家，汉族知识分子，生活在元朝。在那个等级制度森严、压制读书人的时代，画家用画笔书写他内心的世界，书写那份苍凉，那种冷到骨子里的东西。观察这幅图，模仿郁达夫，为《林亭远岫图》写上两三句话。这是一个水不流花不开的世界。

（生仔细观察图画，认真思考。）

生：画面上有岩石，还有一个亭子，从岩缝中长出来几株树。

师：你描述了画面，现在请用非常接近郁达夫的语言来表达。

生：几株枯树牢牢地扎根在岩缝之中，倔强地向上挺立。远处一座孤寂的亭子，静静地兀立在那里。

师：可以！亭子，亭者，停也，谁停？人停也，有人吗？

生：没有。

师：空无一人，如此空寂。

生：走在水边，悻悻然，这边是冷漠的石，石上是树。枝叶稀疏，它们没有冷漠，没有悲欢。远处是一座空亭，上面是茅草盖子，下面是四根枯涩的柱子。这边是石，那边是石，中间起伏、转折。不远处是水色，有秋色，萧瑟的秋季在这时体现得最完全。

师：我曾经想说倪云林是大孤独、大寂寞者。他生活在那样的时代，现在我想说你是他的知音，那么多精当的词语！"没有……没有……"那两个句子用得真好，真正的悲哀，"哀莫大于心死"，写出荒寒感、苍凉感。真是诗一样的语言。

孩子们的心灵最接近诗，最接近画，诗画本同源。好，刚才有一位同学谈到都市闲人。在秋雨图中，郁达夫说，他们是都市闲人。先说都市闲人的穿着。

生（读）："着着很厚的青布单衣或夹袄的都市闲人"。

师：因为这是秋天，衣服的薄厚不重要，重要的是颜色。什么颜色？

生：青。

师：请问，青是什么颜色？黑色。好，偌大的北平，在古老的都城，人们穿着青布衣服。请注意细节，都市闲人唯一的道具。

生：烟管。

师：烟管，什么烟？

生：可能有袋子的那种烟。

师：可能是旱烟。

生：可能还是用纸卷的。

师：纸卷的烟，那个时代太遥远，像是上海滩，不是老北平。可能是旱烟管，可能是——

（生犹豫。）

师：想不到是吧？水烟袋。那么烟锅里装的有可能是烟丝，还有可能是——

生：可能是大烟。

师：大烟是一种通俗的说法。文中是说他抽着烟管吗？

生：咬着。

师："咬"是怎样的动作？为什么说"咬着烟管"？

生：咬不是很用力，这体现了一种非常悠闲的感觉。

师：很随意，很悠闲，很潇洒。拿着鸟笼子，迈着八字步。偌大的北平城，偌大的故都，都市的闲人，他站在哪里？请细读书。

生：他站在桥头树影里。

师：桥头树底下。

生：站在雨后的斜桥影里。

师：他穿着青布单衣，咬着烟管，在桥头树的影子里。都市闲人真的很悠闲吗？写出了故都人的那份悠闲自在，他怡然自得吗？这是桃花源吗？我的故国！我的母亲之邦，真的很悠闲吗？

生：我认为是日本人侵华时期，那时候应该是一片战乱，导致他们都失业，无事可干，是被迫的。

师：闲是被迫的。条分缕析，闲是被迫的，非常精彩的表述，还有补充吗？

生：鲁迅先生说过那个时代的人还是比较麻木的，我觉得他们是一种麻木的心态。

师：一种麻木感。还记得鲁迅先生有一部杂文集叫《三闲集》，真的很闲吗？是麻木。一是被迫，二是麻木。都市闲人，我的兄弟姐妹，我的父母家园，也许他就是我们的父亲，我们的哥哥，我们的祖父吧！读出第三闲了吗？一份愚昧，一份被迫的闲散！此闲不是真正的闲，这是一种沉痛的话语。

生：我认为他们还有一种比较迷茫的心理，比如说遇到困难。联系现实生活，烟管可能就是他们不愿意丢弃那种生活的唯一凭借。再联系一下当时的背景，日本侵华的时候，当时的国运比较衰落，局势比较动乱，人们都感觉自己在这种战争中非常渺小，也都产生了迷茫，进而变成这样的悠闲。

师：非常快的表达。烟管成了某种象征，他读出来了，读出一个民族的无奈。

生：我觉得可能是他们的家人，或者说是孩子，在工作中遇到了一些事情，他们自己内心感到非常悲痛，因此感到无所适从。因为这种悲痛，感觉自己做什么事情都没有希望，所以他们就表现得很闲。

师：鲁迅的一部小说集的名字是《彷徨》。读书要有想象力，也许每个人都有自己的故事。他的家人，是悲剧的那种无奈、那种彷徨。

生：我不清楚自己说得是否正确。我曾读过《四世同堂》，是老舍先生写的。他写的北平人的闲不仅因为这两个方面，还因为北平整个城市就有这种文化，这种城市文化比较清闲，比较与世无争。所以说闲人，我觉得应该有一种文化层次。北平的城市文化，造成北平人闲适的性格。

师：这是城市的性格，是一种文化的积淀，这种积淀是八旗子弟那种无奈的闲。有人说郁达夫是一个忧郁的文人才子，《故都的秋》写出了他深深的忧郁。他的成名作《沉沦》是自传体小说。主人公在异国他乡，作为一个弱国的留学生，遭到侮辱与践踏，最后沉海自杀。这是小说中的郁达夫。同学们可以告诉我，《故都的秋》仅仅有小我吗？当然不是。还有——

生（齐）：大我。

师：家国。为什么要叫"故都的秋"，为什么不叫"北平的秋"？1931年九一八事变后，日本迅速占领东北。1933年万里长城第一关山海关被攻破，此文写于1934年。"四面边声连角起"，我的故国，生生世世，生于斯长于斯的地方。有那么多的人，他们是都市闲人，他们不知道有这样的忧患，不知道已兵临城下。它不叫北平，而被称为故都。"故都的秋"比"北平的秋"好在哪里？

生：我认为"故都的秋"，首先点明了这个地方，大家都知道故都就是北平。其次，它蕴含了作者内心对故都的一种深切眷恋之情。他肯定是非常希望把失陷的国土收复回来。最后，我觉得故都能体现出深厚的文化底蕴，有一种历史厚重感。

师：谈得非常好，一种情感叫"故"。故人，朋友，情感所系。"故都"不仅是一个空间概念的北平，而且是时间内容的空间化、空间内容的时间化，它有一种时空的融合。正如唐诗的七绝压卷之作——王昌龄的《出塞》，开篇是"秦时明月汉时关"，时间内容空间化，空间内容时间化，大开大阖。那份眷恋，那种情怀，那种开阔，当然故都好于故国，好于北平。

师：在《黍离》里有这样几句话，"知我者，谓我心忧——"

生（齐）："不知我者，谓我何求。"

师：悠悠苍天，此何人哉？这段文字出自一篇散文《怀鲁迅》。

生（齐读）："没有伟大的人物出现的民族，是世界上最可怜的生物之群；有了伟大的人物，而不知拥护、爱戴、崇仰的国家，是没有希望的奴隶之邦。"

师：这一段的语言风格和《故都的秋》一样吗？

生：我觉得不一样。

师：但是我可以告诉你，这段文字的作者是郁达夫，这段文字的风格是什么？

生：我认为比较犀利，比较直接。

师：犀利的，直接的。满腔的愤懑，如铁如血，滚烫着，翻滚着，这是郁达夫。他既可以菩萨低眉如《故都的秋》，也可以金刚怒目如《怀鲁迅》，他怀念的是我们的民族魂——鲁迅。这段话又何尝不是他自己人生的座右铭，甚至是墓志铭。

生（齐读）："没有伟大的人物出现的民族，是世界上最可怜的生物之群；有了伟大的人物，而不知拥护、爱戴、崇仰的国家，是没有希望的奴隶之邦。"

师：好在21世纪的今天，你们懂得郁达夫！

如果是一部电影，结尾处我们要加上这样几行字，触目惊心的几行字。1934年郁达夫写就《故都的秋》。三年后，北平沦陷。十一年后，郁达夫于苏门答腊丛林舍生取义。他既有看云的闲情，又有热血的肝胆，也有中国士大夫的担当。如李大钊先生所说，"铁肩担道义，妙手著文章"。十八年后郁达夫被追认为革命烈士。这就是《故都的秋》，永远的故都、故园、故人，我们的家园。好，下课。同学们，再见！

生（鞠躬）：老师再见！

二、巍巍汤汤的古代音乐文化

——执教《伯牙鼓琴》

（人民教育出版社统编语文教材六年级上册第七单元）

时间：2019年11月16日
地点：中国教科院北京市朝阳实验学校
整理：山西省静乐县第一中学校　胡艳

图37　北京，与孩子们一起读《伯牙鼓琴》

师：同学们好！

生（鞠躬）：老师，您好！

师：请坐！今天我们学习的一篇课文是古文，选自《吕氏春秋》。这篇文章似乎有个题目叫——

生：伯牙鼓琴。

师：大家想过没有，它真的是这段文字的题目吗？

生：不是。

师：那咱们就说说理由吧！

生：我觉得这段文字的上半段讲的是伯牙鼓琴，而后半段讲的是锺子期死后，伯牙把琴破了。我觉得"伯牙鼓琴"不能总结全文。

师：纵观全文得出结论，"伯牙鼓琴"居然不是题目，会读书。还有其他的理由吗？同学们接触过《诗经》吗？诗经三百首，第一篇前两句是"关关雎鸠，在河之洲"，这首诗的名字叫"关雎"。再体会，晚唐有位大诗人叫李商隐，李商隐有一首诗题目叫"锦瑟"。这个题目是怎么来的呢？第一句是"锦瑟无端五十弦"。董老师举两个例子，然后想想看"伯牙鼓琴"是否是这段文字的题目，理由是什么。

生：我认为不是，因为一段文章的题目是要概括文章大概讲述的事情的，但是这篇古文讲述的是伯牙与锺子期之间的友情，锺子期死后伯牙破琴绝弦。但是"伯牙鼓琴"可能讲的是伯牙在很多时候都在鼓琴，也许是许多篇章的总称，而不是这一小片段的题目。

师：会提炼论点，会寻找论据，高度概括，真是一个有一点研究者态度的小天才。其实同学们说的对，董老师想补充一点，在中国五千年灿烂的文化当中，在曾经的岁月里，诗是没有题目的。题目是从哪里来的？第一句诗的关键词便是题目，如"锦瑟无端五十弦"，这首诗的题目叫"锦瑟"。"关关雎鸠，在河之洲"这首诗的题目是在第一句诗中提炼出的关键词——"关雎"。"蒹葭苍苍，白露为霜"，它的题目又应该叫什么？

生：蒹葭。

师：反应非常快，这是中国古诗文的一脉风流。无题之题之伯牙鼓琴，我们是否可以为《吕氏春秋》的《伯牙鼓琴》取一个漂亮的题目？《吕氏春秋》的作者是吕不韦及其门客。吕不韦是一个非常自负的人，他说：我的《吕氏春秋》如此多的文章，谁若能改一个字，我就给他——

生：千金。

师：很好，这里的金是铜铸货币。我以千金赠之，多么自负。《吕氏春秋》，又名《吕览》，就这样灿烂着，就这样辉煌着，带着我们民族、我们汉语的无比的芳华与骄傲。两千多年后的今天，同学们，小小的你们来做最大胆的尝试，为《伯牙鼓琴》补写一个漂亮的题目，好吗？一会儿把自己的题目写在黑板上，工工整整地庄重地写上，大家可以互相讨论。

（学生们积极讨论，老师参与并引导。）

师：谁愿意去写呢？

（学生们纷纷举手。）

师（鼓励）：所有举手的同学都去写吧！老师就不一一请了，用最快的时间把题目写在黑板上。

（学生们立刻在黑板上写下自己所起的题目。）

师：在座的同学也可以积极思考，随时补充。

（学生们写好题目回到座位。）

师：同学们，我们一起来欣赏黑板上的题目，这是实验学校六年级的孩子们为两千多年前的《吕氏春秋》中一段绝美的短文起的题目。（指向"知音难觅"的题目）请这位同学解说。

生：我觉得这段文字讲述的是伯牙寻找知音，后来知音病逝，伯牙最后破琴绝弦的故事。我觉得伯牙寻找知音非常难，所以定了"知音难觅"的题目。

师： 高于题目很多，原题目为"伯牙鼓琴"，就是文章的第一句话，是非常具体的人，伯牙；一件非常具体的事，鼓琴。抽象，没有升华，没有诗意，没有想象的空间和弹性。这位女同学将这段文字高度概括成"知音难觅"，不是单方面的，她的头脑中具备了双向的思维。知音，既指俞伯牙，又指锺子期，他们是怎样的关系呢？千古难觅的知音，知音难觅，会起题目。

师（读其中一个题目）：**"伯牙绝琴"。"鼓琴"只是事件的开端，那么"绝琴"是事件的——**

生： 结果。

师： 这是结局，一眼看穿，从头至尾，这是阅读的穿透力。会读书的孩子才会望到结局，而不是停留在开始。

师（读一标题）：**"伯牙失知音而绝弦"。非常典雅的文言句式，这是哪位小朋友想到的？**

（两位男生举手。）

师： 除了这两篇古文外，你们还读过其他的古文吗？

生： 《杨氏之子》。

师： 我从你们所起的非常典雅的、具有文言句式的题目看到你们的阅读量。一个人的精神成长史、一个人的语言感悟力中藏着他的阅读。这是漂亮的长句。（看向黑板）有的同学起的题目非常简练，哪位同学起了"知音"的标题？

（一女生举手。）

生： 因为在伯牙鼓琴时，没有人能够听懂他琴中的意思，只有锺子期，一个柴夫才可以听懂，于是锺子期就成了伯牙的知音。

师： 这位女同学过滤了所有具象的内容，人物、时间、地点，还有事件，全都省略了，只升华成了一个词——知音，足矣！非常抽象的名词，非常洗练的表达。我们的母语——汉语就是那样洗练。五言绝句，正文多少个字？二十个字，是最难写的。小令不超过58个字，诗人余光中赞美中国的女性，"翩翩，你走来。……从姜白石的词里，有韵地，你走来"。激荡的就是删尽了赘余之后的两个字。知音，很好。

找出带叠词的那两句话。何为叠词？一个词，反复地说，如"寻寻觅觅，冷冷清清，凄凄惨惨戚戚"。

（学生从文本中寻找词语，并认真勾画。一女生迅速找出，并高高举手。）

师：反应得真快，语感真好！

生："善哉乎鼓琴，巍巍乎若太山！""善哉乎鼓琴，汤汤乎若流水！"

师（鼓励）：可以读得再清晰一些。

（生再读一次。）

师：泰山之高的叠词是——

生（齐）："巍巍"。

师：流水浩荡的叠词是——

生（齐）："汤汤"。

师：同学们，汉语独有的现象之一，便是叠词。《诗经》是中国古代第一部诗歌总集，那来自平原的小合唱，那来自皇天后土的诗歌，曾经为状写事物的形状固定了一些叠词。描写杨柳是——

生（两女生齐）："杨柳依依"。

师：这就是知识面。杨柳一定是"依依"。雨雪，一定是——

生（一女生柔声）："雨雪霏霏"。

师：真的难不住你们。古人在春天看到柳树，他说"依依"，冬天来了，刮风了下雨了，于是有"霏霏"。看到太阳呢？看到桃花呢？

师：读一读，一人一句。

（生轮流读，师纠正读音。）

师：太阳升起来了，日出用什么叠词呢？

生（齐）：杲（gǎo）杲。

师：杲，这个字非常会意。木，树也。太阳照在树梢之上，金色的朝阳。蒹葭是什么样子的呢？

生：苍苍。

师：这就是一种思维方式。同在春秋战国时期的《吕览》，在这篇文章当中为中国的文学奉献了两个叠词。这两个叠词是太山"巍巍"，流水"汤汤"。积累叠词，可以让我们的汉语、我们的表达、我们的心灵更具有诗意与美好。我们齐读这两句话。

生（齐）："善哉乎鼓琴，巍巍乎若太山！""善哉乎鼓琴，汤汤乎若流水！"

师："乎"相当于楚辞中的"兮"，现代汉语中的"啊"，助词。所以在读的时候，附着在前一个词之后，非常成功，具有音韵美，可以拉开声调。有的时候语气助词、感叹词也可以用来写诗。如，诗仙是谁？

生（齐）：李白。

师：青春的盛唐，青春的李白，他写起诗来是这样的，艺高人胆大，剑走偏锋，一句诗皆用感叹词，"噫吁嚱，危乎高哉！蜀道之难，难于上青天"。他干脆用三个感叹词，成就了一个独立的诗句。开篇的三个感叹词——

生：是"噫吁嚱"。

师：好孩子！只有全神贯注，只有自己的心灵接近诗的时候，才是过目不忘的，才是听了就不忘的，才是长在自己的精神血脉中的，"噫吁嚱"，我们一起读——

（师生齐读。）

师：李白感叹的是来到了蜀地，看到了高山，如此高山仰止的境界。"乎"是一个了不起的助词。读的时候要放在前面的词后面，留一个长长的停顿。

师（深情朗读）："善哉乎鼓琴，巍巍乎若太山"。

师生（齐读）："善哉乎鼓琴，汤汤乎若流水"。

师：读得漂亮！何谓"太"？孩子们看我写这个字，（师用手指在空中书写）这是大，比"大"还大那么一点点。理解了吗？

生：理解了。

师：泰山是五岳之首。泰者，太也，这是泰山。李白是我们的骄傲，李白，字太白。你那么专注地看着我。

（将话筒递给一位女生。）

生：李白，字太白。

师：为什么？

生：因为他的技巧很高，所以他做的事每一件都像泰山一样。

师：有道理，很有想象力，但是董老师想告诉你一件事，古人的名和字之间是近义词。李白，字太白，太白就是非常白，很白，白的N次方。

（生笑。）

师：南宋的抗金名将岳飞，他的名字叫飞，他的字是鹏举。什么是鹏举？就是大鹏高飞。伯牙鼓琴锺子期听之，听出了什么吗？听出了"若太山""若流水"，听出了"巍巍"与"汤汤"，你可以造出叠词吗？

（生纷纷举手。）

师（走到两女生前）：你们两个石头剪刀布，如何？谁赢了谁回答问题。

（生笑。）

生（赢了，高兴地）："善哉乎鼓琴，悠悠乎若微风"。

师：悠悠乎若微风。思悠悠，荡悠悠，风中有情。

生："善哉乎鼓琴，绵绵乎若细雨"。

师：绵绵的细雨，一定是春雨吧？"天街小雨润如酥"，那份温情与感动，那份蓬勃与天真。还可以再说。

（生又纷纷举手，且举得高高的。）

师（笑，走到一组女生前）：我们手心手背。

（生开心地玩手心手背游戏，都笑了。）

生："善哉乎鼓琴，皎皎乎若明月"。

师：皎皎明月，来自《诗经》，如此古雅，曾经照亮中国月下第一美人。是在《诗经》里的哪一首诗呢？回去找来读。

生："善哉乎鼓琴，茫茫乎若原野"。

师：茫茫的原野，辽阔的原野，野性的原野。我疑心你读过杰克·伦敦的作品，他写的《野性的呼唤》，多么美好！还有吗？

生："善哉乎鼓琴，滔滔乎若江河"。

师：滔滔的江河，江河是辽阔的。潘江陆海。

师（走向后面的学生）：远方的你，永远是诗意的！

生："善哉乎鼓琴，依依乎若杨柳"。

师：依依乎若杨柳，刚刚学来就用了，什么叫学问？大量地记诵。什么是才华？自由地运用。所以你是有才华的孩子。

生："善哉乎鼓琴，悠悠乎若空灵"。

师：悠悠乎若空灵。咱们班的小诗人横空出世。他逃脱了具象，走向了抽象，于空灵之中才有生命的思考。有人说，如果用一个形容词来形容王菲的歌声，那就是空灵。"空灵"在二十四诗品中是上品。你有一颗审美的心灵。

生："善哉乎鼓琴，夭夭乎若桃花"。

师：夭夭乎若桃花，此处的桃花实际上非指桃花也，是新嫁娘的意思。

（生脸红，大家笑。）

师：你的感觉真好，这样的音乐是什么？千娇百媚的。中国的新嫁娘，穿着一袭红衣，头顶红盖头，从远古走来。最中国的符号在高山流水里，在知音里，在中国的文化里。最后一个机会给谁？

（一男生快速举手。）

师：你果断地举起手，举手的姿势这么漂亮。

（大家都笑。）

生："善哉乎鼓琴，雨雨乎若珍珠"。

师：这个叠词，老师闻所未闻，见所未见。（齐笑）哪个叠词？可以创造！

生（坚定再读）："善哉乎鼓琴，雨雨乎若珍珠"。

师：懂了。雨雨！每一滴雨，所有的雨珠，"大珠小珠落玉盘"，我觉得已经远远超过了白居易，超过了"大珠小珠"四个字。"雨雨"两个字，是如椽巨笔，横扫千军。（生都笑）帅气！这么好的基础，这么好的学校和这么好的老师，培养了这么好的孩子们。

师：音乐里有多少故事？音乐的故事，化作我们民族的风雅。孔子曾经说，君子要有六艺。六艺是君子的六种基本技能，乐在其中占第几位？礼乐射御书数。

（生都举出"2"的手势。）

师：礼乐射御书数。你想成为君子吗？你想成为君子儒吗？请修炼礼乐射御书数。刘邦在夺取天下之后，在与西楚霸王项羽进行的四年的楚汉战争结束之后，载歌载舞，自己作词，自己作曲，自己演唱，自己跳舞，他说"大风起兮云飞扬"——

师生（齐读）："威加海内兮归故乡，安得猛士兮守四方"。刘邦载歌载舞，站在了历史中心的舞台之上；荆轲将要刺杀秦王，来到了易水边。送行的人不是简单地吃饭喝酒送行，而是唱一支歌为之送行。音乐家高渐离击筑，"风萧萧兮易水寒"——

生："壮士一去兮不复还"。

师：真难不住你们。"壮士一去兮不复还"，视死如归的时候，没有忘记音乐。音乐有民族魂的地位。《诗经》是中国古代第一部诗歌总集。诗三百，弦歌三百，舞歌三百。所有的诗都离不开音乐，所以叫诗歌。

师：这是一个故事，是谁在弹琴？是谁在听琴？诗和文可是有区别的，省略的东西太多了。（师朗读诗歌）"鸣筝金粟柱，素手玉房前。欲得周郎顾，时时误拂弦。"用最简单的语言表达，这是一个什么故事？

生：我觉得这是在描述周郎弹琴的样子。

师：周郎就是著名的周公瑾。"遥想公瑾当年，小乔初嫁了，雄姿英发。羽扇纶巾，谈笑间，樯橹灰飞烟灭"。那位指挥了著名的赤壁之战的周郎，24岁出任建威中郎将的周郎。弹琴的人是一个女孩。"鸣筝金粟柱"是说一个女孩在弹琴。"素手玉房前"是弹琴的地点。"周郎顾"，何谓"顾"？

生："顾"就是周郎看见了。

师：这是非常难懂的一个文言实词。"顾"，回头看。"一顾倾人城，再顾倾人国"，一回头，城市里所有的人都出来看，这么漂亮！再回首，更震撼了，全国的人都出来了。女子美不美？这次不是倾城倾国的美女回头看，也不是"回眸一笑百媚生"的杨贵妃回头看。是谁回头看呢？

生：周公瑾。

师：这位弹琴的小女孩多么调皮，多么可爱。人都言周郎英俊潇洒、玉树临风，我怎么才能让周郎在人群里多看我一眼？怎么可以？她很聪明，做了一件什么事情？

生：弹琴。

师：弹琴就可以看到她了？她怎么弹琴？

生：她会把琴弹错。

师：只有那么一个音符，她就弹错一点点。周公瑾的潇洒，不仅是在风度上、容貌上、军事才能上，还在于他深谙音律。这个音怎能弹半音？可能是上百人的皇家乐队里一个音符错了，周公瑾回头看了，小女孩得逞了。原来你是如此样子，我就弹错音，"时时误拂弦"。这就是风雅，这就是音乐的故事。正面描写终有尽，侧面描写无穷无尽。这是一个故事。知道王维吗？

生：知道。

师：请介绍王维吧！他是哪个朝代的诗人？

生：唐代的。

师：他擅长写什么诗？边塞诗？山水田园诗？

生：我觉得是山水田园诗。

师：直觉很好。官至右丞相的王维，又被称为诗佛。他的诗写得字字入禅，句句都有禅意。王维的诗，"诗中有画"。有人曾给他呈上一幅画，画中有位乐师在弹奏《霓裳羽衣曲》，这是唐代著名的一支曲子，据说是李隆基写给心爱的杨贵妃的。王维看了会说什么呢？

生：王维一眼就看出，乐师弹奏的是哪一小节哪个音。

师：王维就看指法，就读出来乐师弹的是《霓裳羽衣曲》第三叠第一拍。所有人都觉得神奇，认为不可思议。在风雅的盛唐，在那个时代，遍地都是通音律的人，随便可唤人来演奏。那指法的确是《霓裳羽衣曲》的第三叠第一拍。音乐的修养是我们民族难以复制的风雅。同学们，还望你们这一代人实现超越，做有信仰的人，做有修养的、真正的中国人，做文化意义上的中国人。

你们知道哪些中国的乐器？

（生纷纷高举手。）

生：磬。

师：打击乐器。

生：筝。

生：箫。

师：横吹笛子竖吹箫，"箫声咽，秦娥梦断秦楼月"。谁最擅长在诗歌当中写笛和箫？他绣口一吐，就半个盛唐，酒入豪肠。诗仙李白，"谁家玉笛暗飞声"。

生：琵琶和埙。

师：请将埙写在黑板上。

（生在黑板上写出此字。）

师：贾平凹的作品《废都》提到了弹埙，它是失传的乐器。写得非常漂亮。什么偏旁？

生：土字旁。

师：右半部分是什么？

生：员。

师：埙是陶制的东西。在字中怎么能看出是陶制的？用土烧制，最早便是陶，后来变成瓷。瓷器对温度要求非常高，1200摄氏度之上。中国的英语如何读？

生：China。

师：从哪里来的？

生：瓷。

师：还有补充的吗？（生又纷纷举手）你们知道得太多了。

（大家笑。）

生：钟。

师：战国时的编钟，楚地的文化。

生：二胡。

师：就两根弦，就有一个交响乐队的效果，以少胜多，五言绝句，都是一样的艺术。最后一个机会给谁？

（生又高高举手。）

生：马头琴。

师：来自内蒙古草原。我国有56个民族。

生：箜篌。

生：鼓。

师：安塞腰鼓。能够把黄土地沸腾了的安塞腰鼓。

生：唢呐。

师：唢呐，特别民族。只有黄河的肺活量才能歌唱，从青海到黄海。

生：锣。

师：打击乐。如此复杂，又如此简约。最繁复而又最简单的中国民乐，他们吹奏了五千年，在这片土地上已经积淀出厚厚的文化。它的源头也许便是高山流水觅知音的伯牙与子期。

师（读）："蜀僧抱绿绮，西下峨眉峰。为我一挥手，如听万壑松。"其中有把名琴的名字——

生：绿绮。

师：绿绮。"转朱阁，低绮户"。这把琴是中国古代十大名琴之一。谁最早用它演奏了一曲《凤求凰》，于是成了中国古代绝美爱情故事的男主角？他是西汉时期写赋最有名的人，复姓司马。

生：司马相如。

师：司马相如用绿绮琴弹奏了一曲《凤求凰》，于是有了千古的爱情佳话。读书

吧，孩子们！怎么写音乐？蜀僧抱绿绮，已经从西汉，时光流转，到了唐代。峨眉山上有一高僧，中国古代的很多僧人都是学者。既然是学者，当然是礼、乐、射、御、书、数均精通。"蜀僧抱绿绮，西下峨眉峰"，他从峨眉山上来，来自中国的佛教名山之一。"为我一挥手"，听到了什么？

生："如听万壑松"。

师：这就是描写音乐描写得非常漂亮的诗。

师：同学们，你最喜欢哪个古乐器的名字？每一个名字都是诗。你有诗吗？

生：我喜欢晚唐的独幽，两个字，却让我感觉到特别神奇。

师：两个词，神秘、神奇。

生：我最喜欢的是大圣遗音。因为"大圣"这两个字不是有齐天大圣孙悟空？我认为它有战而不败的感觉、战神的感觉。

师：解读渐入佳境。"大圣"解读联想，联想想象是解读词的不二法门。

生：我喜欢的是明代的奔雷。它有一种奔腾，就是十分正派的、惊天动地的感觉。它的琴音一定是不羁和浩荡的，能给人震撼的感觉。

师：非常"高大上"的词，"不羁"。你能够非常好地运用词语，感受力也非常强。

生：我最喜欢的是春秋的绕梁。因为我记得"余音绕梁"。

师：三日不绝。她想到了一个成语。

生：我比较喜欢焦尾。我听它的名字，应该是它的尾比较厚重，声音比较沙哑。

师：想象力真好。她觉得这把琴全部的美在于它的缺陷，真是有想象力，也许它是沙哑的。实际上这是一段非常好的木头。此木在火里烧，烧的时候发出的声音，被蔡文姬的父亲蔡邕听到了。这么好的木头，被蔡邕拿来做了一把琴，这就是焦尾的来历。但是刚才这位女孩子真是了得，她不仅发现了美，而且发现了美的类型——缺陷美。残缺美是美中之美。《红楼梦》当中的女子，个个都有缺陷之美。黛玉偏瘦，香菱长了一颗红痣，晴雯有点水蛇腰……正因为如此，她们才成为美中之美，美得真有个性，就像米洛斯的维纳斯！

生：我最喜欢的是唐代的九霄环佩。我感觉九霄就是天上非常漂亮的云彩。环佩，我记得应该是一种配饰，是由翡翠等做成的。以这两种事物命名，我觉得琴声非常美。

师：其实诗歌的难解之处就在于那份暗示和象征，需从字里行间读出来。这位女同学的解读能力，非常了得。想到九霄。九霄，若是我想，只是高远，她想到的是无限的彩霞。听觉形象瞬间打通变成视觉形象，她用通感的方式来解读，非常中国式的表达。"环珮空归夜月魂"，这是王昭君，这是翡翠之声、玉之声。我们这个民族是一个尚玉的民族，"君子无故，玉不离身"。从语言走向文化，这是根。这位同学已经抵达，很多孩子也已经抵达，非常了不起。你们处在诗一样的年龄，多读书，还会更好。

请默读课文，速读课文。伯牙在子期离开这个世界之后，破琴绝弦，他这么做好吗？

（生纷纷举手。）

生：我认为是好的。因为伯牙失去了知音，可能没有人再能听懂伯牙的琴。伯牙在弹琴的时候，锺子期能说出来伯牙心里想的是什么。锺子期去世了，就再也没有人懂得伯牙了，然后伯牙就锤把琴给砸了，也是对锺子期的尊重。

（大家笑并鼓掌。）

生：我觉得他这样的做法也不算非常好。因为知己，他就断送了自己的事业。而且，您刚才说那个时期有很多人都是擅长音乐的，我觉得不止锺子期一个人能听懂伯牙的音乐。

生：我跟他观点不同，我认为这个做法是好的。因为伯牙对音乐有很高的造诣。在这个世界上，很有可能只有锺子期一个人能听懂他弹的是什么。"如果没有人能听懂我弹的是什么，我再弹又有何意义？"所以我觉得他这样做是对的。

生：我觉得伯牙破琴绝弦这件事是没有绝对的对错的。（师轻拍肩膀，伸出大拇指鼓励。）可能有的人认为伯牙绝弦是对的，锺子期能够了解伯牙的音乐的意境，了解伯牙对音乐至高无上的追求。有的人认为伯牙破琴绝弦是错的，不应为了一个人去局限自己的思维，（师领首）有可能有更好的人会懂伯牙的音乐。

生：我和她的观点其实是一样的，就是有利也有不利，我想给她补充。有利是伯牙对知音的悼念与对锺子期的尊重，不利是那时候确实有很多人懂音乐，他不应该为锺子期做出这样一种判断。就有人会认为他很鲁莽，不要急于判断。所以有些人会认为不对，有些人却认为很好。

师：同学们都有自己的见解，建议大家回去写一个简短的小议论文。什么叫议论文？有观点，有材料。这是中国士人的精神追求，中国式的价值追求，它已经超越了功利、生命，也超越了所谓的生理层面，已经上升到审美的层面。中国有一句话叫"宁为玉碎，不为瓦全"。为什么而活着？这是一个人定位的问题。伯牙说我的生命为音乐、为美，为知音而活着。多么纯粹，这是使我们的民族精神走向崇高的故事。在先秦的百家中，在墨子的文章里，就如此活着。在沉沉大梦般的《山海经》里，大家想，夸父逐日，能追上太阳吗？放弃吗？几度风雨干渴而死，最终化作桃林。精卫填海，能填平吗？但是丹心永在。女娲造人，能造得过来吗？盘古开天地，真的能开吗？这是一种精神，不要问有用吗。那是低俗的功利。我们要问，美吗？伯牙的生命是美的，看他多么决绝，当子期离世后他——

生（齐读）：破琴绝弦。

师：用生命去殉美，这是我们民族高扬的精神旗帜，是让我们骄傲的所在。

师：大家在日后的读书中再去感受那么多的古典文化。伯牙鼓琴，锺子期听之。樵夫锺子期，一个砍柴的人，却有着这样美丽的灵魂，他懂得听，他听出了其中的美和纯粹，就是这样令人感动。同学们阅读面非常广，以后加油！几年之后，我希望还能见到你们，不一样的你们，比今天更优秀的你们。我坚信。好吧，同学们，下课！同学们再见！

生（鞠躬致礼）：老师再见！

三、以大为美，有着人格自由的时代理想

——执教《周亚夫军细柳》

（人民教育出版社统编语文教材八年级上册第六单元）

时间：2019年11月10日
地点：江苏省丹阳市华南实验学校
整理：黑龙江省牡丹江市实验中学　刘百荣
　　　黑龙江省牡丹江市第四中学　侯慧然

师（微笑）：上课。

（生起立。）

师：同学们好！

生（齐）：老师好！

师：请坐。请一名同学来读一下课题，注意断句。

生（认真）：周亚夫军/细柳。

师：停顿，可以夸张一点。

生：周亚夫/军/细柳。

师：为什么要读成"周亚夫/军/细柳"？"周亚夫军细柳"中的"军"是什么词性？

生："军"是动词。

师："军"是动词，驻军。"细柳"，这是一个什么样的所在呢？

生：驻军的地点。

师："细柳"是驻军所在的地名。

师：请同学们齐读题目。

生（齐读）：周亚夫军细柳。

师：大家课前已预习了，请同学分别来读读这些文中的字词。这位同学，请你读第一个词。

生（朗声）：彀（gòu）。

师：猜一猜，这个词与什么有关系？

生：和弓有关系。

师：怎么看出来的？

生：它的字形里面有个弓。

师：和弓有关系，这是一个动词。注释中对"彀"字的解释，为"张开"。请问这位同学，这个"彀"字的右半部分，你知道读什么吗？

（生疑惑。）

师：这其实是古代的一种兵器，读作 shū，很像矛，不同的是矛有尖，而它没有。这个字读什么呢？

生（大声）：彀（gòu）。

师：下一个词读什么？

生：骑（jì）。

师：明明是"骑（qí）"，什么时候读"骑（jì）"？

生：坐骑（jì）。

师：名词读"骑（jì）"，一人一马为骑（jì）。请读下一个词。

生：按辔（pèi）。

师：这个"辔"与什么有关系？

生：和马鞍有关系。

师：跟马鞍有关系，这个不太有道理。为什么呢？大家要知道西汉时期我国是没有鞍的。所有的马，所有骑手骑马的时候是没有鞍的。请问司马迁是什么朝代的人？

生：西汉时期。

师：那个时代会不会有鞍呢？

生：不会。应该跟车子有关。

师：和车子有关，你说得对！那么和车子的哪个部位有关系呢？

生：应该是控制马的缰绳。

师：绳子。这个字和马的哪个部位有关系呢？

生：应该是和马的嘴部有关系。

师：请读下一个字。

生：被（pī）。

师：这是通假字，披，穿着。下一个字，你也读一下吧。

生：曩（nǎng）。

师："曩"字和时间有关系，你看出来了吗？观察字形请回答。

生（细细观察）：上面有一个日。

师：曩，从前。

师：请你读下一个字。

生：轼（shì）。

师：很好。你学没学过《曹刿论战》？

生（摇头）：没学过。

师：没关系。知道宋代有个大文豪吗？他的名字是苏轼。他的弟弟呢？

生：苏辙。

师：他的父亲是苏洵。苏洵苏老泉曾经写过一篇文章《名二子说》，提到了为两个儿子起名的原因。为什么叫轼？为什么叫辙？"轼"是车子前的横木，有装饰性的作用。他希望苏轼学会收敛锋芒。

师：这篇文章的题目是——

生（齐）：周亚夫军细柳。

师：主人公是谁？

生（齐）：周亚夫。

师：《史记》是纪传体的史书，以写人为主。周亚夫是这篇传记中一个最重要的人物，题目都用他的名字来命名，"周亚夫军细柳"。同学们在读的时候会感受到，全文他只有一句台词。和周亚夫演对手戏的是谁呢？

生（齐）：汉文帝。

师：棋逢高手。司马迁写的《史记》被称为"史家之绝唱，无韵之离骚"，在塑造人物的时候，却如此之吝啬，两人对话，只有一句台词。我请两名男同学读这对话。

（两名男生读对话。）

一男生："将军亚夫持兵揖曰：'介胄之士不拜，请以军礼见。'"

另一男生："'嗟乎，此真将军矣！'"

师：大家看，"将军亚夫持兵揖曰：'介胄之士不拜，请以军礼见。'""文帝曰：'嗟乎，此真将军矣！'"第一个问题，周亚夫是将军，他见到文帝最直接的动作是什么？

生：手持兵器，行礼作揖。

师：手持兵器，这是一个非常好的词语。想想看，周亚夫的兵器在重量上是轻的，还是重的，还是超过一般兵器的重量呢？

生：应该是超过一般兵器的重量。

师：飞将军李广，汉代名将，他惯使弓和箭。他的弓，很重，据说用三百多斤的劲儿才能拉平。作为将军的周亚夫，他的兵器很重，但他用了一个什么样的动作呢？

生：持。

师：持，是用力还是不用力呢？

生（犹豫）：用力。

师："将军亚夫持兵揖曰"中"持"的动作，你觉得是用力的还是不用力的？

生：不用力的。

师：为什么是不用力的呢？

生：因为他是用手持，代表不用力。

师：在尚武时代，一位将军的风采就是如此，举重若轻，四两拨千斤。像董老师拿个麦克都会觉得很吃力，这就是差别。将军拿着这样的兵器，这样的兵器也许就是丈八蛇矛，也许就是青龙偃月刀，总之是上好的兵器。他持着兵器同时还怎样？

生：行军礼。

师：揖，是一个怎样的动作呢？这是中国古代文化的常识，"揖"从字形上看，是什么偏旁？

生：提手旁。

师：你会作揖吗？两只手是不是要抱拳呢？

（生做动作。）

师：那持着兵器作揖是不是这样一个动作？男左女右（教师示范作揖的动作）。将军出场，周亚夫于千呼万唤中出场了。浓墨重彩粗线条，只有一句话，我们齐读前半句。

生（齐）："将军亚夫持兵揖曰"。

师："持兵揖曰"，冷兵器时代的一个兵器有多重，是什么兵器？那是想象的空间，想象的弹性。怎么持？还有想象余地。接下来是一个漂亮的揖。语言是"介胄之士不拜，请以军礼见"。"介胄"是盔甲，头盔和铠甲。请问哪一个词是头盔？

生：胄。

师："介"，战甲、铠甲。将军亚夫手持兵器，潇洒作揖。此时他是一身的戎装，那盔那甲不是一般的士兵、一般的将士所能担当的。"介胄之士不拜"，对军人，我们说有不同的写法。还记得苏轼笔下的《念奴娇·赤壁怀古》吗？他写周瑜的潇洒，是这样写的："遥想公瑾当年，小乔初嫁了，雄姿英发。羽扇纶巾，谈笑间，樯橹灰飞烟灭。"34岁的周瑜指挥了一场中国历史上著名的以少胜多的战役。

师：苏轼描写的周瑜是一身戎装吗？

（生低头。）

师（微笑）：没关系。谁听出来了？

生：苏轼写周瑜写得很潇洒。

师：很潇洒，不是一身戎装，而是羽扇纶巾。这是武官的打扮，还是文官的打扮？

生：文官。

师：写轻松，写从容，写笑傲中国甚至笑傲全世界的军事史。苏子说"羽扇纶巾，谈笑间，樯橹灰飞烟灭"，这是苏子的笔法。司马迁的笔法，也是写意的，请再读一遍。

生："将军亚夫持兵揖曰：'介胄之士不拜，请以军礼见。'"

师：全班男同学尽自己最大的声音来读这句。

（男生齐读。）

师：他见到的是谁？他见到的是天子，是汉文帝，是文景之治的汉文帝，是汉初的汉文帝，是汉帝国的皇帝。你觉得周亚夫怎么样？用一个形容词。

我觉得他挺潇洒的，你觉得呢？

生：我觉得有点高傲。

师：不仅是骄傲，而且是高傲，是将军的高傲。一个民族、一个国家，如果将军都没有骄傲了，那这个民族和国家将会如何？你又读到了什么？

生：我觉得周亚夫是一个很有威严的人。

师：非常威严，"威严"这个词如此精彩。如此有威严的将军才会有一支威严的军队，才有一个强大的王朝。还有什么？

生：我认为他非常的大胆。

师：大胆这个词真好！这种勇，这种大胆，是军魂，是血性。

生：他很严谨。

师：你怎么看出他的严谨？好特殊的视角。

生：很遵守军规。

师：很遵守军规，很严谨，没有规矩何以成方圆？因为一身戎装，兵器不离手。同学们是否知道有一个词叫枕戈待旦？何为枕戈待旦？戈是什么？

生：戈应该是一种兵器。

师：一个士兵、一位军人，他的职业素养，他的敬业，他的军人尊严，就是要枕着武器一直从黄昏到深夜，从深夜到天明。兵器永远不离手，即使是给天子行礼，仍然是——

生：持兵。

师：这个细节太好了，如此反衬，可以"羽扇纶巾"，可以"持兵作揖"。这就是一个细节。读出严谨的孩子，必定是个严谨的人。你再读一下，再感受一下。

生（读）："将军亚夫持兵揖曰：'介胄之士不拜，请以军礼见。'"

师：这样的对话，这样的台词。难怪有人说，《史记》开了一个先河，从此中国文学史上便有了漂亮的戏剧，便有了小说的高峰，甚至有了江湖，有了武打，有了武侠，有了一切。再看文帝的台词。面对如此无理的周亚夫，不行跪拜之礼的周亚夫，几次三番把文帝拒于营门之外的周亚夫，文帝以海纳百川的胸襟，盛赞曰——

生（读）："嗟乎，此真将军矣！"

师（鼓励）：大点声，再来一遍。

生（大声读）："嗟乎，此真将军矣！"

师：这就是一君、一臣。有这样的天子才有这样的将军，有这样的将军才有这样的天子，才成就了一个王朝、一个时代、一种民族魂。

师：我想改一改，文帝不这么说，文帝见到周亚夫，他这样感叹："呜呼，此真将军也！"可不可以？理由是什么？稍作交流。

（同学们互相交流。）

师："嗟乎"改作"呜呼"，可以吗？

生：不可以。语气没有那么让人感动。

师："呜呼"是一种更强烈的语势，大悲、大痛、大喜、大乐，多好的感觉，多好的语感！为什么不是那么强烈的感情，而是"嗟乎"？你的语感非常好，学会把它表达出来。

师：是"嗟乎"而不是"呜呼"，为什么呢？

生：我觉得"嗟乎"可以表达出汉文帝真心觉得他是一个好将军，而不是就语气方面强烈一些。

师：他说出很矛盾的情感，揭示了一种矛盾。其实就是这样，因为周亚夫此时超常规，不合国礼，所以在心里的那种情感，和"呜呼"这种语气完全不同，这是其一。其二，此真将军"矣"和此真将军"也"，为什么不可以改变一下？

生："矣"表示赞叹。

师："矣"有一种赞叹、一种肯定的语气。那"也"呢？此真将军也！↗此真将军矣！↘高扬的语调，少了一点心理变化。好的词，哪怕是一个虚词，在表情达意上也完全不同。在古诗词中有大量的形容词作动词，它们的好处在哪里？它们展现的不仅是结果而且是过程。如，红了樱桃——

生：绿了芭蕉。

师：红和绿就是形容词作动词。为什么不直接用动词呢？因为不可以呀。形容词作动词可以展现一个过程。由不红到很红，由有点绿到非常绿，这样一个过程。"矣"——陈述的，终于盼到了，"也"——高度的赞赏。这是一种复杂的心理，你们感受到了，学会将它表达出来很重要。

这两句话出现在全文的开头、中间还是结尾？

生：结尾。

师：都在结尾处。这两个主人公——将军周亚夫与天子汉文帝，他们的正面的一句台词居然在结尾处。真是令人好奇啊！真是有点神秘！这个写法很特殊。

我想问大家一个问题，如果同学们做导演，要拍一出戏《周亚夫军细柳》，你要找哪些配角和群众演员来助演？细读文章，找得越全越好。这组男同学怎么样？

生（自信）：配角要找宗正刘礼、天子的特使。

师：你太会读书了，还知道把官职和人名放在一起。真了不起！你还要找哪些配角呢？

生：还有祝兹侯徐厉。

师：名字前称作什么？

生：祝兹侯。

师：这个侯是官名还是爵位？爵位可以世袭，官名不可以。

生：爵名。

师：还有谁呢？可以多说一些？

生：军门都尉和皇上的使者。

师：这是几个呢？是群像还是个体呢？你要选的话，理由是什么？

生：军门都尉，应该是群像。皇上的使者，是个体。

师：一个群像一个个体。好极了，对于书本的理解很到位。还应该有谁？

生：军士吏。

师：是群体还是个体呢？

生：群体。

师：还应该有谁呢？

生：群臣。

师：写周亚夫军细柳，不是单纯地写周亚夫和汉文帝的对手戏，此外还有大量的群众演员。这么多的人来跑龙套，那么我们把他们画成一朵花。处在中心位置的当然是——

生（齐）：周亚夫、汉文帝。

师：像花瓣一样围绕在他们四围的是这么多的人物。抢答一下好吗？首先是，刘礼军霸上。我对他的姓氏挺感兴趣，你呢，他姓什么？

生：他姓刘。

师：姓刘又怎么了？

生：刘字有一个立刀旁。

师：在字形上下了功夫。司马迁是什么时代的人？

生：汉文帝也姓刘。

师：这叫国子姓，出身高贵，血统高贵。方才说到的徐厉，他是什么侯？还记得吗？

生：他是祝兹侯。

师：那周亚夫呢？

生：周亚夫是河内守。

师：对文本很熟悉！祝兹侯，地位非常高的。

师：刘礼军霸上，徐厉军棘门。有一种铜墙铁壁的感觉。周亚夫驻军在哪儿？

生：驻军细柳。

师：就是这样排兵布阵。这么多的反衬，这么多的映衬。大师笔下无闲字，每一句话需细看，既有宏阔的构思，又有细腻的文笔。这么多的正衬反衬，如层峦叠嶂，层层叠叠，烘云托月，只为周亚夫的形象。正面出场的那一句，还会背吗？

生（背）："将军亚夫持兵揖曰：'介胄之士不拜，请以军礼见。'"

师：细读文章，你觉得哪一笔映衬写得最好？

生：天子先驱。

师：为什么？

生："天子先驱至，不得入。"天子先驱被拦住了。

师：天子先驱被拦住了，特别有张力，特别有戏剧性。如果有新闻，今天就是特大新闻——"天子先驱被阻"。文章要有趣，这是作者灵魂的表现。你觉得哪里映衬写好？

生：既出军门，群臣皆惊。众臣都十分惊讶。

师：所有的臣都非常惊讶，闻所未闻，见所未见：还有这样的将军，此等的天子。一箭而双雕。

生：我认为"居无何，上至，又不得入"非常有趣，写得比较好。

师：为什么？

生：皇帝都已经到了，这一次周亚夫又没有让皇帝进入，把皇帝挡在了门外。这段话很有意思。

师：这次不仅挡了先驱，而且挡了天子。一个"又"字，说明已经不是第一次了。非常敏感的心灵，表达也非常好。

生："军门都尉曰：'将军令曰'军中闻将军令，不闻天子之诏。'"这句话是说，在军营里面，天子的话都没有将军的话管用。

师：这支军队是真正的将军在指挥的军队，而不是王权的军队。军纪严明，铁的纪律。表达很好！

生：天子为动，改容式车。意思是，天子被周亚夫感动了，扶着车前的横木，俯下身子，派人致意。天子和将军，有着等级上的差异，天子却被将军感动了，这就表现了周亚夫的与众不同。

师：在这里超越的是地位，能够对话的是两个心灵。两个灵魂炽热相对，这是司马迁的历史观、人生观，再次表达了周亚夫作为一位军人的尊严。

师：《史记》被称为第三才子书，对后代的小说产生了深远的影响，《红楼梦》通篇用得最多的就是对比、映衬。林黛玉、薛宝钗双峰对峙，深受《史记》的影响。

生（边思考边发言）："至霸上及棘门军，直驰之，将以下骑送迎"，这里将霸上和棘门军与周亚夫的细柳军做对比。"直驰入""将以下骑送迎"与后文中"将军约，军中不得驱驰"形成对比，可看出周亚夫的士兵忠于职守，也可看出周亚夫治军严明。

师（称赞）：这位同学的发言，他首先注重文章的前牵后延，其次他明确地指出写周亚夫的军营及其手下的兵力，是在写周亚夫本人。

师：就这样层层铺垫，就这样环环相扣，就这样重章复唱，就这样层峦叠嶂。这是《史记》写人的一种方法。如果太史公司马迁的这支如椽巨笔只会一种写人方式，他就不是司马迁了。

师：看看屏幕，如何写飞将军李广。王昌龄的一首诗被称为唐人绝句的压卷之作，叫《出塞》。我们一同来背诵这首诗。

师生（齐背）："秦时明月汉时关，万里长征人未还。但使龙城飞将在，不教胡马度阴山。"

师：就是这样一位飞将军，飞动的将军，豪情满怀的平民将军，"桃李不言，下自成蹊"的将军李广。如何写他？看看这些动词吧！我选这个动词，我觉得特别有感觉，"广暂腾而上胡儿马"。这就是金庸以后的武侠小说的滥觞，难怪人们说司马迁是司马大侠。他不仅写了《游侠列传》，而且写活了飞将军李广。请注意"腾"，写出了将军的姿态，跳跃而起。把他绑在两马之间，这是一个卧姿，卧为躺。躺的状态，然后跳将起来，这就是飞将军李广。他没有马鞍，他盘腿坐在马背上，他一箭双雕，全是正面描写。我请一位同学来品读其中一个字，比如说"广佯死"，你可以说"佯"，也可以说"死"，这两个字同样漂亮。

何为"佯"？

生：假装。写出了李广的武艺高强。

师：是的，一个人假装死了，最起码他看起来真的要像死人，因为他已经超越了生命的极限。因为已经行了十余里，就这样被拖着行了十余里，然而还有之后的爆发力。西汉时期，汉武帝即位的时候十六岁，在座的同学十几岁？

生：十四岁。

师：汉武帝十六岁即位，在位五十多年，征战了四十多年，从此汉和匈奴不用再和亲了。司马迁就生活在这个时代，有这个时代的烙印。英雄的烙印，成就了司马迁。全用正面描写，均用动词表现，这是李将军。

四年的楚汉战争，刘邦和项羽演出了一场更为精彩绝伦、更为惨烈的历史大剧，人性的大剧。他们生活在秦朝时，共同见识过威武的始皇帝的车驾出行。见到始皇帝的车驾出行，两个人分别有感叹，刘邦自有刘邦的感叹，项羽自有自己的叹息。

哪一句是刘邦的？哪一句又是项羽的？你读懂了吗？

生：我认为"嗟乎，大丈夫当如此也"，是项羽的。

师：有不同的意见吗？

生：我认为第一句是刘邦的。

师：为什么？

生：他的意思是取代，项羽十分狂。

师：项羽十分狂，刚愎自用，你懂得项羽。只有项羽可以这样说，此时小小的楚国贵族，就有这么大的野心。那刘邦呢？一个小小的亭长，说了一句什么话？

生：大丈夫当如此也。

师：一个英雄的时代，就这样在司马迁的笔下，无论出身高低，尽显建功立业有所担当。即使是陈涉这样一个农民，他也会说"燕雀安知鸿鹄之志哉"。秦汉是以大为美的时代，我们民族所骄傲的时代。武帝时代，著名将军霍去病，他的陵墓的形状体现了西汉的审美，这也是《史记》的审美。采访一位同学，你看看霍去病墓的造型像什么？

生：一座小山。

师：就是山，是霍去病连年征战的所在——祁连山的形状。山一样的人倒下仍然是一座山。霍去病的名言："匈奴未灭，何以家为？"这是霍去病的悲愤与豪情。这座雕刻称作什么？

生：马踏匈奴。

师：这是雄心，这是壮志，这是飞扬，这是高歌，这也是《史记》。有人说《史记》的文章读起来千载之下，淋漓有生气。《史记》130篇，有多少篇是写人物的？

生：112篇。

师：112篇，站在历史中央的，不再是事件；站在民族中心地带的，不仅是事件，而且是人物，带着滚烫热血的人物，带着民族魂的人物，带着司马迁的激情与烂漫的人物。要读《史记》，了解我们的民族。我们感触颇深。一同起立背经典台词。

生（齐背）：将军亚夫持兵揖曰："介胄之士不拜，请以军礼见。"

师：有这样一个天子，他的胸怀像大海，像长空，像山谷，这个时代曾经产生这样一个将军，汉文帝怎么说？

生齐背："嗟乎，此真将军矣！"

师：下课。同学们再见！

生：老师再见！

四、百转千回，风流蕴藉，不道破一字

——执教《诗经·郑风》课堂实录及悟课

中国教育梦——全国统编教材中学语文"古诗文"教学专题观摩活动

（人民教育出版社统编语文教材八年级下册第三单元课外古诗词）

时间：2018年11月4日

地点：南昌市广南学校

整理：景德镇市第六小学　仲小燕

　　　景德镇市第十六中学附属小学　蓝湘萍

　　　上饶师范学院　孙玉桃

　　　湖南省宁乡市第一高级中学　龙潇

　　　福建省南安第一中学　张贺

（一）

师：同学们，今天我们学习《诗经·郑风》中的一首诗，题目是《子衿》。谁可以读一下？

（一女生读。）

师：字正腔圆，但有几个字需要正音。"子宁（nìng）不嗣"，什么时候读nìng？副词，宁可、宁愿。什么时候读níng？安宁。挑（tāo）兮达（tà）兮，在城阙（què）兮，其他都不错。

师：同学们，想一想，"子衿"的"衿"字是"衤"部还是"礻"部？

生："衤"部。

师：衿是"衤"部，和什么有关系？

生：衣服。

图38 执教《诗经·郑风》

　　师：这个字的意思是"衣领"。做个选择题：中国古代的君子是喜欢佩玉还是喜欢戴金呢？

　　生：佩玉。

　　师：回答正确。我们的民族是一个尚玉的民族。君子无故，玉不离身。《红楼梦》有三玉：黛玉、宝玉、妙玉。

　　师：读读最后一个词。

　　生：城阙。

　　师：咱们填填诗词的上下句。"城阙辅三秦"的下句是什么？

　　生：风烟望五津。

　　师：何为"城阙"？

　　生：城门两边的高台。

　　【蓝湘萍悟课】著名教育家叶圣陶先生在《精读指导举隅》前言中说：在指导以前，要考查学生的预习情况，从通读全文、认识生字生词等方面着手。看来，摸清学情，是为理解"文"（文本）打基础。而"文"与"言（语言）"是紧密相连的，能不能处理好"文"与"言"的关系，决定了能不能体现出文本应有的丰富内涵，体现出语文学科的教学规律。对于这一点，董老师做到了。她用精湛的教学艺术，引领学生穿行在学"文"之中，同时带动了习"言"。她先从整体上把握"文"，指名通读课文，熟知学生在预习环节中出现的漏洞；再从字音、字形、词义方面帮助学生扫清语言上的障碍，解决学生在学习古诗文时"不求甚解"的问题，为引领学生后续顺读打下了基础。

【龙潇悟课】课堂的生成性很考验师生的水平。学生在回答教师提问的时候，在"佩玉"和"戴金"两个备选词语中，饶有兴味地回答了"佩玉"两个字。或许是因为他们想起了柳宗元《小石潭记》中"闻水声，如鸣珮环"的句子，这是学生的生成。面对学生看似"无章"的生成，一菲老师匠心独运，用《红楼梦》中几个代表人物的名字来应对，言有尽而意无穷。有积累且有心的听众也会有更深层的生成。《诗经·郑风·有女同车》中有"有女同车，颜如舜华，将翱将翔，佩玉琼琚。彼美孟姜，洵美且都"的表述。从《诗经》中来，回到《诗经》中去，无论是教师、学生还是听众，仿佛都一同坐上了那辆从西周出发的车。

【张贺悟课】《子衿》是统编版语文教材课外古诗词诵读中的篇目，出自我国文学史上最早的诗歌总集《诗经》。《诗经》中的精华部分是对爱情等美好事物的描写。一菲老师深谙此道，选取其最灿烂的部分引起学生的阅读兴趣，并保证学生能快速融入诗中，进入课堂。汉字，是形声义三位一体的文字。并且汉字大部分是形声字，由形旁和声旁组成。一菲老师从汉字的构成出发，从中国的文化出发，力图让学生更加明白语文学科的核心素养"语言的建构与运用、思维的发展与提升、审美的鉴赏与创造、文化的传承与理解"这几个方面，使语文课堂呈现出语文思维、审美、文化的交织与碰撞。

【孙玉桃悟课】文字、文学、文化，是语文教学的三个层次。读懂古诗的字、词、句的表层结构（意义），这是读诗的入门；读懂诗歌中字、词、句所具有的文学的审美价值，这是读诗的内层结构，是读诗的关键；读懂诗中蕴含着的中华民族传统文化的精髓，这是读诗的深层结构，是读诗的灵魂。一菲老师在"子衿""子佩""嗣音""城阙"四个重难点词的教学过程中，从字的偏旁结构入手，引领学生从汉字造字法的角度，读懂"衤"部、"贝"部偏旁；从"城阙辅三秦"的诗句中，教会学生用熟知的诗句来解释诗句，以诗解诗；从"青青子佩"的教学中，揭示中华民族是一个尚玉的民族，君子无故，玉不离身，独特的文化符号。字词教学是起点，一菲老师将起点定在高处：不仅在文字，还在文学，在文化。

【仲小燕悟课】《诗经》连珠缀玉，跨越千年，是中国传统文化的一个重要窗口。一菲老师带领学生通过这个窗口不仅学习文字，还有文章，乃至文化，牢牢抓住诗歌的"点"——精心提炼出的关键字词"衿""佩""城阙"等，理解字词含义，辐射到"面"，了解它们所蕴含的丰富文化内涵。写衣领，矜持有深意；写佩玉，有无尽的爱慕与赞美；写城阙，有守望的痴情，"阙"，暗示无望与残缺。这样的整体感知超越了普通的阅读教学模式，可帮助学生快速把握诗歌的感情，唤醒学生的语感和情感。"以点带面"的教学方法，引导学生从"文字"深入"文化"层面，由一首"小诗篇"读出了"大文章"，不仅有味，而且高效。

（二）

师：（音乐起）有人说，《诗经·郑风·子衿》是一场风花雪月的优雅的思念。孩子们静静听这支歌，如果让你为思念添个修饰语，你会添什么呢？

（生在唯美、空灵的音乐《子衿》中静静思考。）

生：痴迷的思念。

师：情深者为痴，"痴"有两个含义。情深智浅，此时一定是情深了。开辟鸿蒙，谁为情种？

生：我觉得是一种无可奈何的思念。

师：四字短语，无可奈何。奈何天，伤怀日，寂寥时。

生：我觉得这是一场孤独的思念。

师：孤独。天地间的一份孤独，一种天地之悠悠的孤独。

生：我觉得这是一场惆怅的思念。

师：惆怅的思念，使我想起了纳兰性德，我是人间惆怅客。

生：我觉得这是一场望穿秋水的思念。

师：好一个"望穿秋水的思念"，这里有太多的明净，太多的纯洁。于是，《诗经》跨越了两千多年，至今仍叩击着我们的心扉，敲打着我们青春的岁月。

生：这是一场跌宕起伏的思念。

师：跌宕起伏的思念。这位同学的语感真好！他赋予了抽象的思念以节奏，那是一种平平仄仄、曲曲折折、美丽的思念。真会读诗。

生：这是一场缠绵的思念。

师："缠绵"是什么旁？

生：绞丝旁。

师：是春蚕的吐丝，是"剪不断，理还乱"的丝，真美！同学们会读书，能感悟，善表达。

【张贺悟课】《诗经》常用复沓的手法来反复咏叹，一首诗中的各章往往只有几个字不同，表现了鲜明的民歌特色。而一菲老师，选取用音乐的方式再现这种回环往复，可以说是不再拘泥于简单的配乐，而是营造了浓厚的《诗经》氛围。

【龙潇悟课】这是一段相当精彩的师生之间的"高水平"对话，是这节课在配合背景音乐基础上的"笛箫合奏"。学生流露出晏殊"无可奈何花落去，似曾相识燕归来"的感觉，教师以汤显祖"良辰美景奈何天，赏心乐事谁家院"的意蕴做出回应；学生刚有如柳宗元"孤舟蓑笠翁，独钓寒江雪"的孤独之感时，教师立即用陈子昂"念天地之悠悠，独怆然而涕下"的孤独加以升华；学生有类似李清照"才下眉头，却上心头"的惆怅之感，教师亦有纳兰性德"我是人间惆怅客，知君何事泪纵横"的惆怅之觉。以文解文，以典对典，唱和之间，整个课堂的诗意之花在生长、在绽放。

【蓝湘萍悟课】诗是抒情言志的。只有灵感突现、激情奔涌才会笔尖流诗，因而，诗人多为感情丰富之人。那么读诗之人、教诗之人也理应如此。董老师是一个颇具诗人气质和才情的人。她教的是诗，口中表达的也是一句句诗。她把自己融入诗中，把作者的情感、诗中的情感和自己的感悟融为了一体。在师生互动、生生互动环节中，用诗的语言创设情境穿行在细读文本、精读文本的过程中，激发学生的情感，让他们紧随课堂的步伐，做到阅读不断，思考不停，实现深度读文的动态生成，促成读者与文本完美相融，取得了很好的教学效果。

【仲小燕悟课】何为"入情入境"？且看此时的学生，耳朵听着古韵悠长的《子衿》之歌，眼睛看着、心中读着《子衿》的诗篇，脑海里还在思考着：这是一场怎样的思念？教师慧心独具，极力让学生"漫泡"在"青青子衿"的氛围之中。师生问答，诗意至极。学生在思考、品味、概括的过程中，已不知不觉地深化了对这首诗的理解，品悟到了诗中女孩热烈浪漫又温婉含蓄的思慕与渴求。

【孙玉桃悟课】支架一：优雅的思念。如何让学生快速地深刻地理解诗歌的情感？一菲老师做了精彩的示范。学生很难在短时间内用高度概括的词语来表达自己对诗歌情感的理解，一菲老师给出《子衿》是一场优雅的思念这个学习支架，让学生为思念添加修饰语。于是，学生很容易地打开了情感的阀门：痴迷的思念、无可奈何的思念、孤独的思念、惆怅的思念、望穿秋水的思念、跌宕起伏的思念、缠绵的思念……学生们不仅读懂了诗歌，而且把解诗的语言串起来，本身就是一首诗。

（三）

师：诗的开篇第一句是——

生（齐读）：青青子衿。

师：文中的句子出现句号、问号、感叹号，是一个完整的句子，一句。诗歌则不同，遇到逗号就是一句。

师：周代最高的学府叫"太学"。子衿，这里指太学生的学生服衣领，"青青"是什么颜色？

（生沉默。）

师：同学们听听这句诗的"青青"是什么颜色？"青青河畔草"。

生：绿色。

师：就是这绿色，堪比那湛湛青天。天是什么颜色？

生：蓝色。

师：同学们学过朱自清先生的《背影》。父亲的背影，是永远的背影，承载着那份亲情、那份父爱。父亲穿着深青布棉袍。"青"应该是什么颜色？

生：深绿色。

生：我觉得是灰色。

生：我认为这件棉袍是深蓝色的。

师：我认为它是黑色的。有人说，举觞白眼望青天。另有人说，老师对我青眼相加。老师的眼睛是什么颜色的？或者说，我们的眼睛，中华儿女的眼睛是什么颜色的？

生：黑色的。

师：是的。这么多颜色，这是中国色彩的密码，是原色中的调色板。很多诗人写诗，擅长用色彩，最擅长用色彩的诗人是中唐的诗人李贺，他写过这样一首诗，我们一起背。"黑云压城——"

生：城欲摧。

师："甲光向日——"

生：金鳞开。

师：这两句诗有哪两个主色调？

生：黑和金。

【龙潇悟课】苏轼曾说："味摩诘之诗，诗中有画；观摩诘之画，画中有诗。"显然，苏轼发现文学与绘画是可以相通的。一菲老师在此处特别引导学生关注了诗歌中的颜色。"调色板""色彩""黑和金"等词语的强调就是有意识地提示学生文学与绘画的相通、相融、相济之处。

【仲小燕悟课】整首诗歌最值得研读的，最具有文化意象的，就是"青"字了。"青"在古汉语中使用频率非常高，是一个很特殊的颜色，语境不同，表示的实际颜色也大不相同。有了这样的理解，才会有一个又一个课堂活动去落实"青"的意义，巧妙地把"金针"度与学生。学生学到的不仅是文字，是语言，更是一种拓展延伸的能力。同时，也为课堂后面出示西方画家根据诗歌创作的画作《春》埋下伏笔。整个板块的设计充满智慧却又不露声色。原来，教学越是不露痕迹，情感的后劲儿就越足，效果就越好。

【张贺悟课】一菲老师的课可谓"超级豪华的营养餐"。李贺的《雁门太守行》，朱自清的《背影》，这些都源于教材，现如今又反哺于教材，这是高超的旁征博引。

【蓝湘萍悟课】王逸："青，东方春位，其色青也。"林徽因："你是人间的四月天。"余光中："今晚的天空很希腊。"一菲老师从《背影》中"父亲穿着深青布棉袍"，到给"青"加上修饰语，构成多彩的词汇：豆青、梅子青、粉青、雨过天青等。借其他语言材料，由浅入深，举一反三，赋予"青"鲜活的生命张力，丰富"青"的诗意内涵。她用饱满的才情点燃学生智慧的火花，培养学生的核心素养。

【孙玉桃悟课】学习"青"的丰富文化内涵。一菲老师举例"青青河畔草""湛湛青天""深青布棉袍""青眼相加"……引领学生通过文学语言和生活语言感悟汉字"青"所具有的丰富文化内涵："青"是原色中的调色板，是中国色彩的密码。由文字到文化，在一菲老师的语文教学中总是自觉或不自觉地铺染开来。"青"，是中华民族文化中"春"的最佳注释。一菲老师进一步引领学生理解诗歌中汉字"青"所具有的审美价值，并通过豆青、梅子青、粉青、雨过天青等词汇，以及我国宋代五大名窑中追逐极致的青瓷来理解"青"的内涵。一个汉字，就是一部文化史。没有深厚的文化底蕴和极高的审美素养，是无法引领学生这样深刻地理解中国汉字的。一菲老师的课堂，如行云流水。

（四）

师：黑色和金色，太奇异了。这样的配色，是李贺式的诗鬼的配色，斑斓。李贺用色彩表达自己心中的情感。回到这首《子衿》上来。"青青子衿，悠悠我心。"看大屏幕，谁能读上面横框里的话？

生：青，东方春位，其色青也。

师：作者王逸，汉代人。他是个大学者。他写的这几句话，谁愿意给大家翻译一下？

生：青，这个颜色，是东方春天的颜色。

师：下一句该怎么说？

生：这个颜色是绿的。

师：春，省略了春天该怎么样？（其色青也。）如果用一个颜色来写春天，它的颜色就是什么？

生：青。

师：是用"青"来写春天的颜色，是不是这个意思？

生：是。

师：自古以来，天地四方。"青"代表东南西北的哪个方位？

生：东边的方位。

师：一年有四季。"青"代表哪个季节？

生：春季。

师：关于"青"，《子衿》当中是这样开篇的——

生（齐读）：青青子衿。

师：同学们，我们的古人太优雅了，我们的汉语太精致了。如果我不走寻常路，给"青"加上修饰语，会怎样？

生：豆青、梅子青、粉青、雨过天青。

师：你发现这些词语从词性上来说，都是什么词呀？

生：这些都属于名词。

师：有人说最大的形容词是名词。记得林徽因的一句诗"你是人间的四月天"，"四月天"，她是指一个人朝气蓬勃，充满了春天的气息。她不用形容词，而是这样说"你是人间的四月天"。再听听余光中先生的这句"今晚的天空很希腊"，句子中的哪个词用得很特别？

生：希腊。

师：古希腊是自由浪漫的、诗意的、人性的狂欢，是吧？我们中国汉语的包容性太强了。来，一起读。

生（齐读）：豆青、梅子青、粉青、雨过天青。

师（看幻灯片）：中间有个宋代的瓷器，是宋代五大名窑中追逐极致的瓷器。瓷身是青的颜色。宋瓷是我们民族的骄傲，它晶莹剔透的特点，集中代表了中华民族的那份诗性与优雅。它叫什么名呢？

生（齐答）：雨过天青。

师：什么叫"雨过天青"？

生：好像是下过了一阵雨，天空就像洗过了一样。

生：是蔚蓝。

师：这是你们的理解，可能是白和蓝，也可能是有更多的颜色。"雨过天青"这个瓷器在台北博物院展出，展现的是含蓄的、淡雅的纯净之美。关于青色，它可以是黑色，但又不是一般的黑色。如果它是黑色，要具备什么条件？

生：光泽。

师：应该说是黑中带亮。接下来，我们一起看，一起读。

（音乐响起，生齐读。）

生："青青子衿，悠悠我心。纵我不往，子宁不嗣音？青青子佩，悠悠我思。纵我不往，子宁不来？挑兮达兮，在城阙兮。一日不见，如三月兮！"

师：《诗经》中的《子衿》是选自十五《国风》中的哪一个呢？

生：《郑风》。

师：《郑风》中有许多爱情诗。在二十一首诗中，爱情诗就有十三首。请看幻灯片，齐读。

（生读。）

师：《诗经·郑风·将仲子》，李白的劝酒歌叫《将进酒》。诗文中"将"是一个音，都读"qiāng"。"将仲子"，好奇怪的题目。"仲"，排行第几？

生：第二。

师：伯仲叔季。请求你呀，二哥哥。我发音准不准？

生：二哥哥。

师：你发音很准，但是这样会很无趣。大观园中的史湘云追着贾宝玉叫——

生：爱哥哥。

师：你太解风情了！史湘云是南方人不会发翘舌音，她专门把"二"读成"爱"。真好，真俏皮！

为什么叫"将仲子"？为什么不叫"将伯子"？"将伯子"是不是有一种大哥哥的严肃？

我希望是一个女孩子来读，因为这是一首女主人公的抒情诗。

（生读，师正音，同时翻译。）

生：将仲子兮，无逾我园，无折我树檀。岂敢爱之？畏人之多言。

师（同时翻译）：我亲爱的爱哥哥，你不要跨过我的树园、花园、菜园，千万不要把我们家名贵的树弄折了，我怎么敢爱你呢？我担心别人说我的闲话。

师：合作愉快！带着问题读书，《子衿》中的女子，《将仲子》中的女子，还有第三首《诗经·郑风》当中的《狡童》，谁来读一读？

生（读）：彼狡童兮，不与我言兮。维子之故，使我不能餐兮。

师（译）：那个小坏蛋，最近不跟我说话，不理我。就因为你的缘故，我都吃不好饭了！

（生笑。）

师：郑风啊，郑风，在我们古代真正的中州，在我们认为最中国的地方，在平原的地带，在古老的黄河流过的地方。那个时候，那个时代的爱情是这样的多姿又多彩。

【龙潇悟课】学生读原文、教师同步翻译的教学环节很容易让人想起词人周邦彦在《苏幕遮·燎沉香》中"五月渔郎相忆否"的写法。本来是词人十分思念故友，行文却写他们思念自己。本来是要学生主动翻译诗歌的，可是在课堂上呈现出来的表现正好相反。难能可贵的是，学生在很短的时间内很好地掌握了这两首拓展延伸的诗歌的大意。总之，对听课教师而言，一菲老师这种课堂处理方式很有借鉴意义。

【蓝湘萍悟课】 选入教材的诗词，均是文质兼美的经典之作，赋予少年生命成长的链接。这好比是远处的灯塔，教师就是点灯人，由近及远，照耀儿童的心灵。教师把对文本的认真研读，转化成学生的解读过程，促进课堂的生成。董老师解读《子衿》，将《子衿》与《诗经·郑风》中的《将仲子》《狡童》比较阅读，通过智慧引领，让学生区分男、女主人公性格的异同，感悟古诗中的相思恋爱观。那么，思辨能力的有效培养也就水到渠成。

（五）

师：任选一道题，同学们。第一个问题，这三位女子性格有什么不同？另外一道题，三位男子又是怎样的三个形象？

生：我选第一个问题。第一个女孩子是十分内向的，性格不是很开朗。第二位显得十分优雅，有一种女性的温柔。

师："我求你了，你别没事穿过我们家的树园子，你别弄坏我们家的树，因为别人该说我们的闲话了。"这是优雅吗？

生：她十分调皮。

师：没关系，你可以表达你的想法。第三位《狡童》里的女孩子呢？

生：这位十分调皮。

师：在那个男尊女卑的时代，她竟然给自己的小男友取了个外号叫"狡童"。中国的汉字，尤其是古汉语，庄重典雅。现在咱们用什么词语表达这份爱恨情仇？她还用了一个"彼"，那个，表示一种不亲切；不用"此"，这个，表示一种距离上的亲近。

生：《子衿》里的男子是风度翩翩的。

师：你居然能看出《子衿》里的男子风度翩翩，力透纸背，有一双慧眼，你是怎么看出来的？

生：青青子衿。

师：在周朝，太学生凤毛麟角，比今天的天之骄子还要加倍稀有，他怎能不是一个优雅的学霸呢？请继续说。

生：无逾我园，无折我树檀。《将仲子》里的男子是比较外向的。

师：他飞檐走壁，穿越一个花园，为了爱勇往直前。在他的心里是没有礼法的。

生：《狡童》里的男子是调皮的。

师：他所做的事情是近日对抒情女主人公爱答不理，所有的海誓山盟，爱你到天涯海角，到地老天荒，说过就忘了，他是一个什么样的人？

生：多情。

师：多情反被无情恼。

生：我选的是第一个问题。第一个女子内向、内敛，第二首的女子是害羞。

师：岂敢爱之？畏人之多言。

生：《狡童》中的女子比较泼辣。

师：泼辣。那个时代，乡野之气，带着平原的长风，自然生长的女子，可以担当泼辣。

【龙潇悟课】"任选一道题，同学们"，多好的提问方式！完全没有强制性的语气，取而代之的是有温度的关怀。一菲老师在这里给了学生充分的选择自主权，在缓解学生可能在公开课场合出现的紧张的同时，围绕男子和女子两个角度展开设问。

【仲小燕悟课】补充阅读《诗经·郑风》中的《将仲子》《狡童》，比较三首诗中女子的性格、男子的形象，完成对人物形象的分析品味。学生任选一个方面回答，开放性提问让学生自主思考，改变了传统课堂教学中被动学习的状态。在这样的课堂里，我们看到了学生思绪的自由驰骋，看到了他们入情入理地各抒己见，看到了教师的适时"引渡"，几句话就将几首诗的精彩之处烘托得令人称赞。

【孙玉桃悟课】支架二：生读师译。将《诗经·郑风》的三首爱情诗歌《子衿》《将仲子》《狡童》，从男女主人公性格的角度进行横向对比。为了消除学生因对课外诗歌的生疏和字词不理解而产生的困扰，一菲老师让学生朗读，自己同声翻译。灵活而富有新意的教学方法，不仅让学生避开字词困扰，直奔对诗中主人公形象的理解，也让学生体会到师生共同读译的乐趣，教室里欢乐的笑声响起来，空气中流动着轻松和愉悦。接下来同学们对诗歌形象的理解和比较鉴赏就水到渠成：《子衿》中的女子内向温柔，男子风度翩翩；《将仲子》中的女子害羞，男子为了爱情不顾礼法；《狡童》中的女子多情反被无情恼。优秀的老师总是适时地给学生提供学习的支架，让学生跨过知识的桥梁，从此岸走向彼岸，获得更好的成长。

（六）

师：这是意大利一位叫波提切利的画家的作品，名字叫《春》。看他如何表现春。中间的是爱神维纳斯，背景是维纳斯的花园。左侧的是真、善、美三位女神，右侧的从左到右是花神、森林女神、风神。上面飞舞的是小爱神丘比特，他拿着一把永恒的武器。爱神之箭有两种，一种是金箭，射中了的人会不可救药地爱上一个人；还有一种是青箭，假如你被射中，将不可救药地回绝一个人。

【仲小燕悟课】 古诗中的情感是抽象的，看不见，摸不着，只可意会，不可言传。如何才能让学生清清楚楚明明白白地体会到呢？古往今来，诗画一体。一菲老师从最直观的画面入手，借助画面，深化情感，以"欣赏西方画家波提切利根据诗歌创作的画作《春》"来开启学生的审美，与课堂前面的"青，东方春位，其色青也"遥相呼应。

（七）

师：请看《郑风·子衿》，如果你是画家，要以《子衿》为内容作一幅画，你的这幅画的名字叫什么？

生：春。

师：也叫"春"，缺少创意。

生：思。

师：太直接了，能不能间接一点？

生：青。

师：青，还记不记得"说文解字"里怎么解释的？青，东方春位也。

如果你是画家，画一幅表现春天的画，我们不必学画家波提切利。据说他画了七十多个品种，五百朵花，写实的时代啊！我们的诗经时代，我们中国人的思维，好像不需要这样。我们要画一幅画，这幅画的名字叫《青》，这幅画只要画一位女子就可以了。这位女主人公需要像爱神维纳斯、美神、春神、花神、风神一样穿着透明的薄纱吗？

生：不需要。

师：如果需要画这幅画，她的衣服你想选择什么样的颜色？

生：青色。

师：青色是个多元色，你说的青色是哪一种啊？

生：绿色。

师：绿色，春天的颜色。

生：淡蓝色。

师：你和张爱玲一样有才气，一样会用颜色来描绘。张爱玲的散文《爱》讲的是春天，桃树下，穿着月白衫的女子见到他命定的男子，他们也没有什么话可说，只有轻轻地问一声："噢，你也在这里吗？"中国式的爱情。

生：白色。我觉得白色是一种纯明、透彻的颜色。

师：她不仅在说颜色，还在说光泽。有感觉！

生：我觉得应该是粉色，粉色可以表达很多情绪。

师：少女的情怀，公主的情结，粉嫩的颜色。

生：青黄色。

师：一年好景君须记，最是橙黄橘绿时。他想到橙黄橘绿，有水平！

师：我们再看波提切利这幅画，表达青春，表达觉醒，表达爱情，表达蓬勃的希望，表达美好，表达自由，表达舒展。用了如此之多的神来助阵，如此之多的花来盛放。最左边的少年是宙斯的神使赫尔墨斯。

【仲小燕悟课】课堂上，我们是不是该像一菲老师那样更多地关注学生学到了什么，得到了怎样的提高呢？关注如何"让学生有较高的写作能力"呢？除了文质兼美的课文引领外，教师的语言也起着至关重要的作用。一菲老师用鼓励性的语言、诗意化的语言解读学生回答的各种颜色，通过追问让学生的回答变得更加具体。可以说，教师的语言素质直接影响学生的语言能力。

（八）

师：一幅画要有背景。如果你给一幅叫作"青"的画添加背景，你要添加什么？

生：我认为要添加一棵树，旁边还要有一条河，然后底下要有一片草原。因为草原、河流和树都代表生命，都是春。

师：河流，柔情似水；草，记得绿罗裙，处处怜芳草。

生：我觉得可以加月亮、树，还有河。月光照下来，照在河里，然后树也被照进去了，有一种孤寂的美感。

师：注意了光与影，孩子们。"光与影有着和谐的旋律，如梵婀玲上奏着的名曲"。

生：我觉得可以加飘着白云的天空，因为天空可以让女主人公进行无尽的畅想，也可以怀念她的恋人。

师：如云一般的思念，如月光一般的美丽。这都是中国传统诗歌的文化符号，你懂得！

生：我觉得背景应该是一个女主人公倚靠在一棵树下，骑着一匹马。马停下来，月光照在草地上，草地上有花。她拿着花在那里剥，想她的情人为什么没有到。

（众笑。）

【张贺悟课】一菲老师的课堂不仅做到了博古通今，更做到了贯穿中西。没有人是一座孤岛，每一本书都是一个世界。同样，没有一节课堂，一个篇目是独立的，它可以跨越时空。这样的课堂才饱满，学生才更加通透。

【仲小燕悟课】我想，这就是新课标提出的"审美情趣"吧！在教师丰富的语言的引领下，学生"跳一跳"就能"够得着"，从颜色到光泽再到背景，画面逐渐丰满，最终用语言呈现出来的配画清爽奇丽，余韵悠长。此环节既有语言训练，又有审美熏陶，两者相得益彰，精彩纷呈。从教师与学生、学生与学生、学生与文本之间的诸多共鸣可以看出，诗意之美已传递到了学生心中。这个美的传递让课堂变得大气且极富内涵。

（九）

师：这很显然是一个中西合璧的女子，她是一个文化混血的产物，绝不是真正的遥远的那个时代的汉民族的女子，也许是一个马背民族的女子。这种性格中有一种豪放，这种豪放使得这个女子的生命更具魅力。就像《红楼梦》中，史湘云有一个经典的情节——醉卧芍药茵。史湘云的美、魏晋的风骨尽在其中，为什么不可以呢？

有一幅名字叫"青"的画来自两三千年前，那是我们这个民族古老深情的吟唱。

女主人的衣衫或明或暗，或冷或暖。中国式的女子，她有了不同的背景。你还想再添加吗？

生：我觉得背景可以设在葡萄架下。因为在古诗里面葡萄架下是男女约会的地方，可以表现她在等待她的恋人时的急切。

师：这个故事于是发生了位移，在历史的长河中，从《诗经》时代转移到了汉武帝以后。葡萄，是汉武帝时从西域引到中原的一种植物。你明清小说读多了，孩子，祝贺你！很中国，很典雅，但是它属于唐宋明清，不属于诗经时代。

请全班同学齐读最后一个章节。

生（读）："挑兮达兮，在城阙兮。一日不见，如三月兮！"

师：你知道要加上什么东西了吗？

生：城楼。

【仲小燕悟课】我对此处印象极为深刻。一名学生说以葡萄架为背景，一菲老师明确指出葡萄是汉朝时从西域传到中原的，与《诗经》的时代不符。她引导学生再读诗歌，学生立刻由"在城阙兮"受到启发，将画作背景更换为城楼。教师的功力与主导作用显得尤其重要。

【蓝湘萍悟课】一菲老师以外国画家波提切利的《春》这一画作为切入点，介绍说明画中的内容及背景，启迪孩子们的思维，助力他们想象的翅膀，鼓励他们踊跃、大胆地说出内心最欣赏的《子衿》画。这种潜移的有效指导，进一步拉近了文本与读者的距离，深化了学生对文本的理解，为古代文学作品中浪漫的爱情故事抹上了明丽温暖、清新活泼的一笔。一菲老师给孩子适时的评价，机智、变通，有肯定，有点拨，有褒奖。指引联想，眉目传情，掌舵课堂，如鱼得水，足见她扎实的教学功底。

【孙玉桃悟课】跨民族的审美比较。一菲老师引导学生比较诗歌与绘画两种不同的媒介对"春"的主题的表达。画家波提切利借用爱神维纳斯、花神、森林女神、风神、小爱神丘比特、神使赫尔墨斯以及真、善、美三神，用透明的薄纱，用七十种共五百朵花来表现春，呈现的是西方繁复的、华丽的、写实的审美倾向。与此相对的是，课堂上孩子们选用绿、素白、淡蓝、粉、青黄来做春的颜色，用树、草、河流、月亮来做背景。当学生把"城阙"画进背景的时候，其实是用自己的生命去理解《诗经》时代的爱情。他们把中国古代文化中的简约、含蓄、写意等审美元素，画进了生命。

（十）

师：为什么说一位女子爱情的守候是在城阙之上？我说它是最中国的符号之一，你同意吗？

生：同意，因为她可以在城楼上看她的恋人。

师：是登高以望远，远望以当归；无言独上西楼，月如钩。楼是用来干什么的？是用来眺望，用来思念的。中国是一个拥有墙文化的国家。城，是我国墙文化的标志，如万里长城。孩子们说得特别好，特别有想象力。

这是俄国茨维塔耶娃的一首诗，来这位女孩子读一下。

生（较平和）：

我要从所有的时代
茨维塔耶娃
我要从所有的时代
从所有的黑夜那里
从所有金色的旗帜下
从所有的宝剑下夺回你
我要一决雌雄把你带走
你要屏住呼吸

师：看看来自俄罗斯大地的女子，她们面对爱情时和《子衿》中的抒情女主人公完全不同。让我们读出其中的霸气。

生（较激动）：

我要从所有的时代
茨维塔耶娃
我要从所有的时代
从所有的黑夜那里
从所有金色的旗帜下
从所有的宝剑下夺回你
我要一决雌雄把你带走
你要屏住呼吸

师：所有的事都由我来做，你只做一件事？
生：屏住呼吸。

【孙玉桃悟课】东西方情感表达方式的差异。俄罗斯女子面对爱情的热烈霸气和《子衿》中抒情女主人公面对爱情的态度有巨大的差异，这背后是东西方情感表达方式的差异。一菲老师引领学生站在民族地域文化差异的高度，读懂了相同的情感不同民族的表达，读懂了民族，也读懂了世界。这一堂课，短短几十分钟，容量之大，视野之阔，文化内涵之丰，审美熏陶之深，令人叹为观止！

【仲小燕悟课】一菲老师引导学生从古代与现代、东方与西方比较文化背景的差异，比较对爱情的不同表达。巩固、比较、导读，多管齐下，将课堂内容大大扩容，引领学生一步一步走向深广。值得注意的是，一菲老师为学生补充阅读的三首诗，无一不是原诗的一个有代表性的小片段。适当的留白，恰如其分的导读一定会吸引学生课后主动寻找、阅读原诗以及《郑风》的其他爱情诗篇，乃至整部《诗经》。一堂好的语文课最重要的是什么？它的最终目的是什么？我认为是培养学生的能力，让学生爱上阅读，善于表达，拥有一颗敏感善良的心。这个环节不仅做到了，还不断变幻出迷人的光芒。观课至此，不觉酣畅淋漓。

【蓝湘萍悟课】董老师引领学生将《子衿》与多首诗对比，帮助学生厘清我国古代文学作品中男女主人公迥异的性格，提高了他们对于东、西方爱情世界里主人公的认识。这种"我思"式文本解读的逻辑基础，体现出一种思维逻辑的力量，是拨云见日的思想闪耀。与在场学生的思维碰撞，点燃了再创思维的火花。看得出，董老师执教《子衿》，非常了解文本，熟悉文本的文化背景。她会站在读者的立场上，预测读者能读出什么，悟出什么；会从目的出发，了解为何读此文，从而实现学习的目标。

（十一）

师：热情似火的俄罗斯女子的绝对命令式语气，显示出东西方的差异。"青青子衿"从两千多年前的岁月深处唱响，曹孟德在赤壁之战前夕面对滚滚的长江横槊赋诗，赋予"子衿"全新的意义，他说——
生：青青子衿，悠悠我心。但为君故，沉吟至今。

师：赤壁之战的胜利必将使我成为天下的君王，"安得猛士兮守四方"，我在渴求人才。"子衿"已不是天下的男子，而是天下的雄才。孩子们，读出不同的"子衿"，来书写你的"子衿"。

生：青青子衿，悠悠我心。昔我往矣，你在哪里？

师：经典的《采薇》篇，很有创意。

生：青青子衿，悠悠我心。君若海角，吾便天涯。

师：赋予海角天涯新的喻义。

生：青青子衿，悠悠我心。爱之此深，责之彼切。

师：爱之深责之切，加虚词"之"与楚辞有异曲同工之妙。

生：青青子衿，悠悠我心。振兴中华，倾君之力。

师：超越小女子的儿女情怀，这是有家国情怀的伟丈夫。

生：青青子衿，悠悠我心。绿林初见，乱我心去。

师：这又来到了金庸的江湖。金庸不在，江湖永存，精神的力量永在。

【龙潇悟课】钱锺书先生曾在文章《谈中国诗》中说过，说起中国诗的一般印象，意中就有外国人和外国诗在，这个立场是比较文学的。一菲老师在引导学生对比感受俄国女诗人诗歌的同时，不忘将曹孟德的《短歌行》放在一起进行比较。该做法正是从"比较文学"的立场和视角增加课堂厚度的行为。之后，她因学生仿写的句子，提及金庸先生。这种做法一方面是她对比较文学立场的强化，另一方面是给学生传达一种向经典致敬的精神。

【仲小燕悟课】"与楚辞有异曲同工之妙"，这是多么高的赞美。一个字就能得到一菲老师的肯定，学生轻松获得成功的喜悦。于是，学生的回答从最初直接挪用《诗经·采薇》的"昔我往矣"和异常白话的"你在哪里"到最后有家国情怀、江湖精神的"振兴中华，倾君之力""绿林初见，乱我心去"，无疑是质的提升。这样的教学，给课堂增添了亮点，是开放的，是焕发着生命活力的。

【孙玉桃悟课】高潮：创造性续写。"青青子衿"是由两千多年前的先民唱响的爱情。曹孟德接着用"青青子衿，悠悠我心。但为君故，沉吟至今"唱响对人才的渴求。一菲老师通过给出古人续写诗歌的示范，引领学生尝试用诗的语言唱响自己的情感之歌。有了前面审美的、文化的积淀，学生们积聚的情感如奔涌的大江，滚滚而来。即兴创作的精彩诗句此起彼伏，课堂仿佛变成了诗的海洋，每一位学生的脸上都写满诗和浪漫。《子衿》这一首古老的歌因学生们的传唱和续写焕发了新的生机。一堂课是否精彩，不仅要看老师是否出彩，更重要的是看学生能否在老师的引领下超越原有的知识和能力，超出原来的自己，展现风采。这一节课，无疑是精彩的！

【蓝湘萍悟课】学生是学习的主人，是学习和发展的主体。董老师始终将学生放在课堂的中央，运用多种情境，调动学生的学习热情，充分发挥他们的主体作用。她通过再次对比鉴赏和以读促写的教学方式，使学生将获得的知识与学文方法进行迁移、升华，陶冶情操，提升自我，进而达到语文能力不断提高的良好效果。她由《郑风》中的《子衿》想到曹孟德赤壁之战的"子衿"，引领孩子们遐想现实版的《子衿》，成就了孩子们心中《子衿》之花芬芳盛开！其优雅的教学艺术将诗意盈盈的课堂推向高潮。

（十二）

师：一日不见，如三秋兮！这样的声音穿越了两千多年，让我们一起来吟唱。

生（唱）：青青子衿，悠悠我心。纵我不往，子宁不嗣音？青青子佩，悠悠我思。纵我不往，子宁不来？挑兮达兮，在城阙兮。一日不见，如三月兮！

师：从此我们的思念拉开了序幕，下课！

【仲小燕悟课】一堂课上得如此有"声"有"色"、有"情"有"意"。我们既看到了一菲老师诗意的坚守——坚守着"引导他们看到一个更远更大的语文世界"、坚守着"给学生一个悲天悯人的情怀"——又看到了她的突破，将学生从文本中解放出来，从而使其个性得以张扬。课堂教学在内容的组织和呈现上亦花了不少心思：配乐、诵读、想象、比较、概括、鉴赏、写作。不同的环节，教学方法相应有所变化。课堂的诗意，浸润着每一个人的心灵深处。细细品味，余音绕梁，余情不绝。

【孙玉桃悟课】一菲老师的课是不可复制的。她的深厚的文化底蕴、浸润的审美素养；她的精妙的教学构思，以及课堂教学中对课堂生成的巧妙借取；还有她的充满诗意的教学语言，对学生的引领和鼓励……所有的这些构成了一菲老师不可复制的语文课堂。"仰之弥高，钻之弥坚"，这恐怕是许多现场听过一菲老师课的人最真实的感受。

五、《平凡的世界》整本书导读教学设计

《平凡的世界》三卷本，一百多万字，导读是要下一番功夫的。《平凡的世界》我在大学时代读过，是我喜欢的长篇小说之一。然而作为读者的阅读和作为教者的阅读完全是两码事。

暑假近二十天的时间里，我细细地读了一遍《平凡的世界》，把感动和感性放下，追寻其中的理性和价值。之后是浏览知网上的评论，再之后买了几本关于路遥的评论。沉淀了一下，着手这节课的教学设计。

把书读厚远比把小说读薄容易得多。读厚量上叠加的成分大，读薄需要识见，需要穿透，需要胆识。这的确是一个智慧问题。

（一）

整本书导读的关键点是"整"字。如何一问开"卷"、关联出整本书，牵出整个文脉、整个故事，打通整个情节，了然整个风格。

这样四两拨千斤的问题、活动或者教学环节，我自然是没有找到。于是，一点一点地潜入吧。"绕远""跑题""走岔路"，那是日本的老师桥本先生的法宝。我未能抵达这样的高度，只好老老实实地在小说三要素最中心的要素人物上下功夫。

第一个问题设计为：《平凡的世界》的主人公是孙少安还是孙少平？

这是一个"言在此而意在彼"的提问。主人公是谁？学生在回答这个问题的时候，需要思考的是一个"整"的全局，关乎主旨、结构、人物形象、情节的始末，甚至修辞。

同学们的思考是多维多元的，聚焦书的整体性，建立了关联，形成新的感受和认识。学生思维的发展体现出的力量，诗意而又浪漫。

《普通高中语文课程标准（2017年版2020年修订）》规定："通读全书，整体把握其思想内容和艺术特点。"并明确要求整本书阅读的教学内容应更加关注整体梳理。

这一环节的设计也充满了弹性、留白，学生的思维因此得到发展。

（二）

　　整本书的教学设计体现的是文本、学生、教师三者互动与审美的创造。《平凡的世界》整本书导读的第二个教学环节是梳理小说几种常见的结构。试画出《平凡的世界》的结构图。

　　教师列举《水浒传》的环状结构，《安娜·卡列尼娜》的双线结构，《我的名字叫红》的多视角结构，博尔赫斯小说的迷宫般的结构。

　　让学生在黑板上画出自己所理解的《平凡的世界》的结构图。

生 1：

生 2：

生 3：

生 4：

生 5：

生 6：

生 7：

生8：↑　↑

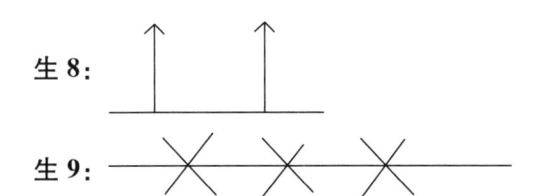

生9：⟋⟍　⟋⟍　⟋⟍

在课堂上，学生对自己的结构图进行解说阐释，教师点拨升华深化，在多边互动中走向对文本的深入而又个性的解读。

设计一个教学活动，建构—解构—再建构—再解。教师搭建一个阅读平台，让每一个学生都成为真正的阅读者。

第三个教学环节设计为：寻找《平凡的世界》最动人的细节，厘清人物关系，用追问的细节串起人物。阅读永远是从整体到局部再到整体。

例如，少平的初恋是一个叫什么名字的女孩？能不能简单地说说田晓霞给你最强烈的印象是什么？少平最忠诚的朋友是谁？少平的二爸是谁？这个人物最突出的着装细节是什么？

同学们谈在阅读过程当中自己认为最动人的、最精彩的细节。

第四个教学环节：为《平凡的世界》写颁奖词。语文教学讲究情境。2019年，梁晓声的小说《人世间》获得第十届茅盾文学奖，这是作品的颁奖词："在《人世间》中，梁晓声讲述了一代人在伟大历史进程中的奋斗、成长和相濡以沫的温情，塑造了有情有义、坚韧担当、善良正直的中国人形象群体，具有时代的、生活的和心灵的史诗品质。他坚持和光大现实主义传统，重申理想主义价值，气象正大而情感深沉，显示了审美与历史的统一、艺术性与人民性的统一。"以此为示例引导学生写颁奖词。写颁奖词，既考查学生的高度概括能力，也考查学生议论升华点石成金的能力，有助于训练学生的书面语言表达，侧面反映了学生对整本书的阅读理解的深度。

让学生自己写颁奖词并朗读。

梳理、分类、整合、概括、对语言反复地体会品味，是整本书阅读的基本策略。对路遥的《平凡的世界》的导读是我的教学尝试与实践。还有很多的不足，如对主题的挖掘、对人物形象的巧妙分析等。

图39　与各位老朋友相聚在深圳

六、世间只有一种英雄主义：叩问平凡

——执教《平凡的世界》整本书导读

（人民教育出版社统编语文教材八年级下册名著导读）

时间：2019年10月19日
地点：浙江省浙江大学附属中学丁兰校区
整理：黑龙江省牡丹江师范学院文学院　郑枫
　　　青岛西海岸新区实验高级中学　张艳艳

（一）谁是主人公？

师：上课，同学们好！

生（齐）：老师好！

师：请坐。好，我看同学们都带来了厚厚的三卷本的《平凡的世界》，一定是读了的。第一个问题就是小说当中有一对兄弟，他们是孙少平、孙少安，你认为谁是第

一主人公呢？谈谈理由。哪位同学可以谈一谈？坐下来谈也可以。（老师微笑着提问。）

生1（学生思考）：我认为孙少平是主人公。其一从数据上看，孙少平出现的次数更多。其二从内容上看，孙少平的层面是在精神层面上，他因追求自己的理想来到煤矿。但是孙少安，更多的是在物质层面上。他开了砖厂，有了自己认为的美满的生活。我认为这本书还是建立在理想主义之上的。

师：很会读书，应该说这位同学非常会读书。首先，做了一个最细致的数据统计，出现的次数。其次，从物质层面和精神层面阐释读的过程当中已经有了自己的温度，自己的生命体验，自己的审美判断。一个会读书的孩子。哪位同学还可以补充？有没有不同意见？或者说继续补充一下？（老师欣赏地赞叹。）

师：三卷本的小说《平凡的世界》，作者路遥，写了一对兄弟：孙少平、孙少安。他们的故乡，在最中国的地方，黄河岸边。那一片黄土高原，那一片皇天后土，那一片炎黄栖息的地方。他写的不仅仅是孙少平、孙少安，还是千千万万个孙少平、孙少安，甚至是我们这个民族。还有不同的理解吗？这位同学，请你来讲。（老师深情地看着学生。）

生2（自信地回答）：我认为孙少安是主角。

师：可以，请说出你的理由。

生2：（自信、充满激情地回答）我觉得和孙少平比，孙少安的人生更具波折。因为孙少平是在哥哥孙少安和父亲的供养下读完了高中，然后才发现自己对精神世界的追求，才去追求自己的理想的。而孙少安成绩是很好的，只是迫于家庭压力，才不得已辍学回去务工，供养自己的弟弟妹妹读书。还有，后面的孙少安是一直在追求自己的理想，但是孙少安在生活上一直是很波折的。他开了砖厂，然后挣钱，但最后砖厂倒闭了。等生活好不容易平稳的时候，一直陪伴自己的妻子秀莲却死了。从另一个层面来说，孙少安追求的不仅是物质，他最后为双水村办了学校，这也可以体现出他精神的一个升华。所以，我觉得孙少安才是主角。

师：回答得很好，不一样的理解。她认为孙少安的人生更像那片土地，承受着，担荷着，苦难着，为他人的理想，为了弟弟的理想，为了整个家庭的理想，他付出的是土地般的厚重。在《易经》当中有乾卦和坤卦。乾卦：天行健，君子以自强不息。坤卦：地势坤，君子以厚德载物。这是另一种发现。少安，是让我们读起来要含着眼泪呼唤的名字。因为他付出的太多太多了，以爱的名义，如此厚重的生命。

很好，哪位同学还有自己的观点吗？（微笑着进一步引导）好，请你来谈。

生3：我认为孙少平是主人公。因为在第一部当中，孙少平的性格经历了一个变化，他的价值观是经历过成长的。孙少安则看不出这些变化，他只是一个平凡的为生活奋斗的人。

师：一个人在文学作品中是否能担当主人公的称号，要看他命运的变化是否丰富、是否多元、是否多维，是否能体现出生命灵魂的内在的风景。这位男孩子真会读书。每位同学都谈得那么好，还有补充吗？（微笑着进一步引导）

生4（自信地回答）：我还是觉得孙少安才是主人公。孙少平，他精神层面确实很高。但就是他的精神层面太高了，我才觉得他这个人是非常理想化的，在现实中很难有这样的人。不管贫困也好，被歧视也好，被红梅抛弃也好，他都不会去怨恨对方。而孙少安，我觉得他真正地像那个时代的农民。他虽然经历过波折，但最后靠自己的努力发家致富。所以我觉得孙少安是一个更立体的角色，而孙少平可能是一个趋于平面的角色。所以我觉得孙少安才是一个更符合"平凡的世界"这一标准的主人公。

师：非常好，这位同学侃侃而谈，充满了逻辑性，使我想起了法国大作家罗曼·罗兰的一句话。他说："世上只有一种英雄，就是当他看透了生活的本质的时候，依然热爱生活的人。"所以这位男同学说把第一主人公的席位给少安。他是那样的扎实。他还有一个文艺理论的概念，可见阅读面之广。他说少平是一个平面的人物，而不是立体的人物，这是他的想法。好，刚才好像还有一位孩子要说一说，是吗？好，请你来最后谈一谈。（老师微笑着望着学生。）

生5（思考着回答）：我的想法跟刚才那位同学有一点相似，我也认为孙少安才是真正的主人公。我们可以这样理解，这部小说有两条线，一条是孙少平，一条是孙少安。孙少安是作为在那样一个平凡的世界中，一个非常平凡、一个非常符合当时社会景况的角色。孙少平可以理解为，是在那样的情况下作者对理想中的自己的一个构造。

师：非常好，大家请看，这位同学在阅读的时候关注的是百万文字小说的结构，双线结构。他认为有主线和副线，于是少安就成了他心中的第一主人公。都有道理，横看成岭，侧看成峰。这部小说精心构造了这样一个聚焦点，孩子们理解到了，关注到了。孙少平、孙少安名字的最后两个字，构成了一个词叫"平安"。愿岁月静好，愿天下苍生平安。我们的民族是一个讲究"中""和"的民族。我们最高的、最低的，也是最大的人生理想，必是——平安。好，是这样的。至于谁是第一主人公，既重要又没那么重要，在以下的学习环节当中，我们再逐步加深理解。

（二）梳理小说的几种主要结构，试着画出《平凡的世界》的结构图

师：同学们说，《平凡的世界》是整整三部沉甸甸厚重的平凡世界，百万字的平凡世界。他为中国，为 1976 年到 1985 年或 1986 年，十年中的中国人，中国青年人作传。非常宏大，非常中国。但是，他需要一个整体的构思，便是小说的结构。这是我们在读整本书，读大部头作品时首先应该关注的。所以，在众多文脉当中我们应该梳理出他的文理、他的结构。看文理的品相是多么的精美，是怎样的细针密线，又是怎样的宏大构思。我们经常说《红楼梦》是中国古典文学的最高峰，细针密线地编织，如锦如缎，如云如霞。孩子们，这是一个怎样的结构？说到小说，如中国四大名著之一的《水浒传》是怎样的结构？看黑板，一起读。

生（齐）：环状结构。

（师生共同朗读。）

师：林冲十回书，武松十回书，相对独立却又环环相连，这是《水浒传》。因为这是说书人的底本，人物的故事相对独立。有一百单八将，共赴水泊梁山。青春、生命、壮怀激烈的盛宴，这是《水浒传》。那托尔斯泰的《安娜·卡列尼娜》呢？双线结构。城市的结构，安娜和渥伦斯基；乡村的结构，基蒂和列文。两条线就这样交织着，交织着……还有一部书，是一个土耳其的作家写的，这部小说的名字是《我的名字叫红》，写一个画家被杀的事件。同学们看黑板，如何编织这个故事？作家是这么写的，甲叙述一遍这个故事，乙从自己的角度再叙述一遍这个故事，丁叙述一遍，甚至死者也跑出来叙述一遍自己如何被杀，甚至连那条狗、那棵树也来讲这个故事。特别特殊的结构，也特别好玩。艺术达到一定境界，叫游于"艺"。"游"便是一种自由的境界，我们称之为"好玩"。还有一位作家，他来自阿根廷，他的名字叫作博尔赫斯。他的小说永远是迷宫式的结构。要读懂他的小说的结构，需要烧脑。同学们想不想读这位阿根廷作家的小说？同学们可以课下去读。好了，回到《平凡的世界》。讲台上有黑板，双线结构，少平、少安。你们根据小说的内容为它画双线结构的结构图，好不好？总而言之两条线索，城镇的孙少平，乡村的孙少安，十年的跨度，千年的沧桑。因为路遥写的是祖祖辈辈居住在这里、脸朝黄土背朝天的中国的农民。（老师满怀深情地讲解）好，同学们试着画一下结构图。同学们画线就行，文字部分你们口语表达就可以。

（学生安静地画结构图，数分钟后老师请学生上黑板画。）

师：多么精美，多么漂亮。好的，孩子们，如果你们还有不一样的，可以自己去黑板上画。我们先请这个结构图的作者来进行简短的说明。

生6：我这么画的原因是我觉得孙少平、孙少安虽然有主要主人公和次要主人公的区别，但总的来说，小说是围绕他们两个人来展开的。他们两个人之间互相有交叉，也有各自的生活。所以说，焦点就是他们交叉的部分，旁边那些延伸出去的部分就是他们各自的生活经历以及不同的思想吧。（学生详细地回答。）

师：嗯，非常好。平安，互文的修辞格。主人下马客在船，秦时明月汉时关，还有烟笼寒水月笼沙。（师生齐说）东西植松柏，左右种梧桐。居庙堂之高，则忧其民；处江湖之远，则忧其君。好了，互文的修辞格，不再讲了。那么"安"与"平"又何尝不是如此？于是，有着各自人生的跌宕，又有着生命的交汇。非常漂亮。哪位同学还能说说自己的创意图？好，这位同学，好复杂、好精彩的创意图。使我想起最远古时代的陶器上的花纹。那云样的纹，那水样的纹，那样的古朴，那样的悠远，那样的中国，那样的让人骄傲。哪位同学是作者？请你来解释一下。

生7：其实我画出来的结构图和刚才那个同学的有点相似，只是我加了一个时代背景。因为这部长篇小说时间跨度很大，中国社会在不断地变革着。当时的一些社会事件对主人公的影响是很大的，比如"文化大革命"对少平、少安的影响。（学生思考着回答。）

师：非常好。小说有三要素。大家一起说，人物、环境、情节。（师生齐说）如果离开了社会环境，人是不会存在的。任何一个典型的形象都不可能超越他的国度，那个时代，不会。安娜属于彼得堡，孙少平和孙少安属于那片黄土地。那一个特殊时代的中国，那十年突飞猛进的变化，社会的裂变，造就了这一个人物。真会读书，关注环境，好孩子。

师：（指着另一图）这个图形真特殊，我说他有着强烈的中国元素，那份对称的美。中国人讲究中轴对称，所以中国的建筑群是那样的和谐，那样的美好，如故宫。中国的小说家，土生土长的路遥，人民的作家路遥，他的小说竟是如此的对称与美好。这一幅图的作者是谁？请稍作解释。（老师深情地讲解，学生于老师的叙述之中感受那份美好。）

生8：这幅图是我画的。我认为孙少平、孙少安两条线其实是分离的。因为孙少平追求爱情是以精神为基础的，而孙少安更多的则是物质上的。他们最初的起点都是一样的，都是农民。然后孙少安选择了留在农村，开办了砖厂，实现自己的人生价值。而孙少平却不愿意留在农村，选择去城镇里打工，自己养活自己。他们最终的结局都是平凡的。这也是这部书给我们带来的精神上的一个领悟，要平凡。（学生边思考边回答。）

师：好，说得真好。殊途而同归，少安是现实的我们，少平是梦想的另一个我们。然后他说到了小说的名字。其实一个人追求平凡就好了，平凡当中有那么多的动人的美丽。其实就是这样的，非常美丽的结构。（指着另一图）这位同学能想到这样的一个结构，真是令我膜拜。像什么？像竖起的两个芭蕉扇，又带着天线。好美的结构，你肯定是读懂了。有请作者。（老师幽默地讲解。）

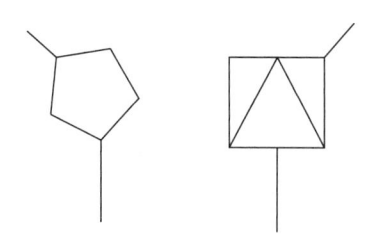

生9：我是这样想的。孙少平和孙少安有各自的故事线，但他们又生活在一起，他们的故事交织在一起。理想和现实的碰撞。他们又有自己不同的人生，他们平凡而又不平凡。

师：好，我似乎也懂得了，你看是否说得对。人，即使是平凡的世界的人们，也需要绽放出属于自己生命的姿态。也许他就是一棵树和另一棵树的故事。叶与叶相触在云里，让我们互相致意，但是没有人听懂我们的言语，我们有各自的生命和土地、爱情与幸福。多美的一种解释。有人说，建筑是流动的音乐，诗与文学总有音乐之声、图画之美。（指着另一图）这种图形在我来回看的时候，是同学们采用的最多的一种。来，有请这位作者。

生10：其实我还没有画完，我本来想的是以孙少平和孙少安为主线，还有其他一些人的故事。比如，田润叶和田晓霞的故事，这样交织在一起，就是这样。

师：你的这幅图使我想起《三国演义》这部小说开篇的一句话："天下大势，分久必合，合久必分。"（师生齐）这是艺术的规律。天下大势、政治、经济、文学、人生，又何尝不是如此？分了、合了，合了、分了。分分与合合，多么美好的裂变。（再指另一图）看，这两个图形，好独特！中国人很少用三角形，喜欢用四边形，最好是正方形。但是他用的是特立独行的三角形，使我想起西方的建筑，哥特式建筑。哪位同学画的？简单地解释一下。（深情地望着学生）

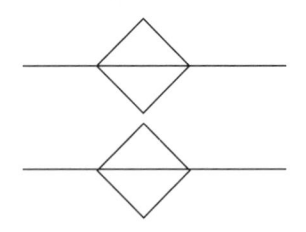

生11：这部小说主要是围绕孙少平、孙少安两条主线来发展的。围绕着孙少平和孙少安，还有田润叶、田晓霞以及贺秀莲这些人。作者通过这些人物来对孙少平、孙少安这两位主人公的故事进行补全，从而更加具体地体现出他们的性格与精神，来达成塑造少平、少安这两个身处同一个时代、代表着不同形象的人的目的。

师（欣赏性地点评）：这位同学声音有磁性，像一个资深的评论家，有着少年的老成，有一颗沉甸甸的心灵和一个硕大的思想的头颅。你的这幅图可以让人有那么多的想象，田晓霞、田润叶，使我想起了希腊神话中的爱神之箭，丘比特之箭，金箭。

被它射中了，却带着伤与痛，却没有爱情的完美。为什么不可以是尖锐的三角形？漂亮，点赞。（再指一图）好的，这幅图更是特立独行，她是用红笔画的。她画了三个叉，然后用一根线撑起来。好的请你来说。

—✕—✕—✕—

生12：这条横线代表的就是"平凡的世界"这一主线。在这一大的背景之下，有三个叉。我不知道是不是就只有我总结出了三个矛盾点。孙少平和孙少安都是由黄土铸就而成的，他们最初的印象和性格都来自黄土。但是，他们又有许多矛盾点。我总结出了三个，如他们在爱情上的矛盾点，然后还有对于土地的情结。孙少安是一个传统的又富于创新的，热爱土地不愿意离乡的农民。孙少平则是一个离乡的追梦人。这也是他们思想上的矛盾点，所以我是用叉来表示的。（学生微笑，自信，叙述自己的观点。）

师：非常好！没有矛盾，怎么能写出人物心灵的深度、厚度、宽度、广度？那份爱的碰撞，那份对土地的情感，那份对理想与现实的二难选择。我更愿意如此理解这三个叉。"三"，极言其多也。人生又何止三种痛苦？好，非常好，我们继续研读。关于画结构的问题，我们就到这里。小说三要素当中，最重要的一个问题就是，塑造人物形象。任何一部世界级的名著，都塑造出了不可多得的人物形象，成为小说当中独具风景的所在。如忧郁的丹麦王子哈姆雷特，吝啬的葛朗台，川端康成笔下永远的雪国、永远的少女的形象，大观园里的诗魂林黛玉，巴黎街头热烈如火的善良的身着一袭红装的爱斯梅拉达。主要人物是少平、少安，没错的，一部百万文字的长篇小说，有一个庞大的人物群。这些人对少平、少安的意义，我指的是文学性上的意义，不外乎正衬、反衬、团花簇锦、层峦叠嶂，写出人物的多面、多元、立体、多维。读小说我们要厘清人物关系。好的，先看少平，孩子们的书读得特别好。来，话筒传下去，我问你答。少平的初恋是一个叫什么名字的女孩子？（老师饱含深情地讲解，展示PPT。）

生13：是一个叫郝红梅的女孩子。

师：他们共同的特点有两点，一是每天中午吃饭的时候……

生13：他们都是最后才去。

师（充满深情地提问）：是什么原因？

生13：因为他们家都很贫穷。他们吃的都是黑面馍馍。

师：这是黑面馍馍的细节，还有一个细节使他们的心灵更加贴近了？

生13：可以一起读书。

师：那个女孩子，冬妮娅式的女孩子，他永远的爱。她的名字叫什么？

生13：田晓霞。

师：你能不能简单地说田晓霞给你最强烈的印象是什么？

生13：热情，开朗。

师：她是一个地委书记的女儿，却是那样的热情开朗，那样的无私。她的结局是怎样的？

生13：在洪水中，为了救一个小孩，最后牺牲了。

师（意味深长地讲述）：她被洪水无情地淹没了。美，就这样毁灭了。她更像一个少平的青春梦、爱情梦，永远的憧憬与向往，永远的苦痛。用张爱玲的话来说是"心头的朱砂痣"，"永远的白月光"。

师：少平有一个朋友从小跟他一起长大。在这里，我们理解了什么是友谊，什么是真正的朋友。这个人物叫什么名字？

生14：叫金波。

师：叫金波，好的，好极了，这个就不延伸了。请坐。接着看少安，少安的妻子叫什么名字？

生15：贺秀莲。

师：她是怎么成为他的妻子的，是因为爱情吗？

生15：不是的。

师：因为什么？

生15：少安其实和田润叶有一段感情。迫于世俗和时代的压力，田润叶有李向前父母和她二爸二妈给的压力，他们不能结合在一起。少安特别难过，听了父亲的建议，去山西把秀莲接了回来。（学生思索着回答。）

师：说得很好，他们后来有爱情吗？

生15：有。

师：先结婚后恋爱，是中国世世代代多少人的婚姻模式。好的，少安也有心中的朱砂痣、永远的白月光。人生估计都是如此吧。谁没有过青春？谁没有过恋爱？陕北的那片黄土地，轩辕之地，炎黄子孙世世代代生长的地方。平凡的，厚重的，如黄土地一般的农民孙少安。他有自己的爱情。他曾经的恋人是谁？

生 15：他曾经的恋人是田润叶。

师：为什么不可以把婚姻和爱情统一一下？

生 15：因为迫于当时的历史背景。阶层的差距和贫富的差距，迫使他们不能在一起。

师：阶层、贫富。爱情是美好的，但有时候又是这样的脆弱。好，我让你选一个他的同乡。当然有很多双水村的人，你随便说个名字就可以。

生 16：我能选一个不是双水村，是隔壁村的人吗？王满银，他姐姐的丈夫。

师：你在考查我的智商！非常好，就是这样，读得非常细，这么多的定语能够关注到。厉害，很好！还可以补充一个？（师提示）双水村，第一强人叫什么？

生（齐声回答）：田福堂。

师：书是读得很细的，不错。你再补充一个人，随便的，没关系。这样，来，你起立，这样看得清楚！老师提示你来答：少平的二爸，也就是我们叫叔叔的人，他是？

生 17：孙玉亭。

师：对的。这是一个特别的细节，我考查同学们读得细不细。因为细节特别有意思。好，他的着装上一个最重要的细节是什么？

生 17：破鞋。

师：好，你坐，写他的什么？同学们答得很好。

生 17：他有一双原来的领导给他的破鞋。（生笑）

师：鞋破得不行了。一个细节，他的鞋一定要用什么？用绳子绑着。他天天革命，天天喊革命，是吧，天天革命，就不好好地劳动。这个细节写得真好。你读得也非常非常好。这就是人们。这么多的人对主人公来说，其作用不外乎正衬或者？（老师带着疑问望向学生。）

生（齐答）：反衬。

师：就是这样。最优的人物群。有人说，"晴为黛影"，"袭为钗影"，袭人是宝钗的影子。还有那么多的人，双峰对峙，二水分流，花团簇锦。好了啊，关于人物，同学们也都厘清了。再看，所有的小说，在宏大的构思之下，必须有血有肉。好的一本书，要有筋有骨，有血有肉。何为血肉？小说的细节。鸿篇巨制也要有细节，如希腊神话。比如说，希腊神话中的战神，人间战神，不是天上的战神，不是阿瑞斯，也不是雅典娜。人间战神，在特洛伊十年之战当中的人间战神。同学们的阅读面非常好，大一点声！

生（声音洪亮地齐声回答）：阿喀琉斯。

师：帅呆了！阿喀琉斯，阿喀琉斯是一个战神，像中国的项羽。力拔山兮气盖世，时不利兮骓不逝。骓不逝兮可奈何！虞兮虞兮奈若何！阿喀琉斯，要有细节之美！阿喀琉斯只有一个弱点，他的弱点是什么？（生齐答脚跟。）脚跟是他的弱点，于是他被射中脚跟而死，这叫细节。细节之美，安娜有多美？吉蒂，作为十七八岁的少年，特别爱美，青春袭人。她想参加舞会，她翻遍了自己的衣橱，选了一件淡紫色的裙衫，衬着她青春的骄傲，出场了。但是当她看到安娜的时候，她懂得了什么是真正的美，大美。因为安娜一袭黑裙，衬出她象牙色的皮肤、所有的高贵，这是细节。

（三）寻找《平凡的世界》最动人的细节

师：好了，下面，我们寻找在阅读过程当中《平凡的世界》最动人、最精彩的细节。好的，开始，可以举手。这位同学你先来谈。

生18（带感情地回答）：我印象最深的也是最感动的一个情节是孙少安和田润叶最后在双水村里面，两个人坐在田埂上听见《信天游》，听见那句"哥哥，你慢点走"。这首《信天游》在后面多次被提到，就是田润叶和孙少安的感情经历，就是爱而不得的悲凉。

师：多会读书啊！很多孩子在读小说的时候会把环境描写全都去掉。读雨果的《巴黎圣母院》，关于巴黎街头的环境描写全略掉，总是要追问，后来呢，后来呢，卡西莫多怎么样了？爱斯梅拉达怎么样了？我们一路追求着，追寻着情节却忘了细节，忘记了路边的风景。慢慢地走啊，欣赏啊，这是读整本书的一个关键词，是吧？《信天游》反复出现多次，像古老的《诗经》一咏三叹，那样的黄土高坡，那样高亢的绕梁三日不去的《信天游》。信天游大多表达的是男女之间的爱恨情仇，永生永世，永不磨灭。这个细节好！哪位同学还可以接着说？（老师旁征博引，热情地讲解。）

生19（带着自己的思考回答）：书里有这样一句话。她怀着一颗热腾腾的心扑回村子来，准备交给她心爱的人，结果却连他的面也没见到。从这里我们可以看到，一个"扑"字写出了田润叶为了见到孙少安焦急的内心。我们知道它实际上是在李向前父母包括她的二爸二妈让她和李向前结合的时候，她为了向孙少安表达爱意而回到双水村的一段话。从这里，我们可以清晰地看到田润叶是深深地爱着孙少安的。这里用一个"扑"字，让我们很清楚地读出田润叶内心对孙少安的爱和她当时处于两难境地的焦急。但是，由于孙少安知道自己和田润叶不可能成为夫妻，所以他有意回避了田润叶对他表达爱的一个机会。从这一段，我们可以很真切地看到当时田润叶内心的悲伤，一种爱而得不到回答的难过的情感。

师：好，非常好。读长篇小说能读到一个动词，这是需要怎样的诗心慧眼。一个动词"扑"，让他捕捉到了，剑胆而琴心的孩子前程远大。哪位同学继续说？好，你来说一下。

生20：我找到的是比较小的一个情节，在第二部的616页，我想读一小段。

师：好的。

生20（有感情地朗读）："殡葬全部结束后，他蹲在这个小土包旁边，又抽起了旱烟，雪花悄无声息地降落着，天地间一片寂静。他的双肩和毡绒棉帽很快白了。他痴呆呆地望着对面白皑皑的雪山和不远处的一大片建筑物。一缕白烟从嘴里喷出来，在头顶上的雪花间缭绕。徐国强老汉突然感到这个世界空落落的；许多昨天还记忆犹新的事情，好像一下子变得很遥远了。这时候，他并不感到生命短促，反而觉得他活得太长久。"这里写的人物是徐国强老汉，陪了他很久的黑猫去世了，然后就是这一段情节描写，他在雪里静静地看着很贵重的东西一点点失去，我觉得对我感触很大。

师：好的。其实她想表达的是一个老人的沧桑。这个人和田晓霞是什么关系？田晓霞叫他什么？叫他"姥爷"。你们也叫"姥爷"或"外公"吗？写出沧桑、孤独、寂寞，那雪、那烟、那老人，非常简单，简笔画，像什么？中国的水墨山水。荡涤了五颜六色，仅有白、黑、灰，却那样有意境。路遥，中国的作家。同学们读书读得非常好。继续，以后同学们在读书过程当中要关注以上这些元素。这是小说的开头，我想请一个同学来读一下，可以吗？谁来读？

生21（有感情地朗读PPT）："他扭头瞧了瞧：雨雪迷蒙的大坝里空无一人。他很快蹲下来，慌得如同偷窃一般，用勺子把盆底上混合着雨水的剩菜汤往自己的碗里舀。铁勺刮盆底的嗞啦声像炸弹的爆炸声一样令人惊心。血涌上了他黄瘦的脸。

一滴很大的檐水落在盆底,溅了他一脸菜汤。他闭住眼,紧接着,就见了两颗泪珠慢慢地从脸颊上滑落了下来。"

师:少平一出场就是这个样子的。在一个县城的中学里,所有的同学取走了自己的白面馍馍和黄面馍馍,只剩下两个黑面馍馍。那是少平的午餐,他没有下饭的汤与水。一个男孩子的自尊心,一个少年的自尊心,在路遥的笔端这样流淌着,这样顿挫着。我上大学的时候,同学们,是20世纪的80年代末,在我们哈师大的图书馆里,有两本书要比别的书厚得多,一是《简·爱》,二是《平凡的世界》。为什么厚得多?它能唤醒无数和少平一样贫困而自强自尊的同学们,像简·爱一样贫穷而自尊的女孩子的心灵。是的,在上帝面前我们是平等的,不要以为我长得丑,长得瘦小,不,在上帝面前我们是平等的。这两本书,就是青春的泪,但是,是厚厚的。经典是可以穿越时代的,三十年过去了,孩子们在这里读《平凡的世界》,心灵和少安、少平仍然是共振的。这是本节课当中,我最大的欣喜。当然,这是经典的永恒的魅力。猜猜看,这都写什么了,这样的环境描写之后的情节应该是怎样的一个故事呢?来,读一下。

生22(有感情地朗读PPT):时间过得既漫长又飞快,转眼间就到了夏天。这是黄土高原一年里再好不过的日子了。远远近近的山峦,纵横交错的沟壑和川道,绿色已经开始渐渐浓重起来。玉米、高粱、谷子、向日葵……大部分的高秆作物都已经长了大半截。豆类作物在纷纷开花:雪白的黄豆花,金黄的蔓(wàn)豆花,粉红的菜豆花……在绿叶丛中开得耀眼夺目。

师:这金黄的蔓(wàn)豆花。动词,蔓(màn)延;名词,蔓(wàn)豆花。这个环境描写不是属于少安的,是属于少平的,接下来应该有个怎样的故事?具体的故事肯定是只有读了才知道,但是我们会猜一猜。好,你认为应该写一个好的故事呢还是一个悲伤的故事呢?

生23:我认为应该不会写一个特别好的故事。

师:不是特别好的故事,理由是什么?

生23:因为我觉得它需要一个转折,来吸引读者的阅读兴趣。

师:你认为有可能是反衬的,当然可以啊。读了很多的小说,有了这样一种阅读体验和审美体验,很了不起!但是在这儿是正衬,写的就是孙少平与郝红梅的初恋,在这里是苦涩的也是甜蜜的。所以,这位同学通过对字面意义的揣摩,感受到不是单纯的快乐,很了不起,这叫"语感"。语感不是天生的,是后天阅读的积累。

你是个会读书的孩子。由于时间关系，就不再说了。这样的故事，田福军，晓霞的爸爸，你想读一下是吗？谢谢。

生 24（有感情地朗读）：田福军赶忙走出会议室，来到隔壁电话间。当他听完吴斌的电话后，话筒从手里滑落下来，"当啷"一声掉到了桌子上。他像死人一般僵在了电话间。外面的雨在哗哗地下着，下着……

师：田福军，晓霞的爸爸，当时是地委书记，接下来就是下一章。大家看，一节的小说，一章的小说到此结束了，这是中国式小说的结尾，非常像中国式的诗歌。问君能有几多愁？

生（齐声回答）：恰似一江春水向东流。

师：后主的深创剧痛用什么来写？一个画面，一个景物，恰似一江春水向东流。李白《黄鹤楼送孟浩然之广陵》："孤帆远影碧空尽，唯见长江天际流。"归有光怀念他的妻子，"庭有枇杷树，吾妻死之年所手植也，今已亭亭如盖矣"。这就是思念，这就是环境描写的作用。晓霞为了救一个孩子，被洪水卷走了，一个父亲的悲伤，怎么写？山河都载不动的悲伤，怎么写？孩子们，如是写，就这样写，就是不写之写，就是侧面之写。

（四）扩展与延伸：阅读是生命、灵魂与文本的共鸣

师：刚刚，第十届茅盾文学奖有了结果，梁晓声的《人世间》获奖了，这是颁奖词："在《人世间》中，梁晓声讲述了一代人在伟大历史进程中的奋斗、成长和相濡以沫的温情，塑造了有情有义、坚韧担当、善良正直的中国人形象群体，具有时代的、生活的和心灵的史诗品质。他坚持和光大现实主义传统，重申理想主义价值，气象正大而情感深沉，显示了审美与历史的统一、艺术性与人民性的统一。"默读就可以了。《平凡的世界》也获过奖，路遥肯定也有过颁奖词。但是，那是别人写的，不是我们授予路遥的。同学们试着给路遥《平凡的世界》写个颁奖词吧。有话则长，无话则短。诗歌从来不以篇幅长短论，《易水歌》只有两句，《大风歌》只有三句，照样流传千古。

时间短的时候，同学们要学会速记和速写。你可以写几个关键词，然后把它连缀成句。

（学生写颁奖词，数分钟。）

师：这位男同学，你先开始。

生25（深情地叙述）：平凡却不平庸，伟大而又深沉，你从大千世界而来，透过凡尘看人间百态，世间万物生于平凡，又归于平凡。路遥在《平凡的世界》中展现苦与乐、痛与哀，在人性里诠释平凡的真谛。凡，源于生活，而又高于生活。它为人类留下的巨大宝藏将熠熠生辉，源远流长。

师（激情洋溢地讲解）：此处可以有掌声。虽然我很反对上课有掌声，但是现在我倡议。他解读平凡，挖掘它的哲思。用许多对立的词，写出了一份矛盾与焦灼，写出了那片深度的心灵的风景。非常漂亮！哪位同学可以继续读一下你授予路遥的颁奖词？

生26：有这样一本书，它告诉我们，要不懈地追求生活，要理智清晰地面对生活，才不枉在世间活了一场，这就是《平凡的世界》。路遥在这本书中以细腻的笔触描绘了20世纪中后期的人们为了改变命运而奋斗的故事。这样一本书将"平凡的世界"这一大画面通过小人物展现出来。这是一个人的平凡，也是间千万个人的平凡。这样的作品无论在当下还是后世，都影响深远。

师：谢谢。她用这样的句式，"有这样一本书……"，开头，非常吸引人，不错。

生27：在中国的黄土地上，在那一片一片的田、一座一座的城市，还有那深重的苦难中，有一对平凡而又不平凡的兄弟。他们走向了不同的人生，却又归于平凡，以至于终结了他们苦难的一生，这就是《平凡的世界》。路遥用细腻的笔触写出了他们的平凡。

师：以上的颁奖词是即兴的发言，没有文稿的，非常漂亮。同样的一个世界，路遥说，这是平凡的世界；同样的一个世界，雨果说，这是悲惨的世界。同样的一个世界，在你我的心中会是一个怎样的世界？让我们用一生去书写。其实阅读是生命、灵魂与文本的共鸣与交响。我听到了你们的声音，非常感谢！同学们，下课！同学们再见！

生（齐）：老师再见！

七、隐喻象征层层叠加的心灵影像

——执教《朝花夕拾》整本书导读

（人民教育出版社统编语文教材七年级上册第三单元名著导读）

时间：2019年4月14日
地点：山东省曲阜第一中学
整理人：青岛西海岸新区实验高级中学　张艳艳
　　　　福建省南安第一中学　张贺

师：同学们手里都有鲁迅先生的《朝花夕拾》，很好！请问《朝花夕拾》题目好在哪里？鲁迅先生曾经在期刊上连续发表了《旧事重提》，这是原名。后来需要结集出版，改为《朝花夕拾》。请全班同学齐读书名。

生（齐）：《朝花夕拾》。

师：为什么要齐读？是为了体会。"旧事重提"和"朝花夕拾"，你更喜欢哪一个题目？为什么？我们读书时一定要学会读题目，因为一本书的题目往往是一个作家、一个诗人、呕心沥血思考的结晶。比如，《悲惨世界》的作者是谁？

生：雨果。

师：法国古典浪漫主义的大文豪——雨果。他说，这个世界，我眼中的巴黎，这样的法国，它在我眼中是一个悲惨世界。因为雨果的心中充满着大悲悯。

《红与黑》的作者又是谁？

生：司汤达。

师：同学们知识面真广。司汤达，法国小说家，他把自己的小说命名为《红与黑》，两个色彩。"红"是隐喻和象征，囊括了太多的精神实质，乃至对巴黎、对法国，对人，尤其是对年轻人的那种最大的思考，同时也是最大的悲悯。"红"代表什么？在当时的法国，只有成为红衣主教，才可以超越自己的阶层。"黑"代表什么？这位同学，你在笑，非常自信，请你讲一下。

生："红"代表宗教，"黑"代表战士。

图40 《朝花夕拾》公开课

师：拿破仑是生活在科西嘉岛上的一个平民子弟，他可以通过赫赫战功跻身上流社会，甚至可以称帝。这是《红与黑》的名字。再看，作为能够和世界上诸多大文豪比肩的中国"民族魂"——鲁迅先生，他的散文集的名字不叫《旧事重提》，改为《朝花夕拾》，你觉得好吗？有什么含义呢？大家都在点头。

生：第一，"朝花夕拾"蕴含着之前的"旧事重提"，作者把所经历的事情重新讲一遍。第二，把"故事"比喻成"花"，体现了对曾经的故事的怀念。

师：非常有逻辑性，第一是包含关系，第二是形象，第三很有情感。很有自己的思想，关键是非常会表达。哪位同学还可以补充？

生："朝"与"夕"是时间上的对比，"朝"代表他的童年，而"夕"代表中年。"花"本身就是一个非常美好的意象，所以这里隐藏着"他的童年生活是美好的"，在"夕"的中年的时候，把落花拾起来。题目"朝花夕拾"表达了作者对童年生活的怀念之情，并且有非常浓厚的散文的美感。

师：曲阜一中的同学们真了不起！正如《论语》所说的，回答问题，跟长者谈话，侃侃如也。注意字，是我们学习语文的过程。首先从文字入，再经历思维、审美和文化的推敲过程，最后再从文字出。同学们把"朝"与"夕"抓得多好啊！

"朝"——青春的岁月，童年的时光；"夕"——中年，用词精准！鲁迅先生写《朝花夕拾》时是四十五六岁，人到中年。这份情感通过"朝"与"夕"来表达，他看到了这种对称之美。中国文化是讲究对称之美的，故宫的中轴对称，音乐的中轴对称等，文字亦如此。"朝"与"夕"。同学们不仅注意了字，还注意了一个重要的意象——"花"。前面两位同学都注意到了，鲁迅用"花"来说自己的童年、自己的青年时代，回眸那一瞬过往的日子如花。一个意象，漂亮！向同学们学习表达，学习观察。还有补充吗，同学们？

生：花需要拾起是花落了。鲁迅先生是说自己的童年离去了，现在重新回忆它。

师：她不仅注意了"花"的意象，还注意了动词——"拾"。表面上是"拾起"，实际上暗含了太多的过程。那个过程是花开与花落，岁月如歌，岁月如花。多美的体会。鲁迅先生对于语言的敏感当然是一流的，没有鲁迅先生，就没有中国现代文学史的第一块基石。因为，先生写了中国现代文学史上第一部白话小说，叫——

生（齐）：《狂人日记》。

师：所以，鲁迅先生对语言的推敲达到了炉火纯青的地步。恐怕同学们记得先生的这样一句话，描写院子里的那两棵树，谁记得——

师生（齐）：一株是枣树，还有一株也是枣树。

师：这就是鲁迅先生的语言；他对语言的敏感不独体现在散文集《朝花夕拾》上，也许还体现在诸多的散文诗、小说、杂文上。哪位同学记得或你欣赏的鲁迅先生的其他作品的名字？

生：《且介亭杂文》，因为这个名字本来叫租界亭杂文。

师：鲁迅先生在上海一住就是十年，在那里成就了这部杂文集。"租界"何以成了"且介"呢？

生：去掉了"禾"字和"田"字，是想表达当时的中国失去了"禾"，失去了"田"，就没有了"国"。

师：多么深沉的爱！多么深沉的象征与暗示！你懂得了"且介亭"的辛酸和悲愤，请继续讲。我提醒一下，鲁迅先生有三部小说集——《呐喊》《彷徨》《故事新编》，散文诗集《野草》，散文集（师生一起）——《朝花夕拾》，还有十多部杂文集。除了刚才这位同学说的《且介亭杂文》，你还对哪些作品有想法？

生：我想说两个可以连贯起来的作品，《呐喊》和《彷徨》，我针对这两个题目来说。《呐喊》的写作时间要比《彷徨》早。《呐喊》是作为知识分子的鲁迅，心怀救国之志的青年，在黑暗的中国找不到出路时，他发出了"呐喊"的吼声，他想化成一把利剑刺穿黑暗。《彷徨》是国民革命失败之后，他对于国民党和当时新兴的共产党，能否从本质上挽救中国，产生了犹豫。他不知道如何去做，所以写下了《彷徨》。这两个题目揭示了作者在为民主革命而奋斗中的矛盾的心理状态。

师：鲁迅的知音！从《呐喊》到《彷徨》有个时间顺序，有个心路历程。尤其是鲁迅先生的政治立场，这位同学把握得精准。知人方能论世，知之深，方能爱之切。

生：鲁迅先生杂文集中的《热风》。一般"风"给我们的感受是清凉，鲁迅先生却用"热风"作为题目，是和现实生活相反的一种感受，反映了写作时代的黑暗背景，批判了当时的社会。

师：非常好！同学们，什么叫智慧？什么叫智商？什么叫聪明？（手势比划相反方向的箭头。）

有这个方向的思维，同时兼具另一个方向的思维的人当然是智慧的——逆向思维。方才这位同学说风是冷的，但鲁迅先生永远会为它翻出新意。"热风"，这是鲁迅式的表达，他永远说"不"，但他不用简单的"不"来呈现，而是"热风"。同学们越来越接近鲁迅先生的心灵了，越来越接近这颗伟大的灵魂了。《野草》《呐喊》《彷徨》《朝花夕拾》《故事新编》《坟》《热风》《南腔北调集》等。还有小说的名字吗？我们等待一位同学更精彩的内容。（面对一个同学）咱们来个简单的对话，鲁迅先生最有名的小说，你认为是哪一篇？

生：我认为是《药》，"药"这个题目是小说的线索，（另一个）是一个英雄的逝去，表现了人们内心的愚昧。两个故事，双线结构，同时发生，给人带来心灵的冲击。"药"也表现了鲁迅先生想要挽救黑暗的旧社会，给中国开一剂良药。

师：多好的表达。"药"既是线索又是多重的意象，一个词——振聋发聩。当然，鲁迅先生公认的最好的小说是《阿Q正传》。在生活中，你遇见过一个名字叫阿Q、阿A或阿新的人吗？依次类推，这个题目有没有意思？阿Q，还"正传"？

生：鲁迅先生之所以把他的名字命名为阿Q，是因为这个名字不代表一个人，而是某一类人。而且，鲁迅先生着眼于小人物，而不是寄希望于大人物。这个题目蕴含着鲁迅先生对小人物的感情。

师：真深刻。孩子们读了多少书啊，才会有这样的见识、这样的表达。阿Q，小人物也。鲁迅先生不是司马迁，不为帝王将相作传，不为游侠作列传，也不为货殖作列传。他将自己的双眸，深情而又冷峻的双眸，看向我们这个民族生活在最底层的人。他要为他们立传，他们才是我们这个民族的魂灵。我们在读一本书时，不要忘记先读题目。之后要做什么呢？如果让十五六岁的你们回忆童年，一定要写一些人一些事。你不用写十篇文章，写《朝花夕拾》，未必是"夕拾"。你们会写什么，会以怎样的心情写？我来采访一位同学。

生：我会写成长的点滴故事。

师：点点滴滴，动作是"拾"，捡起失落的东西，带着美好的感觉。

生：我会写对我来说比较重要的事情，因为它们构成了我的生活。

师：我听懂了，我是谁？我从哪里来？我是我过去的一切的总和，非常有人生哲理。不仅写我的欢乐，也写我的悲伤。我是谁？怎么让"我"有特点，写成就"我"的大事，成就"我"的人？同桌呢？

生：我会写在童年过程中陪伴我长大的人物。

师：永远写人。"人"与"事"，最后永远落在"人"上。文学作品最后完成一个字——"人"，让"人"成为更好的"人"，就是文学的意义，哲学的意义。鲁迅先生是文学家，也是思想家，让自己成为"人"，他叫什么名字——？

生（齐）：周树人。

师：他原来叫——

生：周樟寿。

师：真渊博！周樟寿，不外乎祝福他长寿、有福气而已。鲁迅先生说，不，我不叫什么周樟寿，我要叫周树人。他树的人，不仅是自己这一颗灵魂，不仅是一己之树，更是整个民族。1936年，鲁迅先生去世，人们自发地为他送行，有人说有四万人。当时的上海，不是现在的国际化大都市，不是几千万人口的大上海。在当时的上海，四万人自发为他送行。他的身上，覆盖着一面旗帜，上面写着三个字——

生（齐答）：民——族——魂。

师：《朝花夕拾》，是回忆自己的童年和青年。如何回忆？什么样的视角？怎样选材？怎样的情感？这是我们在读书时要读的。谁没有写过自传？同学们了解萧红吗？萧红是我们黑龙江的骄傲，她从白雪覆盖的呼兰小城一路走向更大的生命场。后来，她在香港的浅水湾去世，她的绝笔之作，便是那永远的《呼兰河传》。她写的不仅是一个小女子的人生境界，而是为整个呼兰河，为生活在东北的那么多的父老乡亲，为那么多的悲惨的灵魂立碑作传。刚才的一位男同学谈得特别好，《朝花夕拾》的写作时间在《呐喊》《彷徨》之后。真正的《朝花夕拾》，绝不只是我们之前学的《从百草园到三味书屋》貌似简单的东西，也不只是《藤野先生》。那么，它是什么？看看目录，有多少篇目？全班齐读。（出示《朝花夕拾》目录）

生（齐）：《狗·猫·鼠》《阿长与〈山海经〉》《二十四孝图》《五猖会》《无常》《从百草园到三味书屋》《父亲的病》《琐记》《藤野先生》《范爱农》。

师：总共十篇散文，薄薄的小册子。究竟涵盖了什么？请看目录，你最熟悉的文章是什么？最感兴趣的是什么？最难解的又是什么？第一读题目，第二读目录，这是我们拿起一本书先要做的事情。

生：我对《阿长与〈山海经〉》《从百草园到三味书屋》《父亲的病》《藤野先生》比较熟悉。

师：几乎占去了十篇文章的一半。

第二个问题，如果打开《朝花夕拾》，看了十篇文章，你最想读下去的是哪一篇？为什么，只是猜想，没有固定答案。每个人的兴趣不同、认知不同，答案当然不同。我们随便聊聊。你喜欢哪一篇？你想从哪一篇读下去？

生：《从百草园到三味书屋》，涵盖了在这两个地点发生的事情。

师：又是一个对语言非常敏感的好孩子，两个场景，作为文字，它有一种召唤力，有一种谜一样的存在。你呢？

生：我想读《二十四孝图》。因为我们都知道"二十四孝"，我想知道鲁迅先生是怎样写的？

师：挑战鲁迅先生思想的尺度在哪里？边际在哪里？我是否可以超越？这个孩子很有思想。"二十四孝"已经成为定论，中国往往以"孝"治天下，孔夫子也讲过。其实，中国的传统文人要有两块重要的人格基石：一是"忠"；二是"孝"，孝悌。那么，鲁迅先生会谈出什么呢？这是这位同学的好奇。带着好奇心去读，去对话，去形成自己，就像一位教育家所讲的一个人的精神成长史就是他的阅读史。

生：我最感兴趣的是《无常》。众所周知，"无常"是中国古代神话地府中的一种鬼怪。我很好奇，鲁迅先生通过"无常"能写些什么？

师：你居然知道"无常"是中国古代神话地府中的一个所在，你还用了"众所周知"。其实真的不是"众所周知",你很了不起。希腊神话中的冥王是谁?

生:冥王哈得斯。

师:冥王哈得斯,中国是阎罗王,然后有"无常"。"无常"关乎鬼怪。《论语·述而》:子不曰怪——

生:子不语怪、力、乱、神。

师:孔子说,我不谈神和鬼,我只谈人间事,我只谈"生"。未知生,焉知死?而鲁迅先生,周树人先生,他的《朝花夕拾》,居然明晃晃的有一篇文章叫作《无常》。孔夫子不谈的,我来谈,这是鲁迅先生的气魄胸襟。同学们一眼就看到了,这是你的见识,非常好!你还对哪篇文章感兴趣呢?

生:鲁迅被称为"民族魂",但在《朝花夕拾》里却有个日本名字。所以我很好奇,作为一个爱国作家,鲁迅会怎样写《藤野先生》,写的是什么?

师:真是具有一双慧眼,看出这么多问题。同学们,我们都会写回忆的文章。而鲁迅在"我的老师"当中,写了三味书屋中的启蒙老师寿镜吾先生,还写了日本的藤野先生。对我们民族来说,这是日本人呀。当然,鲁迅去世是在1936年,写作这篇文章的时间是1926年到1928年,中日战争还没有爆发。但是藤野先生毕竟是日本人。可以看出,鲁迅先生对人的评价超越了——

师生(齐):国界。

师:鲁迅尊重的永远是人性的善与品德的端方。藤野先生正直、严谨,作为一个人,作为师者,足矣!不用在意国界,不用在意是中国人、日本人、俄罗斯人抑或其他。国际化的鲁迅,这个词还不够,鲁迅先生一针见血,入木三分,看见的永远不是表象,他看见的是内在的灵魂。唐朝有一项政策,旅居在中国的外国人,可以考唐朝的公务员。我们在世界各国都有一条街——

生(齐):唐人街。

师:它不叫宋人街,它不叫明人街,它叫唐人街。那种海纳百川的气度、胸怀就是盛唐。一个人想成为巨人,要有胸襟,不要有任何的偏见。鲁迅反对任何偏见,他目光所及的任何地方,没有黑暗,不允许有一丝黑暗;没有死角,360度没有死角。不要忘了鲁迅先生生活的时代,在那样的时代他竟有这样的情怀。还有同学有疑问吗?

生:我特别好奇《狗·猫·鼠》。我们可以看出文章是按时间顺序排列的,从第一篇到第十篇应该是从小时候到参加民主革命。也就是说,《狗·猫·鼠》写的是作者在很小的时候,应该很喜欢小动物。他记得那样清楚,肯定留下了深刻的印象。并且,用三个动物作为题目,题目比较含蓄。我想知道表达了什么。

师：鲁迅永远剑走偏锋。就看这三个动物,如果是我,是在座的你们,选择喜欢的,有人会选择鼠吗？惯常的思维绝对不会选鼠,但鲁迅先生说我喜欢鼠,我讨厌猫。这就是鲁迅。童年的记忆从这开始,因为涉及一个孩子的价值观,是与非,其实就是这样。题目我们就读到这里,我们来看看书写的形式,他追求整齐划一了吗？

生（看幻灯片排版,齐答）：没有。

师：鲁迅追求的是变化。我们面对的是高考的作文和平时的写作。有人谈写作时这样说,第一个把女人比作鲜花的是天才,第二个是庸才,第三个是蠢材。我们齐背一下,（师生齐背）天才——庸才——蠢材。如果,一个作家,他十篇回忆录中的题目完全一脉相承,那他太缺乏生命的活力与创造力了,一定要注意避免。艺术与文学追求的是不同、个性,科学求同,文学艺术求异。观察这些题目,你最喜欢哪一个,可以用一下。有的是把人名作为名字,有的叫"……记",有的叫"……会",有的叫"……的……",等等。这十篇文章毕竟是一个整体,是散文集,是相对独立的。你中有我,我中有你,和而不同,提纲挈领。《朝花夕拾》十篇都写了什么？看起来也没有新鲜的,也比我们伟大不了多少。想一想你看出了什么？来,请你读一下PPT,从动物读,顺时针。

生（齐读幻灯片）：动物、保姆、孝道、赛会、无常、乐园、私塾、中医、父亲、邻居、老师、朋友。

师：真的是惯常的回忆呀,那个时代,富有一点的人家都会请保姆。孝道是中国的大道,汉代以"孝"治天下,很多帝王的谥号都要带一个"孝"字,汉孝文帝、汉孝景帝、汉孝武帝……赛会,就是社戏。我们没看过社戏,但看过电影和戏剧。无常,生命中的乐园,学校,当时的中医,他的父亲,他的邻居,他的老师,他的朋友。只看选材,真的没有什么。但这是鲁迅的自传,不同于其他的自传。当今许多明星也写自传,有没有文化都要找人代为捉刀,来一本自传。不是一篇,而是很长。自传,肯定都有一种自恋,一种孤芳自赏,而鲁迅先生的《朝花夕拾》也是自传,我们一起来研读。第一篇文章是？

生：《狗·猫·鼠》。

师：鲁迅不喜欢狗，也不喜欢那看似会除害而温柔的猫。他喜欢老鼠，是一般的老鼠吗？

生：是他小时候的宠物——隐鼠。

师：读书读得真好！不是一般的老鼠，也不是田鼠。为什么叫隐鼠呢？因为它只有拇指大，小到似乎不存在似的。所以，称为隐鼠。他只是想说他喜欢隐鼠吗？当然不是，是因为什么？这是文本比较深入的东西了，我们暂时不做探讨。不要有压力，我们只是在做导读，导读是你在还没有读之前的阅读。

鲁迅先生讨厌猫，他喜欢弱小的隐鼠，但是隐鼠死了，他很伤心，就这样一个故事。他想表达什么？

这组男同学，说一下自己有宠物吗？要是没有的话想养什么？

生：我没养过宠物，我想养只狗，因为它很可爱，可以玩儿。

生：我没养过宠物，我想养一只乌龟（全体笑）。

生：我养过宠物，我养过一只乌龟。

生：我养过两只宠物，两只小狗。

生：我没养过宠物，我想养只狗。

生：我养过宠物，一只中华田园犬。

师：我有没有必要对同学们进行劝说？老师劝你千万不要喜欢乌龟了，乌龟有很多缺点，我麻烦你喜欢田鼠吧，麻烦你喜欢小鱼吧。同学们，听懂了吗？鲁迅先生在说什么：我喜欢鼠，喜欢就是了。对于孩子来说，我能给予他们最好的是什么？对于孩子喜爱宠物的偏好，作为成人来说最好的方式是什么？

生：支持。

师：你会是一个好父亲（全体笑）。鲁迅先生干脆就有一篇文章《我们现在怎样做父亲》。他就喜欢那只小隐鼠。但是因为长辈的疏忽，一不小心隐鼠被弄死了。他的伤心无人懂，无人理会，还有很多深层的东西。这是主线，这是鲁迅式杂文的笔法。

鲁迅在描述自己这样一个小小的心灵，原来如此。那么第二篇或者第三篇呢？《阿长与〈山海经〉》大家最熟悉不过，你能三言两语地说鲁迅在表达什么吗？人的一生要修炼一种爱的能力。爱的能力是怎样修炼成的？我简单地告诉你，是在被爱的过程中修炼出来的。有些年轻人，不会恋爱，是因为不会爱，是因为没被爱过。《阿长与〈山海经〉》你读到了什么？以同学们的见识、谈吐，没有问题。

生：因为《阿长与〈山海经〉》中对阿长的形象是欲扬先抑，鲁迅一开始对她比较厌烦。后来阿长给他买《山海经》，是懂鲁迅需求的人，给予鲁迅想要的爱。鲁迅对她比较敬爱。所以鲁迅先被关爱，然后敬爱阿长。

师：一个人在童年要吸收足够的爱，他才可能成为阳光的人，他才可能成为君子，君子坦荡荡，他才能爱自己，爱他人，爱家人，爱这个世界。鲁迅想说我这辈子所有的爱，其实来自一个平凡得不能再平凡的女人——阿长。阿长知道什么是《山海经》吗？她知道我们这个民族的沉沉大梦就在《山海经》里吗？她为什么费尽千辛万苦，就要给童年的鲁迅买一本《山海经》呢？理由很简单，因为鲁迅喜欢。这就是爱，不用讲原则，不用讲为什么。爱的力量来自心里，这就是《阿长与〈山海经〉》永远不能忘记的永远永远的阿长，就像艾青永远不能忘记的是——？

生（齐）：他的保姆——大堰河。

师：就像萧红，这个三岁就没了母亲的才女。这个女子，她所有的爱的童年的源泉是她的祖父。同学们，我们来想一想。把我们的人生寻找一种根源，让它更具动力，更具前行的力量。

师：关于"孝道"，关于父亲，我们说一说，这是中国人颠扑不破的道理。同学们翻译这句话——"天下无不是之父母"，因此有了《孔雀东南飞》的悲剧，因此有了陆游与唐婉的爱情悲剧。"天下无不是之父母"，我们一起翻译这句。只要是父母都是对的？

生：对。

师：只要是父母就是真理。

生：对。

（其他学生笑。）

师：在 21 世纪的今天，我们再说鲁迅，再说"天下无不是之父母"，同学们都笑了。在鲁迅的时代，他可以在《朝花夕拾》中向"父权"说"不"。《朝花夕拾》的战斗性大于《呐喊》《彷徨》，大于他十多部杂文集。知不知道有这样一个细节，他要去看——

生：我记不清是哪篇了，应该是《五猖会》。他要去看会，父亲让他背一篇古文，他背完了，最后都没心思看戏了。

师：《鉴略》。同学们看，这就是一种思考。鲁迅是思想家，是民族魂。他的文

章是投枪、匕首。他的深度，他的那份深沉之爱就是这样，多么深刻啊！我们的父亲，我们的长辈，我们的社会是这样的态度。同学们，我是老师，我要求你不准那样，一定要这样。这是强制和强权的输出——"你就要这样"。一个孩子的心灵因此有了隐痛，有了伤痕。《朝花夕拾》在说，"我"就是这样在夹缝中扭曲地生长的。在那时的中国大地上，还没有一片或一寸乐土让孩子阳光地成长。这就是它的主题。看看我的父亲吧，他不是天下最坏的父亲，甚至可能是天下最好的父亲，但他这样对待我。这是鲁迅的深度。

中医是国粹，但是中医已经到了什么程度？现在是国学热，但又有多少国学骗子？比如，"我用《易经》算卦了""明年就能发财"，这是《易经》吗？我有个学生，三十多岁了。他说，老师，你再等等我，再过两年我就能发财。我说何以见得？他说大师给我用《易经》算卦了。这是《易经》吗？同理，江湖上的中医真的是中医吗？或者鲁迅仅想说中医吗？或者董老师只想说《易经》吗？同学们，能简单说父亲的病吗？鲁迅的父亲是怎么死的？不要告诉我说他是病死的。

师：你（一个坐在女生中间的男生）坐在这里落落寡合，你来答（全体善意地笑）。

生：被庸医医死的。

师：十分之深刻，被医术低劣的中医医死的。这个社会"病"了，因为医生都"病"了。病的仅仅是医生吗？还有那么多精神领域的"医生"，他们也是"病人"。对于《朝花夕拾》整体的风格，同学们抬头看黑板，读一下这个四个字的形容词。

生（齐）：醇厚沉郁。

师：这不是简单的爱，不是全充满爱与美好，鲁迅绝不会诗化、美化、矮化任何一种感情。他临终时说："我也一个都不宽恕"。什么叫"一个都不宽恕"？他不宽恕的是谁？有同学说是他的政敌，不对！

生：我觉得是危害社会的人。

生：我觉得是世界上的丑恶。

师：仅仅是丑恶？加大尺度，还不仅仅是丑恶。

生：我觉得是封建社会的思想。

生：我觉得是现实生活中的每一点、每一滴。

师：太深刻了，所有的一切我绝不简单地宽恕。绝不会诗化、美化、矮化、软化他。

生：我觉得是所有对人性的摧残。

生：我觉得他不宽恕的是精神的病态。

师（指示屏幕）：看一看，我的朋友、老师、保姆……所有的一切我都纯客观地看，不仅看表面，还看内涵。小时候看电影你会问妈妈："这个是好人？（生笑）那个是坏人？"多么简单的二分法，简单地评价好与坏。长大后，对现实生活，你还会如此简单地评定吗？那你指着他会说他是好人？坏人？（生大笑）生活不是这样的，你想说什么？

生：我一个都不宽恕。（哄堂大笑）

师：你也可以重新表达一下这句话，绝不宽恕的是什么？

生：我觉得是人性的一切。

师：人性的一切及其他，社会的一切及其他。太阳与月亮，白昼与黑夜，宏观与微观。这是鲁迅先生灵魂所抵达的地方。

一本书拿来之后，首先看结构。中国人一向喜欢时间结构，如《水浒传》的环状结构。《朝花夕拾》这十个环我选择让它们紧密连接在一起。你认为，应该将十个环分开还是连接？

生：连接，散文要环环相扣。像长妈妈的出场就是连贯的。

师：长妈妈在哪几个故事中有？

生：《阿长与〈山海经〉》《狗·猫·鼠》。

师：比如，那个邻居，邻居的象征意义就更到位了。邻居象征社会环境，象征S小城、绍兴城。两个词可以概括衍太太丑陋的嘴脸，诲淫与诲盗。哪个"诲"？

生：污秽的"秽"。

师：教诲的"诲"。她诱唆鲁迅看不好的小说，偷盗妈妈的首饰。透过这个女人来映射S城，也反映当时的社会。一个孩子从童年起，心中结满血痂，长成了范爱农那么优秀的青年，在这样的死地，在这样的中国，能活下去吗？范爱农投河而死，死的时候站着，有多少不甘，有多大屈辱！用狂人日记的结尾，我们来说——

生（齐）：救救孩子！

师：这就是它的主题与结构。

从《狗·猫·鼠》中，我们可以看出鲁迅先生绝不人云亦云，永远有自己的思想、自己的心灵。值得敬重，这就是人。人的成长是灵魂的成长，是不屈的成长。刚刚有位同学说最不理解《二十四孝图》，那请你来读一下。

生：如"子路负米""黄香扇枕"之类。"陆绩怀橘"也并不难，只要有阔人请我吃饭。"鲁迅先生作宾客而怀橘乎？"我便跪答云，"吾母性之所爱，欲归以遗母。"阔人大佩服，于是孝子就做稳了，也非常省事。"哭竹生笋"就可疑，怕我的精诚未必会这样感动天地。但是哭不出笋来，还不过抛脸而已，到"卧冰求鲤"，可就有性命之虞了。

师：字正腔圆。"吾母性之所爱，欲归以遗（wèi）母""性命之虞（yú）"读得很标准。那你明白鲁迅怎样翻出新意了吗？

生：鲁迅对封建愚孝的批判与否定，他认为封建的"孝"是不可取的。真正的孝不应该带有鬼神色彩，"孝"是体现在现实生活中的。

师："孝"建立在亲子平等的基础之上，为了"孝"就可以偷橘子吗？就可以不顾生命危险吗？现在我们懂得，每个生命都是平等的。但是，在20世纪20年代这是没人敢言说的，也没有人可以抵达如此高度、厚度、深度和广度。

鲁迅永远是"俯首甘为孺子牛"。他非常爱他的学生柔石，柔石是左联五烈士之一。柔石有篇小说叫《二月》，小说中那样一个男子与女子真诚相爱的故事，却为世人所不容。在那样的小镇，在春寒料峭的二月，二人双双陨灭。他呼唤，他期待我们中国的春天早日来临。可是，我想说至今我们这个民族仍带着沉重的负累，20世纪20年代父子的对话，如今似乎仍在上演。男同学读父亲的语言，其他同学读旁白。男同学要读出父亲的强硬。

（生分角色读。）

生："去拿你的书来。"他慢慢地说。这所谓"书"，是指我开蒙时候所读的《鉴略》，因为我再没有第二本了。我们那里上学的岁数是多拣单数的，所以这使我记住我其时是七岁。我忐忑着，拿了书来了。他使我同坐在堂中央的桌子前，教我一句一句地读下去。我担着心，一句一句地读下去。两句一行，大约读了二三十行罢，他说："给我读熟。背不出，就不准去看会。"他说完，便站起来，走进房里去了。

师：是谁赋予父亲这样的权利？专制，强权。鲁迅先生说我们应该学会做父亲。学了一百年，中国人仍然不会做父亲，依然沉痛，这是鲁迅的意义。

下列三选一。一、有人说鲁迅先生的作品是五味杂陈，请结合文本谈一谈；二、如果用色彩来比喻鲁迅的《朝花夕拾》，你会用什么颜色？三、有人说《朝花夕拾》的主题还是"救救孩子！"你有何看法？同学们任选问题来回答。

生：我认为《朝花夕拾》有黑色与白色两种颜色。鲁迅的生活经验是所有颜色混在一起的，是黑色的，所以黑色包括了人生的很多颜色。鲁迅的文章里面有很多内涵与人生阅历。而且，他讽刺的是当时黑暗的社会。把三原色的光混合在一起是白光，所以白光能照透一切虚幻的颜色。鲁迅的文章是很尖锐的，能戳穿一切虚幻。

（掌声响起）

师：向你学习，思想的深度直抵鲁迅。

生：老师，我想回答第三个问题。我想从广义的角度来分析"孩子是指什么"。孩子是指年龄比较小的幼儿，会成长为青年。鲁迅在整个文章中写的是从幼童到参加革命的爱国青年的变化。关于"救救孩子"，鲁迅说过，"我的话已经说完，去年说的，今年还适用，恐怕明年也还适用。但我诚恳地希望他不至于适用到十年二十年之后。"这本书中所表达的无论是童年受到的爱与关怀，还是被封建主义所禁锢的灵魂，事实上在我们当代仍然存在。为什么要"救救孩子"？因为孩子会发育为青年人，而青年是民主革命的根本力量，只有青年无畏无惧，充满青春活力。他们用自己的生命、青春去革命来换取自由、解放和真理。所有的封建主义都在扼杀孩子的天性，以至于孩子变成像他们父母一样没有灵魂的机器。而"救救孩子"这响彻云霄的呐喊就是从幼苗起就开始呵护他们，让他们成长为壮硕的青年，引领新的时代。

（生热烈鼓掌。）

师：如果我们都像这位同学一样懂得鲁迅，就不会有人喊"鲁迅需要下课了"。居然有人喊"鲁迅需要下课了""中学课本不要学鲁迅了"，我只能说他不懂鲁迅。鲁迅在《狂人日记》中说，在五千年的文化中，在字里行间，在字缝中他读出两个字"吃人"。他希望未来的青年，是没有被人吃、没有吃过人，也没有参加过这人肉筵席的人。他要肩住黑暗的闸门，让孩子走到宽阔光明的地带，这真是大悲悯大情怀。我们这个民族因为鲁迅而走向崇高，我们不能忘记。我再倾听最后一个精彩的论证。

生：我来谈第一个问题。我理解的五味杂陈是说他的感情是复杂的。他对长妈妈的感情，刚开始是比较厌恶的，长妈妈睡觉会把手脚摆成"大"字，还有一些封建迷信思想。后来，他因《山海经》一事看到了长妈妈的善良与美好，感情发生了变化，对长妈妈有了爱。

师：这是什么味道？

生：由咸变甜。

师：变化的过程，很好！

生：对于父亲。《五猖会》中的父亲要求自己背书，鲁迅不记得五猖会的内容，但是对背书印象深刻。最后是《父亲的病》，在父亲弥留之际，封建习俗要求他大喊"父亲"。他这样做了，后来想起，感觉到对父亲十分愧疚。所以，鲁迅对父亲也许有一些不满，但也有爱。

师：酸、甜、苦、辣、咸，什么味道？真是难以把握，也许还有一种"涩"。

生：开始是"辣"，他的愧疚留下的是"苦"。《从百草园到三味书屋》看起来是在回忆童年捕鸟与学习的快乐的事。其实，我们可以读出他成年步入社会后经历了不如意的事，所以才会回忆童年的美好生活。有一种对童年逝去的"酸"在里面。我认为这就是酸、甜、苦、辣、咸。（掌声）

师：同学们，继续研读下去，会变成鲁迅的专题研究。致敬你们，致敬你们的语文老师。（指向幻灯片）这是鲁迅的《自题小像》，这是他的担当，这是大写的人。全班站起来读好吗？

生（站读）：

自题小像
鲁迅
灵台无计逃神矢，
风雨如磐暗故园。
寄意寒星荃不察，
我以我血荐轩辕。

师："我以我血荐轩辕"，多么宏大、高远的人格。鲁迅，永远的孤独者，却因为同学们的存在，变得不再孤独。齐读最后一句，让它成为我们的座右铭。不要成为"小我"，要成为一个大写的人。

生（齐声高读）：我以我血荐轩辕。

师：谢谢同学们！下课！

八、梅花烙，朱砂痣：古典诗歌意象的花语
——执教"咏梅诗"群文阅读

（人民教育出版社统编语文教材八年级下册第六单元课外古诗词诵读）

时间：2019年1月12日
地点：湖南长沙
整理：福建省南安第一中学　张贺
　　　浙江省东阳市画水镇中心小学　贾梅丹

师：同学们，今天我们要学的是《卜算子·咏梅》。这首诗的作者是？

生（爽朗地齐声回答）：陆游。

师：有很多人写过《卜算子·咏梅》，今天我们要学的这首是陆游写的。我们先来看俄罗斯诗人普希金写的诗，看看能不能读懂，能不能听懂。我先试着读一遍。

图41　长沙，"咏梅诗"群文阅读公开课

（师饱含深情地示范朗读。）

（生渐入佳境地齐声跟读。）

师（面带微笑地鼓励）：节奏把握得很好，感情很到位。哪位男生可以读一下？

（生声情并茂地朗读。）

师：读得真深沉，有男子汉的风范。你们听懂了什么，读懂了什么？

生（自信满满地回答）：我觉得普希金是想告诉那些在生活中遇到困难的人，不要灰心，要对未来充满希望。

师：俄罗斯诗人的诗翻译成汉语之后，我们阅读起来没有太多的障碍，是因为他用了直抒胸臆的手法。直接地表达感情，直接地抒情。假如生活欺骗了你，怎么办呢？不要悲伤，不要心急。这是西方诗歌的一个共同的特征。我们中国的诗人可不是这样的，中国诗人抒情的方式非常含蓄，非常温婉，非常婉转曲折，甚至不会说破一个字。这是间接抒情，将那份情感深藏。

（循循善诱地引导）下面我们来看陆游的这一首《卜算子·咏梅》。抒情的方式有两种，一种是直接的议论抒情，直抒胸臆。那么，另一种呢？

生：间接抒情。

师：这也就是托物言志、托物抒情。"托物抒情"这四个字里跟"情"对应的是哪个字？

生：相对应的是"物"。

师（神采奕奕地讲述）："情"怎么抒？放在一个事物里，藏在一个事物里。藏是一件非常迷人的事，不直接说，我把它藏起来。香港有位导演叫王家卫，他每次拍电影都会藏起来一件事。深藏不露，然后在电影的结尾水落石出。于是，他的电影很迷人。陆游也爱抒情，但他不像普希金一样直接抒情，而把自己的感情放在一朵梅花里。也许是一枝，也许是一束，也许是一座梅林。可以一起读一下这首词的题目吗？

生：《卜算子·咏梅》。

师："卜算子"是词牌名，"咏梅"是对梅的赞歌。有没有同学可以读一读这首词？有没有不认识的字？

（生抑扬顿挫地朗读。）

师：有两个字音要稍微注意下。"寂寞开无主"的"寞"要读得很圆，"更著风和雨"中的"著"是通假字。

　　这首词很短，是词中的小令。这短短的词是如何写成的呢？一部鸿篇巨制，或者是一首短诗，非常难办的就是起句。我们回顾一下，苏东坡有一首词这样开篇，这样起句——明月几时有？苏轼用什么开头？

　　生：问句开头。

　　师：苏轼这是在问天，这是奔放的、潇洒的。柳永的词的开头是这样的——寒蝉凄切。在这里你听到了什么声音？

　　生（细声细气地回答）：我听到了蝉在叫。

　　师：声音——先声夺人。我不去问天，我不去问月，我问蝉，蝉声承载着所有悲秋离别。一首小诗，一首小令，开篇各有其不同。陆游的《卜算子·咏梅》是如何开头的？

　　生：驿外断桥边。

　　师：请一个同学来翻译一下，什么是"驿外断桥边"？

　　生：驿站旅馆外面的断桥旁边。

　　师（温情脉脉地鼓励）：古字词掌握得真好。知道这是驿站，驿站又是旅馆。这是地点，这是环境。这种小令开篇用这样的表达方式。老师还要追问：桥就是桥吗？何为断桥？

　　生（稍显犹豫地回答）：桥从中间断裂了。

　　师：你的想象力很有画面感。梅花长在驿站的外边，断桥的旁边。他仅仅是说桥断了吗？

　　生：不是。其实是说他很寂寞，因为桥断了，人就不会从这儿走过。

　　师（一字一顿地强调）：象外之象，言外之意——驿外断桥边。起句当如爆竹，再一起读一遍。

　　（生读）

　　师（顾盼神飞地环视学生）：这里边有两个特别普通的词，驿外断桥边。大家听说过一首送别诗吗？是李叔同写的，后来他出家了，成为弘一法师。长亭外，古道边——这就是离情里抒写的地方。什么是外？外是确定的事情吗？是实指吗？

　　生：不是，是虚指。

　　师：永远有外，是外的 N 次方，是无边无际。断桥边——处在边的人是什样的？

生：是孤独寂寞的。

师（娓娓动听地引导）：梅就这么出场了。大家别小看这么一个名词，它在古诗词里非常重要。我们说江南的婉约之美时会说——

生（响亮地回答）：小桥流水人家。

师：名词很多时候可以作为种类的象征。陆游作诗和俄罗斯诗歌的太阳、俄罗斯文学之父普希金作诗完全不同。普希金会运足气，如《假如生活欺骗了你》。陆游的诗非常温婉、非常含蓄地说那株梅长在？

生：驿外断桥边。

师（缓缓走动到学生身边）：这首诗不是托物言志吗？不是托物抒情吗？请你做这样一项工作：这首诗有许多字，如驿，如桥，请一个同学读，一个同学找托物言志的物在哪儿？

生：已是黄昏独自愁。

生：黄昏。

生：更著风和雨。

生：风、雨。

生：无意苦争春。

生：春。

生：一任群芳妒。

生：群芳。

生：零落成泥碾作尘。

生：泥和尘。

生：只有香如故。

生：香。

师（眉头轻蹙地询问）：借梅写情感，把情感藏进去。"驿外断桥边，寂寞开无主，已是黄昏独自愁。"尝试一下，把时间词换一下，想一下如果不用"黄昏"可以吗？比如"黎明"，已是黎明独自愁，更著风和雨，行吗？

生（纷纷摇头）：不行，黄昏是愁苦的感觉。

师：黎明代表的是什么？

生：代表希望，黄昏代表惆怅。

师（掷地有声地诉说）：这是走进中国古典诗词的一个密码，相当于"芝麻开门"。只有农耕民族，才会在黄昏时刻引起无尽的惆怅，日之西移，牛羊下栏。在古典诗词当中最动人的时刻，最惆怅的时刻，最忧愁的时刻是黄昏。已是黄昏独自愁，更著风和雨。读这首诗的时候，董老师百思不得其解，为什么是"更著风和雨"，我想改成"更著风和雪"？不行吗？"雪"不是更冷吗？

生（目光坚定地回答）：我觉得"雨"比"雪"更加委婉。因为雨是飘忽的，不定的，象征如雨丝般连绵的愁。

师（笑容可掬地赞许）：这种语言表达本身就是诗一般的语言，很美。

生：我觉得"风"和"雨"是相对的词语。

师（频频点头）：它们平仄相反，相依相伴，有风便有雨，风是雨之头。这个解读很好，我没有想过。

生：雪是冬天，雨是春天。春天的话，其他的花也会开。

师：读诗不能只看一个句子，要上下联系起来。你很会读书，很会读诗。

生："风和雨"更写出了那种愁苦。

师（默契一笑）：雨更愁，雪是精灵的化身，雪泊甚至有些温暖。而风和雨明明就是凄风苦雨。我们接着看，"无意苦争春"，这个春我也不明白。《卜算子·咏梅》在写梅的孤独寂寞时，用了这样一个字。我认为在一年四季当中，春不该这么提，应该写冬。为什么用"春"这个意象？

生：因为梅花长在冬天，其他好看的花长在春天。梅生长在冬天。冬天也有别样的美丽，梅不愿意去争那看似绚烂的春天，要留在冬天。

师："春"和"梅"之间构成一种什么关系？

生：反衬的关系。

师：想把诗写得有弹性吗？想把文章写得有厚度吗？孩子们，别忘记了衬托，尤其是反衬。用整个繁花似锦的春天来反衬梅的孤独寂寞，和彻骨的寒冷。一起背诵——

（生较为流畅地背诵。）

师：群芳妒，群芳也出场了。他不说百花，偏偏说群芳，这是什么修辞手法？

生：拟人，只有人才会有嫉妒的情感。

师：同学们，以我们的生活经验和阅读经验，想一想哪些花会嫉妒梅花？

生：牡丹花。

师："花之富贵者也"也要嫉妒梅花。

生：桃花。

师：三月的桃花，也有此意。

生：杏花。

师：二月的杏花。

生：菊花。

师：九月的菊花。

生：芙蓉花。

师：六月的水芙蓉，荷花。

生：喇叭花。

师：那不知名的喇叭花，也嫉妒梅的存在、梅的盛放、梅的清香。

（语重心长地阐述）同学们，这就是中国的古典诗词。三个字"群芳妒"令我们想出来那么多的情绪，那么多的感触，那么多微妙的心理，那么深沉的人性。有人说，陆游把他85岁长长的人生中所有的残酷、残忍都写进了这句诗里。

生（深沉地齐声朗读）：零落成泥碾作尘，只有香如故。

师：陆游把自己的生命零落成泥还不够，还要碾作尘。为什么？

生：陆游多次被贬。

师："被贬"这个词并不准确，被贬的前提应该是做高官。陆游生活在南宋，他两三岁时，遇到一件大事。

生：靖康之耻。金军攻破东京，俘虏了两位皇帝与众多贵卿朝臣。

师（掷地有声地追问）：如果象棋中的帅和将都被杀掉，就是满盘皆输。作为一个臣子，生活在这个世上，南宋人有永远的情结。还记得岳飞的精忠报国吗？还记得岳母的刺字吗？还记得南宋人永远高呼的"还我山河"吗？陆游是主战派还是主降派？

生：主战派。

师：主降派却占了上风，于是有了"零落成泥碾作尘"。一首诗里有这么多的故事与情怀。谁知道《钗头凤》？

生（略显伤感地回答）：红酥手，黄縢酒，满城春色宫墙柳。东风恶，欢情薄。

一怀愁绪，几年离索。错！错！错！春如旧，人空瘦，泪痕红浥鲛绡透。桃花落，闲池阁。山盟虽在，锦书难托。莫！莫！莫！

师：能说一下意思吗？

生：陆游与表妹唐婉很相爱，但陆母棒打鸳鸯。

师（语气中透露着惋惜）：一生一世，生离死别。陆游多次到沈园，写了许多诗给他的一生所爱——唐婉，直到85岁。这回同学们懂那句了吗？

生：零落成泥碾作尘，只有香如故。

师：此时的香是他对爱情的忠诚。零落成泥碾作尘——

生：只有香如故。

师：此时的香是他作为爱国的臣子永远的情怀。陆游会说"僵卧孤村不自哀"——

生："尚思为国戍轮台"。

师：陆游会在他临终的时候说"死去元知万事空"——

生："但悲不见九州同。王师北定中原日，家祭无忘告乃翁。"

师：此时的香是那绵绵不绝的爱国情怀。一生一世"心在天山，身老沧洲"。中国诗人抒发情感的方式与西方诗人完全不同，我说是含蓄的，你说？

生：委婉的。

师：是春山隐隐水迢迢的。

生：是深藏不露的。

生：若隐若现的，穿插在诗句当中。读者可以感受情感，但是说不出。

师：神龙见首不见尾的，时而露，时而隐。露出的部分使得隐的部分更神秘。

师：陆游爱梅，就像陶渊明爱菊一样。陆游写了100多首咏梅诗，他喜欢把梅放在这样的环境里，选一个你喜欢的？

生：淡月，淡淡的月色下寒梅开放，给人一种美感。

生：荒山，普通的花草树木长在茂盛的山上，只有梅在荒山。

师：环境的恶劣，反衬梅意志的坚强。

生：冰雪，象征梅花的纯洁，一尘不染，她有傲骨。

师：写冰雪，何尝又不是在写梅。

生：小驿，生在旁边，不与其他事物一起。道不同不相为谋。

师：小隐隐于野，大隐隐于市。

生：绝涧，看出地势险恶，在悬崖峭壁之间有勇气有毅力闯出一条路。

师：无忧无惧，就像鲁迅先生说的，"其实地上本没有路，走的人多了，也便成了路"。

生：野水，不是我们常见的潺潺小溪，她是尖锐的，被梅花磨平棱角。

师：梅花温柔了野水。如果让你为陆游的《卜算子·咏梅》画一幅画，你怎么画？

生：水墨画，画出梅的品质。

师："不要人夸好颜色，只留清气满乾坤。"你懂得王冕。

生：画梅花落下。

师：落梅，留得一缕清香，亘古长存。

陆游这样形容自己，"何方可化身千亿，一树梅花一放翁"。梅花有不同的象征，如"折花逢驿使，寄与陇头人。江南无所有，聊赠一枝春"。此时此刻，梅花代表整个江南的春天。速读，告诉我你体会到的梅的意象。

生：我选择"梅花妆"。古代梅花妆是将朱砂点在额头上，显得娇媚。

师："对镜帖花黄"的是木兰。有的花黄的形状就是梅花的形状，少女之美。

生："遥知不是雪，为有暗香来。"坚强品质在心间萦绕。

师（饱含深情地诉说）：在心间萦绕的永远是腊梅香。像台湾诗人余光中所说的，"给我一朵腊梅香啊腊梅香，母亲一样的腊梅香"。乡愁的滋味是腊梅香。其实，董老师喜欢蒲松龄的《婴宁》。蒲松龄写了那么多风华绝代的妖怪，仅仅把梅赠予他笔下最爱笑的婴宁。梅可以感知，可以代表？

生（此起彼伏地回答）：美丽的女子、思乡愁绪、气韵品格、相思之情、美好事物……

师：中国人心中的梅是这样的，不同于西

图 42　漫步橘子洲

方人心中的梅。中国的林徽因会说,"我说你是人间的四月天"。青春、朝气、憧憬、向往、生机勃勃。西方诗人却说(温柔而有力量地总结)四月最残忍,冬天最温暖。这是来自异域的价值观。在我们中国人的心灵之上有颗朱砂痣,它叫"梅花烙"。所以,很多的文人墨客沿袭了这样的情愫。读曹禺先生的《雷雨》发现,鲁侍萍用一双巧手在周朴园被烫坏的衬衫上绣了一朵梅花。于是,三十年岁月轮转,周朴园永远不能忘记那朵梅花。我希望在你们小小的心灵之上也有一朵朱红的——梅花烙。

九、磅礴大气、辽阔深情的雪

——执教毛泽东《沁园春·雪》

(人民教育出版社统编语文教材九年级上册第一单元第一课)

时间:2019 年 4 月 27 日
地点:西安市曲江一中
整理:陕西省宝鸡市姜谭高级中学　张肖侠
　　　陕西省宝鸡市岐山县岐山高级中学　王建红

师:同学们好!今天我们来共同学习毛泽东的《沁园春·雪》。先请同学来读一下题目,注意每个字音都要读准。

生(声音较小,不清楚):《沁园春·雪》。

师(微笑):请同学读时注意第一个字的声母。好,再试一遍。

生(较放松):《沁园春·雪》。

师(用鼓励的眼神看着学生):请再读一遍,注意"雪"的声调。

生(声调、感情、停顿均到位):《沁园春·雪》。

师:这次读得很好。请全班齐读题目。

(全班齐读,整齐且有感情。)

师:老师想请两位同学朗读这首词。是请男生还是女生?

生:男生。

师(微笑):因为你是男生吗?

生：不是。

师：那是因为什么？

生（豪迈地）：是因为毛泽东这首词写得比较壮阔。

师：我们一般将词分为婉约和豪放两大类。这首比较壮阔的词就属于豪放派。我请两位男生来诵读这首词。

（一男生立即主动站起来，另一男生在老师的鼓励下站起来。）

师：正文内容这两个同学一人一句，上阕结尾句和下阕结尾句请全班同学齐读。在诗词中，一个逗号就是一句，请同学们读时注意。

（学生按要求有感情地朗读。）

师：大家读得很好，尤其是这位男生，读出了超越年龄的浑厚和魅力。

（多媒体展示：磅礴的白雪歌，_____的白雪歌。）

师：对这首词的最初感受，请同学们用形容词概括一下。我说，这是一首磅礴的白雪歌。你说……

生1：这是一首雄浑的白雪歌。

生2：这是一首壮阔的白雪歌。

生3：这是一首激昂的白雪歌。

生4：这是一首抒情的白雪歌。

师：你为什么说这是一首抒情的白雪歌呢？诗词是以抒情为主的，那么请你回答一下，从哪里可以看出这首词是在抒情呢？

生4：我觉得从词的后半部分可以看出作者对成吉思汗等历史人物的敬佩之情。

生5：我觉得这是一首惋惜的白雪歌。从词中"惜秦皇汉武，略输文采；唐宗宋祖，稍逊风骚"可以看出。

师：一年有春夏秋冬四个季节，在古典诗词中，诗人最钟爱的是哪两个季节呢？

生：春季和冬季。

师：那你能试背一下有关冬季的诗句吗？

生：毛泽东写过一首《卜算子·咏梅》。词中写道："待到山花烂漫时，她在丛中笑。"

师：毛泽东描写冬天的优秀诗歌，除了这一首，就应属《沁园春·雪》了。其实，从古典诗词的源头《诗经》到清朝的龚自珍，文人墨客最喜欢的两个季节应该是春与秋。春喻美，秋示悲。毛泽东却用自己的情怀拥抱冬天，并且唱出一首白雪歌。那么这首白雪歌的雪骨在哪里？雪魂在哪里？雪魄在哪里？我们一起来看。

（多媒体展示。）

师：有这样一段佳话，毛泽东1936年写下的《沁园春·雪》在1945年重庆谈判时期发表，震动了整个重庆文坛。国民党组织一群舞文弄墨的人填写《沁园春·雪》，却无人可以超越他。请同学们细读这首114字的词，找一找，哪些词句无人超越？

（学生默读，找词句。）

生1："江山如此多娇"，毛泽东的气度是其他文人墨客所不具有的。其他人不易理解这些词句想要表达的情感，所以也就难以超越他。

师（亲切地）：回答问题的时候请不要用抽象词。如刚才用到的"这些"，就比较抽象。回答问题必须具体化。情感是具体的还是抽象的？

生1：抽象的。

师：抽象的应该怎么答？

生1（果断地）：具体答。

师：所以回答情感时就不能用抽象的词，而应该具体化，"虚则实之"。

生2："惜秦皇汉武，略输文采；唐宗宋祖，稍逊风骚。"秦皇汉武和唐宗宋祖在文采上也略输和稍逊，所以后人也就难以超越这首词了。

师：1936年2月，毛泽东写下这首《沁园春·雪》。上阕由一个重要的动词统领，请大家找一找这个词。

生：望。

师：请同学找一下带"望"字的这句词。

生：望长城内外。

师：请全班同学齐读这句词。

作者通过"望"，望见了什么？我们来回忆唐代王之涣《登鹳雀楼》，望见了什么？

生：欲穷千里目，更上一层楼。

师：王之涣的意思就是，站在高高的楼上可以看得远。另外，辛弃疾还有"何处望神州？满眼风光北固楼"。岳飞的《满江红》同学们能回忆起来吗？岳飞如何望？"抬望眼"，望到什么？

生（误答）：抬望眼，数风流人物。

师（耐心地纠正）：抬望眼，仰天长啸。

师：古人云"登高望远"。通过这首词，分析毛泽东望到了什么。词中未写站在高高的鹳雀楼上，未写站在高高的北固亭上，未写抬眼望去。那他望到了什么？请同学们齐读。

生（齐读）：望长城内外，惟余莽莽；大河上下，顿失滔滔。山舞银蛇，原驰蜡象，欲与天公试比高。

师：在这几句词中，毛泽东都望见了什么？每位同学回答一句就可以。

生1：望见了长城。

生2：望见了大河。

师：大河是哪条河？

生2（误答）：长江。

师（循循善诱地）：那为什么不说是望见了大江？

生2：黄河。

师：如果在词中写成黄河，你试读一下，有什么不同呢？

生2（小声试读后答）：黄河没有大河读起来顺口、响亮、有气魄。

师：从广义来讲，毛泽东也属于我们西安的这块土地，属于这块有着黄帝陵的土地，有着轩辕柏的土地，有着5000年文明史的土地。毛泽东望见了长城，望见了黄河，还望见了什么？

生3：还望见了山川。

师：毛泽东特别喜欢山，也特别热爱冬天。喜欢山的人，喜欢冬的人，同学们认为会是个什么样的人？

生4：他是个豪放的人。

师：对，他写过很多有关山的诗，如"横空出世，莽昆仑"，写的哪一座山？

生：昆仑山。

师："五岭逶迤腾细浪"，写的哪一座山？

（生沉默，师启发。）

师：大家看有什么岭？

生（误答）：秦岭。

师（耐心地纠正）：五岭。

师：还有"乌蒙磅礴走泥丸"，又是哪座山？

（生沉默，师补充。）

师：乌蒙山。还有"山，快马加鞭未下鞍，惊回首，离天三尺三"，这又是哪座山？（生沉默，师启发。）刚才提到昆仑山、五岭、乌蒙山，那现在这座山是一座具体的山吗？

生（不自信地）：不是。

师：对，这是所有山的感觉。毛泽东站在黄土高坡上，这是最中国、最民族、最诗意的高原，他无须登楼，放眼望去，他望到了什么？请同学们一起回答。

生（齐答）：长城、黄河、山川。

师：还有什么？

生（齐答）：平原、高原。

师：对，毛泽东站在黄土高坡上，也看到平原，也亲见高原。同学们学过地理，站在陕西北部的黄土高坡上，他真的可以看见长城内外、大河上下吗？

生（果断地）：不能。毛泽东不是用眼睛，而是用心看到的。

师（启发）：我们一起回忆一下中国古代浪漫文人庄子的视野。庄子设想水里有鲲，天上有鹏，鹏能飞多高多远？

生（果断地）：鹏能飞九万里。

师：九万里高飞的鹏，它背负青天向下望时，望见"野马也，尘埃也，生物之以息相吹也"。生命的一呼一吸，庄子都能感觉到，这就是庄子的视野和胸怀。

师：庄子如是说，庄子如是看，庄子如是思。再看看李白。李白这样说，君不见黄河之水天上来，下句？

生（齐答）：奔流到海不复回。

师：大家看这个视野。李白一望，黄河从起源的地方，浩浩汤汤，向东流去。几千千米的长度一眼便知，这就是诗人的大视野、大胸怀。我们是否可以说，这个"望"字用得好？"望"字用得好，体现这首诗无人能及的是什么呢？是否还有文人能够这样呢？我们说司马迁可以，他写中国历史。3000年的历史，不再是客观冰冷的，他给历史注入了人的温度、人的情感，他在《史记》中创造了一种体例，叫什么？

生：纪传体。

师：这就是创造，司马迁在历史中看到的是人，是人的情感，这是司马迁的慧眼。鲁迅，在 5000 年的历史当中，在《狂人日记》里，他说，字里行间就写了两个字。什么字？

生：吃人。

师：读江山，望江山。毛泽东的视角、视野非常人能比。在词的上阕中，还有什么常人不能比？

生 1：胸怀不能比。

师：有多大的胸怀，做多大的事，当然是那些蝉噪鸦鸣之徒不能比的。

（师提醒学生站直，要站有站相。）

生 2：高远的志向。

师：我们看"志"由哪两个字组成？志，十个人里才有一个。十里挑一的读书人的一颗心。太大的志向无人能比。

生 3：豪放的气魄不能比。

师（豪迈地）：气魄不能比。一眼望去便是惊人的霸气。

生 4：毛泽东开阔的心胸别人不能比。他身在北国，心却想得很远，他有宏观的历史观："欲与天公试比高"。

师：对，赏析诗词就是要抓住关键词。我们来看"千里冰封，万里雪飘"。这里的"千里""万里"严格来讲是诗词的大忌，"千里""万里"是重复的。看似重复，但为何这样写？

生 1：千里、万里，展示的就是一种开阔的胸怀。

（学生传话筒回答。）

生 2：千里万里就是千万里。

师：意思就是无涯无垠，千里、万里用了反复的方式。大家读诗就是要学会揣摩语言。前边是作者看到的，上阕中作者都想到了什么？有语言标志吗？

生：欲与天公试比高。

师（感情充沛地）：天行健，君子以自强不息；地势坤，君子以厚德载物。为什么要与天公试比高呢？

生：比的是志气、情怀、理想、担当、责任。

师：1936 年，当时毛泽东的队伍兵力不足，当时的中国"城头变幻大王旗"，当时的毛泽东人到中年40多岁，眼中是天与地、黄河与高原。同学们刚才抓词特别准，"欲"就是想象，这一阕中还有哪里是想象？

生："须晴日"中的"须"，必须，一定。

师：好，前面我们研读了上阕，现在我们一起赏析下阕，毛泽东站在北国，站在历史厚重的高原上，望中国的大好河山，然后他又看到了什么？看到了哪些人？

生：看到了秦皇、汉武、唐宗、宋祖、成吉思汗。

（老师纠正"汗"的读音。）

师：一共是几个人？

生：五个人。

师：这五个人从分类标准来说都是什么人？

生：领导者。

师：这是个比较西方化的称呼。用中国传统的表达方式来讲，他们是什么人？

生：每个朝代开疆拓土的帝王。

师：帝王又意味着什么？

生：至高无上的统治者。

师：任何一首抒情诗都有叙事的成分。1936年2月，毛泽东打算东渡黄河。东渡前，他站在有着黄帝陵和轩辕柏、有着九曲回环的母亲河黄河的黄土高原上，看到了长城，还看到了什么？请同学们一起来回答。

生（齐答）：看到黄河、山、平原、高原。

师（补充并启发）：还看到了历史上开疆拓土、至高无上的人，他们是谁？请同学们来说。

生：秦皇、汉武、唐宗、宋祖、成吉思汗。

（教师肯定这次音读准了。）

师：在五千年的岁月中，毛泽东用什么样的眼睛、什么样的心灵、什么样的价值评判，一眼望穿，看到了开疆拓土的人？从词中哪些句子可以看出？

生：秦皇汉武，唐宗宋祖，他们都是一代伟人，但毛泽东觉得他们还稍有瑕疵。略输文采，稍逊风骚，只识弯弓射大雕。这些句子表现了毛泽东雄伟的志向——像这些伟人一样建功立业。

师：如果说鲁迅创造了一个新词——孩子。什么是孩子？从来没有被吃，从来也没吃过人的新的人类。那么毛泽东则创造了一个新的名词——新人类。他赋予这个新人类什么名字？

生（先读）："俱往矣，数风流人物，还看今朝。"是"风流人物"这个词。

师：何为风流人物？请同学们先用"风"组词，如意气风发。

生1：风华正茂。

生2：风流倜傥。

生3：洒脱豪迈。

（师纠正无"风"字。）

生4：玉树临风。

师（启发式地问）：玉树临风，形容男性还是女性？

生4：男性。

师：然后再看"流"，恐怕是与时俱进吧，这就是创造。赏析到这里，同学们似乎能领略到一点点历史上文人墨客无法与他比肩的原因，因为他有一个高度来自心灵，有一个高度来自境界，有一个高度来自人格。写诗就是写人。（展示多媒体。）两道题任选一道。

生1：我觉得"江山如此多娇，引无数英雄竞折腰"比较好。这一句写出了江山风景的美丽，抒发了对国土的热爱。

生2：我也觉得"江山如此多娇，引无数英雄竞折腰"好。因为江山如此多娇，写出了江山的娇小和娇媚，而"江山如画"显得片面一些，没有具体地写出来，也就是只能看不能用。后面的"一时多少豪杰"只写出了豪杰英雄的数量众多，而毛泽东的"引无数英雄竞折腰"则具体突出了战士们为江山奔赴沙场的英雄无畏的精神。

师：语感特别好。同学们看"江山如此多娇"的"娇"用了什么手法？这首浩瀚辽阔、大气磅礴、荡气回肠的词，居然用了三个女字旁的字，请大家找一找。

生：妖、娆、娇。

师：这三个女字旁的字，有没有给这首词增加脂粉气？

生（误答）：增加了。

师（委婉地问）：所以这是一首婉约词吗？

生：不是，是豪放词。

师：对，虽然用了三个女字旁的字，但这首词依然写得磊落霸气、荡气回肠。这是什么效果？在表现手法上叫什么？

生：对比、映衬、反衬。

师：大家回忆豪放派词人辛弃疾的词，"我见青山多妩媚，料青山见我应如是"。妖娆多娇的是我的祖国。同学们，在世界上所有的感情之中，友情、爱情、亲情，哪一种最强烈？

生（误答）：亲情。

师（亲切地纠正）：最强烈的感情应该是爱情。诗人常把对祖国的爱比作爱情，如郭沫若在诗中把我们古老的祖国比作"我年青的女郎"。所以，虽然毛泽东的词中使用了"妖娆""娇"，表面看妩媚，但实际妩媚使壮阔更壮阔。

师：我们来看第1题。

生1：我填的是"一笔出文采，一笔抒豪情，一笔传千古"。

生2：一笔述美情，一笔展豪情，一笔壮远志。

生3：一笔惊文坛，一笔绘历史，一笔描壮志。

（多媒体展示。）

师：这是毛泽东的研究专家大才子陈进。他回答了我们开篇的问题，为什么无人能及？请大家齐读。

生（齐读）：昆仑之巅，长城之墙，仿佛是他胸中的笔。华夏大地，高天厚土，仿佛是他笔下的纸。黄河的水，长江的浪，仿佛是他笔下的墨。炮声隆隆，千里莺啼绿，是诗中独到的平仄和韵脚。万丈长缨，百舸争流，是诗中卓绝的遣词和句式。

师：（慷慨激昂地）同学们，毛泽东不仅是政治家、革命家、军事家，他还是一位诗人。他以这样的笔、这样的纸、这样的墨、这样的韵脚、这样的句式写成了如此壮阔豪迈的《沁园春·雪》。这首词是这般浩瀚，是这般辽阔，这般难以企及。有一个外国记者，（雄壮的音乐起）他说："是一个诗人赢得了一个国家。"我们生长在诗的国度。古人有这样一句话：欲亡其国，必先灭其史，欲灭其族，必先灭其文化。可见文化对一个国家的重要性！我们生长在诗的国度，为我们丰厚的文化积淀而骄傲。请同学们起立，齐读第一小节。

（生有感情地齐读第一小节。）

师：同学们，下课！

图43　执教《沁园春·雪》公开课

十、教学反思之《朝花夕拾》

4月13日我在曲阜一中上了一节《朝花夕拾》的导读课。整本书导读，有一定的困难。首先，教者要对"整本书"，甚至对这个作者的相关作品有较为透彻的了解。

其次，学生对整本书也要有相对的了解。虽然是"导读"，但师生也要有建立在对"整本书"有一定阅读基础之上的对话，而对话的质量决定于学生的"读过"。

最后，借班上课，面对不熟悉的学情，整本书导读更是"想说爱你不容易"。

当我走进会场，面对学生，说出"上课"的刹那，我的眼睛亮了，心也亮了，因为所有学生的书桌上都摆放着一本《朝花夕拾》。

在学生有了一定阅读基础上的"整本书导读课"是一种真正的、有品位的对话。教师，学生，作者，作品，多维互动；语言，思维，审美，文化，多边多元的共振与生成。我和学生一起最大限度地接近鲁迅，接近《朝花夕拾》的文心文脉。

《朝花夕拾》这本书，我反复读下来，大致经过了阅读的三个境界。

第一个境界，看山是山，看水是水。以为《朝花夕拾》只是鲁迅的散文集而已。以为散文应该比小说易读，比他的杂文更具亲和力。对《朝花夕拾》的认识停留在对《从百草园到三味书屋》《藤野先生》的认识上——回忆性的散文，易懂。

第二个境界当然是看山不是山，看水不是水。为"教"而"读"的"读"不再是一般意义的浅读了。我发现《朝花夕拾》是比《呐喊》、比《彷徨》，有着更加隐微的幽愤，更象征，更抽象。那份老辣博杂，顺势一击，儿童和成人视角的交替，以及冷峻彻骨，一度让我心生怀疑——《朝花夕拾》是否适合中学生阅读？那份炽热，那份九曲回肠，那份"一个也不饶恕"的"直面惨淡的人生，正视淋漓的鲜血"的情怀，难以捕捉，却又分明还是，让我想逃跑，让我想放弃，想改篇易辙。

第三个境界，看山还是山，看水还是水。终于了悟。起于《呐喊》，终于《彷徨》的鲁迅，在《朝花夕拾》里表达的还是那永远的主题：在中国，偌大的中国，却没有让孩子成长的阳光地带。鲁迅要"肩住了黑暗的闸门，放他们到宽阔光明的地方去"。他从不自怨自伤自怜，他把自己成长的隐痛、伤痕揭开来给人看。他决不妥协，决不原谅，绝不美化、诗化、软化、奴化自己的童年。他艰难的、几近病态的成长环境，就是几代中国孩子成长的缩影——在强权专制的夹缝中畸形地长大。对于守候护卫我们的孩子这一主题，《朝花夕拾》较《呐喊》更振聋发聩，较《彷徨》更沉郁顿挫。

这种深沉与绝望的表达，如何让中学生懂得？对于"导读"也的确是一个问题。过浅难以言说鲁迅，过深则容易成为教师的演讲与独白。

把书读厚容易，但把书读薄何其难也。

教学设计三易其稿之后如下。

  1. 导读题目：《朝花夕拾》。题目较之《旧事重提》好在哪里？
  2. 导读目录：《朝花夕拾》十篇文章，你最不解、最好奇、最想读的是哪一篇？为什么？
  3. 导读作者的思想感情、艺术风格。

以下主题任选一题。有人说鲁迅先生的作品是醇厚的五味杂陈，结合文本谈一谈。如果用色彩来比喻《朝花夕拾》，你会用什么颜色？有人说《朝花夕拾》的主题还是"救救孩子!"你有何看法?

(一) 课堂生成: 点点星光

漂亮的思考:

学生提出了这样的问题:"在鲁迅先生的生命中,一定有许许多多的老师,他为什么要写一个日本人藤野先生?"

"我很好奇,鲁迅是无神论者,他为什么写地狱里的无常?"

"狗和猫都比老鼠可爱,可他为什么喜欢'隐鼠'?"

"鲁迅为什么对父亲耿耿于怀?"

....

应该说,这些问题非常有分量,直抵《朝花夕拾》的主旨。

一位同学说:"我要用黑色来形容《朝花夕拾》。因为黑色是一切颜色的终点。它包括一切颜色。鲁迅用小散文写人生大文章。我还要用白色来形容《朝花夕拾》,白色是一切色彩的起点,我用'白'来形容《朝花夕拾》。"大有即大无。

学生的读感有积累,有文采,有哲思,有高度,有深度。全体听课老师情不自禁,为之动容。

(二) 守候成长: 温暖渔火

在我提出"你认为鲁迅哪些作品的名字是耐人寻味的?"这个问题之后,同学们一时陷入深思。我放弃长驱直入,停顿倾听,适时搭了一个小小的梯子,设置了一个小小的支架。鲁迅共有一部散文诗集,三部小说集,一部散文集,十六部杂文集。学生们一时难以选择。

我问我近处的一位女同学:"你最喜欢鲁迅的哪篇小说?"答曰:"《药》。"我趁势问:"《药》这个名字好在哪里?"她侃侃而谈。我继续追问:"鲁迅先生的小说写得最好的是《阿Q正传》,你觉得这个书名怎么样?"这一回她滔滔不绝,有理有据。

守候成长,是温暖的渔火。慢下来,等一下,拉一下,搭一个梯子,给一个支架,让学生有话可说,激活、盘活他们已有的知识,或者是温故而知新。发现文本,发现自我,不亦快哉。在这节课中,这样的瞬间很多。师生相携,穿越语文的层峦叠嶂,抵达那份花团锦簇。

（三）对话倾听：明月在天

学生的课堂发言是教师的课程资源，课堂是师生共同成长的生命场。

学生说："《热风》这部文集是逆向的修饰。风本是冷的，鲁迅先生却称之'热风'。可见他的特立独行与叛逆的精神。"

我想起了鲁迅的名言："从来如此，便对么？"

学生说："长妈妈给了他最初的爱。"

我说："爱是无需理由的，只有被爱过的人，才会爱别人。"

学生说："无常是鬼，鲁迅为何写鬼？"

我说："子不语怪力乱神。"鲁迅偏偏说"不"，而且还要说"人不如鬼"。

学生说："藤野先生是日本人啊！"

我说："鲁迅先生对人的评价早已超越国籍与肤色，他从人性的善恶角度来衡量一位师者。这是一种开阔的胸襟，大写的人格。鲁迅从不偏狭。"

学生说："鲁迅的父亲很专断，很强势。"

我说："反对父权。鲁迅有一篇文章就叫《我们现在怎样做父亲》。读一读《五猖会》中父子的对话吧，在80年后，在21世纪的今天，这样的'父亲'还存在着。"

学生说："邻居衍太太为什么那么坏，一无是处？"

我说："海淫海盗。这就是当时的社会环境。"

学生说："范爱农是谁？"

我说："那是鲁迅另一个自己。在那样的中国，中国的青年只能死去。"

教学是遗憾的艺术。在一节课中，我的教学策略中还有那么多的愚钝，我的倾听还有那么多的时候不够平心静气；教学的一招一式还是那么粗糙，还有那么多未尽的意味；教学环节还做不到斩截简约扼要，轻重缓急的节奏还不能处理到满意的程度。

图 44　携糖包儿漫行

另外，"我以我血荐轩辕"的鲁迅先生，我又究竟懂得几分呢？

社会反响

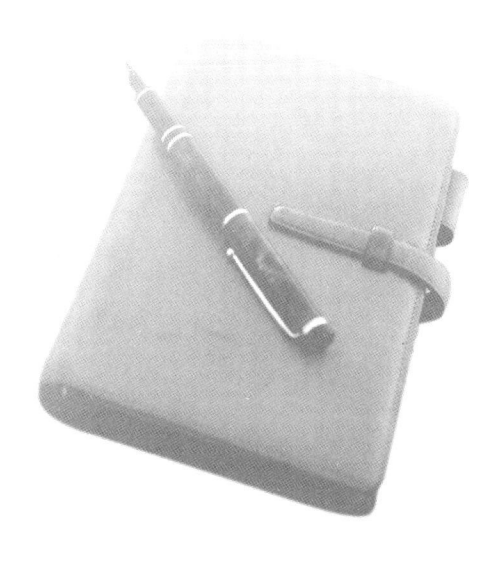

一、诗意语文，独创教学阶段的鲜明标志

——董一菲语文教学专业成长的轨迹

张玉新　吉林省教育学院

以教学为业的职业教师，大约要经历模仿教学阶段、独立教学阶段、独创教学阶段。事实上，大多数教师终其职业生涯也没能脱离模仿教学阶段，能够走向独立教学阶段已属不易，遑论达到独创教学的境界。我以为，这个境界最起码的标志，便是有自己的教学主张，有比较稳定的教学风格，有独具特色的教学操作范式以及变式；还要有一个群体主动践行其理念，乐于实施其操作范式及变式，而且在教学中有良好的收益；更为重要的，它不是一个自我标榜、故步自封的系统，而是富有张力与包容性的动态生成系统。

以上述标准衡量董一菲老师，"诗意语文"的主张以及教学实践，正是她进入独创教学阶段的鲜明标志。

扫描一位名师的成长轨迹，对渴望成长的青年教师多有裨益。我觉得最有借鉴价值的有以下几点。

（一）书底儿的厚度垒起了她发展的高度

首先，基于兴趣的阅读让她的童年有了充盈的灵性。从她对自己语文教学生涯的叙述中可以看出，良好的启蒙教育让她赢在了起跑线上，扎实的童子功是其良好家风的自然结果。她从识字开始，就有了以用字为目的的阅读，并且从阅读中获得成就感，读书的通道打开了，而且一发不可收，使她在未读大学之前、未当教师之前就成了一位"书女"。反观语文教师群体，选择学习大学中文系的学生，读书成为生活习惯者盖寡。她的识字经历也启发当前以随文识字、分散识字为主要方式的小学语文教学，我们应该关注韵语识字、集中识字。

其次，集中的专业阅读让她掘得了职业生涯的第一桶金。虽然她没有过多叙述自己在大学时代的读书情况，可是，当读书成为生活习惯后，因为喜欢读书而选择中文系的董一菲，岂肯放过大学的黄金读书期？

再次，持续的职业阅读让她的教学具有书香味儿。读书的底蕴是促使她成为语文教学中的"这一个"的重要前提。肚里有墨水儿，对教材文本的解读不会总处于"仰视"的姿态，而是"平视"乃至"俯视"，这就让她仰望到了独特的"语文的星空"，演绎了属于"诗意"的语文人生。

最后，刻苦的建构性阅读让她从读书走向著书。在教书生涯中，坚持读书已属不易，若能走向著书，岂可不经历刻苦的建构性阅读？从她著述之丰、读者之众可以推知。而这样的著述，她还在继续。

读书、教书、著书，是她成就"诗意语文"的一个重要维度。

（二）把做法变成说法铸就了她"诗意语文"的厚度

很多青年教师学习老教师的时候，主要模仿人家的做法，不明就里，照葫芦画瓢，不敢对老教师的做法提出质疑。究其原因，在于自己没有一个基本评价，其实就是没有自己的想法。董老师不是这样，她一开始就有自己的想法，她的教学不是一味地模仿别人，而是去落实自己的想法，把自己的想法变成做法，不断通过做来调整想法；更为可贵的是，她不断把做法上升为说法，也就是把自己的实践经验转化为个体实践性知识，用自己的独特感悟去表征那些可意会不可言传的缄默性知识。

这一点尤其值得青年教师借鉴。教学艺术的迷人之处就是其独特性，这是区别于他人的精神内涵。即使是学习名师，也要考虑自己的实际情况，学习名师的精神实质，而不是某些做法。否则，学到的只是皮毛，限于"邯郸学步"，不可自拔，丧失自我。

想法的落实便是做法。把做法上升为说法，是诗意语文能走得更远的一个保障。

（三）通过推而广之打磨"诗意语文"的亮度

董一菲的"诗意语文"的形成不是一蹴而就的，自有其不懈追求与刻苦钻研，也是博取百家之长的过程，采百花之粉酿独特之蜜。分享、传播，是"诗意语文"走向更大范围、让更多语文同道得其泽惠的善举。她建立"诗意语文"公众号，团结来自全国的语文同人，调动大家共同建构、丰富"诗意语文"。一时拥趸甚众，口碑极佳。这就是一个以"诗意语文"为核心的语文教师专业学习共同体。大家有着共同的愿景，分享共同学习的经验，展示在"诗意语文"理念指导下的语文教与学的成果。"诗意语文"已经成为语文教育界一道亮丽的风景线,董一菲也成了这一风景线中闪亮的明星,富于书卷气的"书女"魅力,为"诗意语文"增加了亮度。

(四)"诗意语文"的底色是诗意的生活

"诗意语文"不是董一菲的全部,那只是她的职场定位,而其底色是诗意的生活。这也是我特别想与青年教师交流的个人想法,语文教师的生活本该是丰富多彩的,职业的执着与刻苦是需要的,但是不要忘了这样一条常识:不精心营造富有诗意的生活,休想让教学富有诗意。教学是生活的组成部分,不可割裂生活而片面追求所谓的"诗意语文"。

她的叙述中还有一点给我留下了深刻印象:始终把自己定位成语文学习者。她始终是一位优秀的语文学习者,因此诗意语文之路会越走越好。

这一点非常重要,很多语文教师缺少语文学习的经历与毅力,却想成为优秀的语文教师,这是不可能的。如果你没有董老师那样的家教,没有比较好的语文启蒙,没有形成读书的习惯;你也错过了在大学的专业阅读,没有自己喜欢的专业,以至于中文系的四年仅仅读了规定的教材,这都没关系。请问,你是否从职业阅读开始为自己打下一个读书的基础,你是否"啃"读了一本垫底儿的书,是否打造了一节精彩的课,是否能写一手好文章?如果这些都没有,而且你还不想开始这样的"恶补"历程,那诗意语文与你无缘,语文与你无缘,你还是改行吧!

二、董一菲与"诗意语文"

曹公奇

一个像花儿一样美、像草儿一样香的特级教师,一个具有诗的意境、像诗那样给人以美感的正高级教师……她的名字、她的气质、她的文章、她的课堂、她的语文、她的工作室团队,都富有一股浓浓的诗意,都具有一种幽幽的意境,都给人以美美的感受。这,就是董一菲;这,就是"诗意语文"的倡导者。

语文,本身充满着诗意。除诗以外,其他文章,也大多富有诗意。就连客观性的说明类文章、抽象性的议论类文章,也有它们诗意的一面。语文教学,就是教师引领学生学习这些富有诗意文本的过程。这个过程，也就是把蕴含着丰富诗意的文本内容品味、领悟出来的过程。语文教学，自然是富有诗意的。因而，诗意语文，是依据教师自身素养、依据语文课程特性、依据语文教学目标而提出来的一种教学理念、一种教学追求、一种教学境界。

诗意语文，是一种本真的教学理念。语文教学，需要回归语文的本源，展现语文的本来面貌。语文本来就是指语言和文字、语言和文学、语言和文章。汉语言文字、汉语言文章，是最美丽、最富有诗情、最具有意境的。语文教学发现语和文的纯美，欣赏语和文的诗情，挖掘语和文的意境，这就是"诗意语文"，这就是遵循语文的本真，这就是先进的、符合教育规律的语文教学理念。

诗意语文，是一种美好的教学追求：让语文充满诗意，让语文课堂充满诗意，让学生的语文学习充满诗意。或许现实很骨感，并非诗意浓浓，但这是董一菲及其诗意语文人对语文教育的一种憧憬、一种向往、一种追求。也许追求的过程并非一帆风顺，但这种追求本身，也是诗意满满的。

诗意语文，是一种理想的教学境界。如果语文教学，无论是读书、写作，还是课堂教学过程，都能充满诗情画意多好！哪怕是说明性文字和议论性文字，也能使其在平实中显美感，在严密中见诗意。这样的语文教学，无疑是我们追求的理想境界。在这种充满诗意的语文教学中，学生获得的不仅是语言文字的运用能力，还有思维品质的提升，情感态度、价值观的熏陶，语文素养的综合养成。

因此，董一菲老师高举"诗意语文"的旗帜。很快就有来自全国各地的近千名语文教师，聚集在"诗意语文"的旗帜下，共同开始了"诗意语文"的实践与探索。"诗意语文"人在董一菲老师的引领下，认真读书，积极交流，深入研讨，勤于动笔，关注课堂，着眼教学，积极进取，努力开拓诗意语文更广阔的天地。每天清晨，"董一菲诗意语文"公众号就会及时亮相，推出诗意语文人关于读书、关于语文的佳作，作为五万多名关注公众号的语文老师的精神早餐，现已推出 3500 多期；每周六晚上 7 点，诗意语文工作室微信一群、二群，就会准时开展丰富多彩的语文教研活动，如诗意语文讲坛、诗意语文沙龙、诗意语文读书会等活动。不同地区、不同年龄的诗意语文人，都会在工作室微信群这浓浓的学术氛围中，享受诗意语文的美好。他们读书，他们写作，他们交流，他们召开年会，他们编辑出版了"诗意语文"系列丛书、"诗意文集"系列丛书、"名著导读"系列丛书等四十余册……

董一菲的"诗意语文",作为当代十大名师"特色语文"之一,追求语文的诗意与唯美,注重情感与语言的交织,意在发觉文学气息,感受浪漫情怀,追溯传统文化,体悟现实生活,用缤纷的语言、教学的智慧,构建诗意的课堂,构筑诗意的人生。

董一菲的阅读,是诗意语文前行的动力。她是一个热爱阅读的老师,也是学生与诗意语文人的阅读引领者。她异常勤奋,博览群书,笔耕不辍。她也是一个引领阅读的老师,她以自身丰富的阅读,带动着诗意语文工作室的其他老师,促使大家在专业发展的道路上快速前进;她以广泛细致的阅读,引领着学生深入名著,让学生的成长过程浸润在经典阅读之中。

董一菲的课堂,是诗意语文活动的阵地。她的课堂上,总是荡漾着多彩文学的旋律,流淌着传统文化的诗情。她信手拈来的美句,随口而出的经典,时时感染着学生的情绪,处处滋润着学生的灵魂,为学生的未来发展和诗意人生奠定基础,努力提升他们的核心素养。

董一菲的文章,是"诗意语文"结出的硕果。她拥有悲天悯人的情怀,拥有纯真唯美的语言。洋洋洒洒,纵横驰骋,古典与现代、生活与学习、读书与教学、写作与素养、语文与人生、文化与现实、诗意与理性……流淌在她的笔下,汇入诗意语文的涓涓溪流中。这些,无不彰显着她的美丽和才华,无不表现出她的学识和智慧。

董一菲的引领,是"诗意语文"发展的方向。董一菲亮出"诗意语文"的旗帜,全国各地许多语文教师簇拥在她的旗下,潜心读书,相互交流,共同分享,研究语文,探索教学,积极写作,追随着董一菲老师,热爱并践行着"诗意语文",追求着语文的诗意与唯美。在"诗意语文"的大道上,董一菲老师一直走在最前面,引领着向往诗意的年轻语文教师们,追高逐远,不断前行!

现在,董一菲和她的"诗意语文",受到了全国中语界的关注和肯定,也得到了很多表彰。2016年,诗意语文工作室荣获牡丹江市创新成果奖;2018年,"诗意语文"获黑龙江省基础教育教学成果一等奖;同年,"诗意语文"又荣获全国基础教育教学成果二等奖。这些奖项的获得,就是各级政府部门及社会对董一菲和她的"诗意语文"相关工作的最大肯定。

我们相信,在董一菲老师的带领下,"诗意语文",将会受到越来越多的语文教育工作者的关注和欢迎；诗意语文工作室，将会受到越来越多的青年语文才俊的热捧和追逐。

诗意语文，语文诗意，语文教学界一道靓丽的风景！

三、诗意何方？
——对话"诗意语文"

李树泽　黑龙江省教育学院

（一）高考语文学科变化

您担任黑龙江省语文学科教研员，怎样看待现在语文学科高考的变化？

我认为语文学科高考在高考综合改革的大背景下求新求变。语文试题基于能力素养立意，将考点更多地放在具体语篇语境中考查，对考生阅读量和阅读速度的要求越来越高，重在考查快速阅读、提取信息、综合判断、组织语言的能力。这种命题导向在一定程度上反映了时代需求，但未必合理。它遵循的是一种战争逻辑，拿考场当战场，强调迅速出击、一招制敌。语文考试应重在考查学生的思辨、感悟和表达能力。阅读材料太多必然会挤压学生的思考感悟时间，导致语文教学更加注重技巧和套路，以求速效。我觉得这种命题方向不符合语文核心素养的培育规律。高考语文应简化形式，精选阅读材料，扩大思维含量，留给学生较充裕的时间去阅读思考，调动语文积累，进行有创意的表达，让高考考查的方向和语文能力培养的方向一致。当然，追求简约的语文考试会增加阅卷的难度，需要命题者提供更多元的评分方案和样例，也需要加强对阅卷教师的选拔培训。

（二）诗意与故乡

黑龙江是"诗意语文"的故乡。您认为故乡为"诗意语文"滋养了什么？"诗意语文"又为故乡反哺了什么？

黑龙江是一菲老师的故乡，不能说是"诗意语文"的故乡。"诗意语文"的故乡只能在每一个诗心不改的语文人心里，董老师是这群语文人中的杰出代表。黑龙江这片黑土地，对"诗意语文"的最大贡献就是培育了董一菲老师，董老师已成为"诗意语文"的一面旗帜。成名容易，成就难，董老师能取得今天这样的成就，首先取决于她个人的天赋气质、修炼坚守，也得益于许多教研前辈的发现与扶持，如原牡丹江语文教研员曾丽英老师，原黑龙江省教育学院语文教研员王立力、谢维琪老师。我20年前入职教研行业，和几位教研前辈共过事，有幸见证了一菲老师的成长过程，不断收获教益和惊喜。黑龙江语文界出现董一菲老师，无异于高粱地里长出一棵绛珠仙草！

20世纪90年代是我省教研系统最完备、语文教研活动最丰富的时期，涌现了一批地方名师，董老师很快成为其中的佼佼者，并逐渐走向全国。董老师在一般意义的功成名就之后没有停滞，而是秉承"自利，利人；自益，益人"的处事原则，承担起了名师的道义责任，勇于举旗占位，修身立人，引领后学，由成就一人走向成就一群。这需要博大的情怀和担当精神。在我看来，董一菲老师已成为现象级名师，独一无二，也不必有二。我更倾向于把董老师理解为真正的良师——以大爱和良知育学生的良能。董老师不僵化，有原则但不固执己见，把握教育规律，热心超越与变革，不受某种模式或风格的局限，她是与时俱进的思想者、行动者。她不靠一时之名，已经成为或即将成为影响深远的一代师表。课程改革的深入推进需要这样的名师来引领。教研不能贪天之功，但与一菲老师有同乡之缘，我常引以为傲，期盼能与董老师一起为本乡本土的语文老师创造更多发展机遇。

教育界早已走过了个体英雄时代，进入群体英雄时代。董老师主持的诗意语文工作室早已超越了地域和语文流派的限制，成为群贤论道的平台，其意义和价值不可限量，时间会证明一切。我对许多名师流派存而不论，以为凿窍浑沌，肢解语文。董老师的诗意语文观不能涵盖其教学艺术的全部，但有其独到之处，她从审美的、文化的视角，自内而外地看语文看世界，始终以坚韧优雅的姿态对抗着应试的狭隘与伤害，这种坚守源于对学生的爱、对语文的爱。

（三）启发式教学理解

您和一菲老师是故交，能谈谈您对老师启发式教学的理解吗？

启发式教学可分为不同层级，如针对具体问题的启发，针对知识背景的启发。董老师更重视对学生思维方式、心志眼界、人文情怀的启发，开启学生的第三只眼睛，用审美的眼光学语文看世界。董老师的启发式教学从语文的诗性本质出发，尊重学生的天性和读写感悟，师生相互感染促进，共筑生发性极强的课堂。理想的教育应坚持辅自学而教，顺天性而育，以引导自学为根本，以不伤天性为底线。董老师的课堂体现了这一教育理想，启发学生发现自我、创造超越，追求言语的美感与智慧。

我们的语文课上有太多非语言的东西吸引学生的注意力，争夺有限的教学时间。董老师善于通过诗与思融合的语言来创设情境，让学生在经典作品、经典语言营造的空间里获得启发，董老师本身就是活的经典。

（四）理念与素养之间

您觉得"诗意语文"的教学理念体现了什么语文学科核心素养？

《普通高中语文课程标准（2017年版2020年修订）》从四个方面概括语文核心素养，"诗意语文"的教学理念主要从"审美鉴赏与创造""文化传承与理解"两个方面趋近语文的本质，这也正是当前语文教学严重缺失的两个方面。"诗意语文"根植于语文的诗性本质和人的存在价值。董老师的教学艺术让我联想到京剧界的梅派大青衣，醇厚流丽、大气包举。我理解的诗意不只优美一种，美之灵、恶之花，都具有诗的意义和意味。我们当培养学生的诗心慧目，发现创造多样的美。"诗意语文"应追求多样的美，异口同声喊出的是口号，各自吟咏的才是诗。

名师的教学艺术不能复制，每个老师都应有自己的立场与思想，形成自己的教学个性与风格。向名师学习，不应拘泥于形迹，要超其形而悟其神，着重领会其思想精髓，各取所需，活学活用。世上无完美的课，只有接近完美的系列。不要一课一课零散地模仿、照搬名师套路，要通观，学习他们一以贯之的思想、构课方式、设问角度、点拨机智，重要的是与自身经验融会贯通。只有自己从实践中总结出来的经验和理论或经亲身验证的理念才是有效的。任何方法模式都是为内容服务的。从语文教学的根本任务出发，在自由自觉的言语实践中探求体悟语文的内在美，虽无名而自成良师。

（五）改革后的教学建议

针对高考改革的变化，您对一线教师的语文教学，有何建议？

语文教学不要被高考绑架，别总盯着那几套高考试题打转转，被应试之术遮蔽了语文之道。高考的权威不能给语文教师带来真正的学科尊严，高考主要为高校选拔人才。高中语文教学固然要训练学生的应试能力，更要为其一生的语文素养奠基。随着高考新政的实施，考试内容与形式在逐年发生变化，语文试题的区分度会越来越大，语文的区分度将主要来自文化积累、表达鉴赏能力的差异。学生没有深厚的阅读积累尤其是古诗文积淀，难以应对将来的高考。高中语文教师面临的挑战与责任更重大，需要从高一抓好经典阅读，以典型任务激发学生阅读经典的兴味，保障读书时间，重视思辨表达与交流，养成良好的读写习惯。让学生读整本书、写好文章，语文教师要先成为优秀的读书人、写作的行家里手。黑龙江的语文教师基本功都很好，但想法多，读书少，能经常将自己的阅读体验、教学思考写出来的教师更少。董老师的可贵在于吸引一群不甘在庸常教学中沉沦下去的教师重新发现自己，恢复初心，成为读书人、写作者。向董老师学习吧，将语文教成诗，将生活过成诗，拥有不一样的语文人生。

四、仰望诗意的星空

吴春来　湖南省永州市教育科学研究院

常年的文学浸染与熏陶，数载的语文教学和思考，在诗与歌的吟诵中，在文化与社会的沉思里，董一菲老师提出了"诗意语文"教学观：教师以充满诗性与哲思的个性解读，自然简朴的课堂设计，含蓄蕴藉、言在此而意在彼的曲问，绚烂缤纷与沉静深刻相结合的教学语言，让课堂充满诗意与审美、智慧与机趣，呈现重峦叠嶂、花团锦簇的艺术之美，给学生以精神的种子，用语文的诗意美好塑造人生的真善美。

恰如朱光潜先生所说："要养成纯正的文学趣味，我们最好从读诗入手。"董老师以为，"诗意语文"的起点是诗，终点也是诗，因为一切文学，不管是小说、散文，还是戏剧，到达一定境界之时就会看见诗歌之光。董老师的课堂在简约的设计中营造情意氛围，情理交融，诗趣盎然，自成一家。

图 45　和吴春来于湖南宁远合影

（一）以情传情力求合一

董老师认为课堂要善于"以情传情"，利用情感因素，使文中情、教师情、学生情"三情合一"，以达到感情共鸣的佳境，影响并保证学生心理品质、情感健康地发展。董老师善于用自身的真情实感去拨动学生的心弦，用对生活的激情去点燃学生的激情。故而，董老师由衷地尊重学生，精心地挖掘文本的情感因素，以境化情、情景交融，选择动情点借以打动学生的心、激发学生的情，去联结课堂多姿多彩的感情之线，从而使作品与学生、学生与学生、老师与学生产生共鸣，营造动情的诗意课堂。

正因如此，董老师的课堂手段是丰富而自由的。时而背诵、快速记忆、名句接龙，通过声音的方式去感受诗歌的情与景；时而配乐朗诵，以音乐的方式把学生引领到诗歌特有的境界中。当然老师激情、跌宕、形象、幽默的导语也是激发学生兴趣的重要法宝，如董老师这样的课堂导语："中国人对于分离聚散的人生况味有着特殊的敏感与愁肠。屈原感慨过，'悲莫悲兮生别离，乐莫乐兮新相知'；《古诗十九首》中吟过'行行重行行，与君生别离。相去万余里，各在天一涯'；就连豪放不羁的李白也曾浩叹'此地一为别，孤蓬万里征。浮云游子意，落日故人情'。离愁别绪绵延成了中国文学整体无意识的传统主题，一脉相承着我们这个民族不堪离别的情节和根性。"这样声情并茂的语言营造出深邃、苍劲的意境，收到了情景交融的课堂教学艺术效果。不难发现，这样的教学手段，是以书底为基础的，而一切情感的喷薄，都从墨香之中自然生成。

（二）立足思维不乏诗趣

诗意教学并非一味主张形象的诗意，也要在思维品质训练中注重创造性思维的培养，这种创造性思维上升到哲学、美学、民族情感与审美等层面，既有理性的抽象，也有感性的诗趣；学生沉浸在探究的愉悦里，浸染着诗意的气息、情调、氛围、色彩。如在执教《四首唐人咏春诗词比较》时，她的学生写下这样的评论：

> 泽国东君总是与绵绵春雨结伴而来，从浩浩春江踏波而来；诗人搜寻泽国动人春色时那机敏的目光常离不开漫天的春雨、满江的春水。杜诗干脆就写了一场透心甜的当春"好雨"；牧诗则给江南春抹上雾蒙蒙的千里"烟雨"。张诗又自出机杼，精心地选择了潇潇飘洒的毛毛细雨。白诗写清明，那只彩笔则在"春江"之上肆意驰骋。

在董老师学生的评论中，大量的意象纷至沓来。在无形中，思维得到了训练，在训练中思维得以创造。

比较阅读是董老师课堂常见的方式。课堂上重比较，多从文学、审美、文化、语言等诸多角度拓展学生的视野，激活学生的思维。如执教《迢迢牵牛星》一课，董老师安排与秦观《鹊桥仙》一词从主题、风格、表现手法、语言四个方面比较阅读，重在对学生进行创造性思维的训练，在思维训练中又不乏诗情熏陶，学生表现很不一般。特别是仿写环节，更是一种创造力的彰显，是对文本再一次的解读和创造性的应用。

（三）曲"问"通幽以至简约

董老师的课堂是大容量的，但又是简约的，可以说丰厚不失简约，磅礴不乏精致。这样的课堂如何得以实现呢？大道至简，好的设计当是简约的，应以少胜多，以简驭繁。那如何做到以少胜多、以简驭繁呢？善教者必善问。她提出"曲问"教学：提问不直来直去，而是委婉表达。委婉表达的好处在于一步一步引导，有启有发，重在搭建思维桥梁，帮助学生一步一步走向学习的彼岸。如董老师提问："古人讲'红颜知己''红袖添香'；陆游深情怀念唐婉'红酥手，黄縢酒'；此外，还有'红杏''红莲'等。李后主有'林花谢了春红，太匆匆！无奈朝来寒雨晚来风'，这'红'改成'花'或'英'好不好？"实际上，她运用的是含蓄蕴藉、言在此而意在彼的曲问。这样的曲问重在激活学生内心的诗意，唤起学生的诗心，以求循序渐进，水到渠成；这样的"曲问"拓宽了学生视野，丰盈了教学内容，但由于教学的主题始终贯彻其中，散而不乱，繁而有序，思维是立体的，方向是明晰的，故而课堂自成高度，别有情趣。

总之，董老师以其独特的教学特色与风格，成为中国当代语文教学流派中耀眼的明星；她的诗意教学营造出一种感性与理想交融的艺术佳境：书籍是诗意语文生命的底片，绚丽与璀璨，厚实与丰盈，成为语文最鲜活的存在，语文要从40分钟课堂的窄窄时空漫延到广袤的宇宙世界，让学生去倾听历史，关注文化，谈论社会，关乎人生，陶冶情操，修养性情，心存诗意，成就慧根。

五、诗意，让语文这样美丽

——我眼中的诗意语文倡导者董一菲

史世峰　牡丹江市教育局

人生诗意栖居，语文千般美丽，人生即语文，语文即人生，这就是董一菲的语文人生。身为"诗意语文"倡导者的她，此心诗意，此生语文，缘心向行，知行诗意，跋涉、行走、徜徉三十载，示范、凝聚、引领语文人，诠释着这样美丽的诗意语文。

1994年，董一菲老师超前思维，以古诗词专题切入进行"诗意语文"教学实践的探索；2000年，"诗意语文"教学理论初步探索建构；2004年，诗意语文教学专著陆续公开出版发行；2016年，诗意语文公众号发布第一期文章；2018年，董一菲诗意语文首届年会成功举办，诗意语文系列丛书公开出版，诗意语文获国家基础教育教学成果二等奖，董一菲诗意语文实现了"实践—理论—实践"螺旋式上升发展，从地区引领到省内崛起再到全国广有影响，其工作室广纳全国23个省、4个直辖市、5个自治区近900名小初高语文教师……

作为诗意语文发展的最初参与者、受益者和见证者，我深知诗意语文的魅力在于诗意即我、我即语文，诗意合一，董一菲诗意于语文，语文诗意于董一菲。在这里人与语文合一的诗意内涵表现在以下八个维度。

（一）诗心——诗意语文的精神内核

生活的诗意源自人的诗意，人的诗意源自心的诗意。诗意源心，诗心为核，内生外化，诗意自然弥漫于课堂上下、文本内外和人生表里。董一菲老师认为，语文教师要引领学生发现美、发现诗意、发现生活，给学生一颗善感的心，教他们运用自己的慧眼去学习、去感悟、去生活。只有拥有一颗善感而诗意的心，才会以水见汪洋，才会在文字中看到文化的流淌，才会在一朵白云、一株小草、一粒细沙中发现诗意，感悟生活。

赋文字以生命，诗意对话生命，正是诗意语文精神内核的魅力所在。

（二）诗情——诗意语文的教育底色

"语文天生美丽，而美和诗意是我语文的宗教""如果这个世界上还剩下一名语文教师，那就是我——董一菲"……这是她内心的赤诚与至爱，更是她生命的笃定与守望！正是这份赤诚与守望，将她与语文诗意汇融，让她成为有温度的语文教育人。如果说爱是教育的底色，那么诗情就是诗意语文的教育底色，奠定了语文教学的温情与诗意。

她的这份诗情，首先源自成长中那份与语文的宿命之情。出生在黑龙江省鸡西市密山市黑台镇的她，从小与书结缘，供销社里的"小人书"，还有《普希金童话诗》等书籍，而后是牡丹江农校图书馆的图书，激发了她的想象与梦想，成就了她读书的"童子功"，她认为书最能造就人，要想学好语文，最好的忠告是"看书去"。其次是她志业为师的那份执着之情。1985年她考上了哈尔滨师范大学中文系，付道滨老师的先秦文学、张锦池老师的"红学"深深触动和激励了她，大四时，教法课丁浩然老师上《记念刘和珍君》示范课，他激情四溢，将那份悲愤演绎得淋漓尽致，使她的内心萌生了当一名中学老师的想法。还有一次，看于漪老师执教《茶花赋》的教学录像，那美妙的旋律和诗的意境，使她不由得发出了当年刘邦般的感慨："大丈夫当如此""语文教师当如此"。最后是教师、学生、文本三情汇融的诗意之情。1993年，她自编校本教材，开设诗歌专题教学，注重以情传情，以情动情，诗中情、教师情、学生情"三情合一"，诗情汇融发乎诗，但不止于诗。诗意语文要体现语文的诗意之情，作为教师要有理想主义者的浪漫情怀，领着学生读屈子，从《离骚》到粽叶飘香的汨罗江上，去追寻屈子浪漫的足迹；带着学生读李白，在浪漫主义的世界里体悟李白的成与败、悲与喜，思接千载，视通万里……在语文天地里，教师、学生和文本，自由对话，诗意汇融。情感的互动，生命的对话，心灵的共鸣，昭示着诗意语文人对大语文教学观有温度的践行。

（三）诗教——诗意语文的文化传承

中国是诗的国度，有着悠久的诗教传统，诗意语文着力诗教的文化传承。在语文课堂之上，用诗意语言、诗性思维传承诗教传统，诗意传承中国人的精、气、神，诗意融通师生的身、心、灵，以诗化人，以文育人，进而达成教师和学生之间诗意的对话与共鸣。这里的诗教传承主要有以下两层内涵，一是诗意语言的传承，对我们民族的母语——承载着民族文化不息血脉的汉语的传承。只有民族的，才是世界的，在汉语文化全球化的当下，诗意语文坚守"美丽的中文，是我们最美的母语，'汉魂唐魄'是我们母语的灵魂"，培养学生热爱我们民族灵魂的语言，发掘其独特的美感和丰富的诗意，透视我们民族悠久的文化和绵长的历史。二是诗性思维的传承，诗性思维流淌于中华民族的血液中，浸润着中国人的心灵，恰如余光中先生说的"蓝墨水的上游是汨罗江"。在诗意语文课堂上，师生在学习感知先秦诸子百家、古典诗词歌赋中，追溯这种诗性思维，穿越横亘千古的时空隧道，在文字、情境、思想上进行心灵的交流，感知诗歌中那代代相传的逻辑记忆。

（四）诗性——诗意语文的诗化本性

朱光潜先生说："要养成纯正的文学趣味，我们最好从读诗入手。"有人说："在所有的语言中，诗歌是语言的钻石；在所有的情感中，诗歌是情感的铀。"在实践教学中，董一菲老师钟情于诗歌教学，她认为诗歌是美的天地，是情感的火山，诗歌教学，更能让学生"享受"语文天地中诗意的"光芒"。如在《走近苏轼》诗歌专题中,她引导学生在《念奴娇·赤壁怀古》中感受一个豪情万丈的苏轼,在《江城子·十年生死两茫茫》中认识一个真挚深情的苏轼,在《定风波·莫听穿林打叶声》中认识一个超然淡泊的苏轼……在对比诗歌中,发现诗意,诗意化地解读苏轼,为学生在语文天地里,呈现出一个全方位、立体化的苏轼。其实不只是诗歌,语文教材本身也是诗性的载体,满载着诗意与文化,可谓处处有诗意,处处有美。语文教师要有一颗诗心,有诗心方可慧眼独具,发现感知文本中的诗性。如在讲《花未眠》一课,介绍川端康成的画像时,她这样说道:"这是川端的画像,美丽的川端,永恒的川端,淡紫色的川端。旁边有三个词——'物哀''幽玄''风雅',这是日本作家永生永世追求的美,也是川端康成为之献出一生心血的美。"发掘文本中的诗性,诗意化地呈现,易于让学生入情、入境地初步感受川端康成。在教学中,教师是一个引领者,诗意诗性地引领,引领同学一同去发现文本诗性的光与影;教师又是一个评价者,诗性诗化地评价,评价文本中的诗意与魅力……发掘诗性,感知诗意,以诗意阐释诗性,师生诗性诗意地解读和感悟,进入诗性呈现、诗意圆融的妙境。

(五)诗美——诗意语文的唯美追求

诗意语文追求诗意与唯美,主张语文课应是美丽的集合体,美的文字,美的语言,美的节奏,美的内涵,美的呈现,合于诗,合于画,合于乐;语文课聚焦五千年文化的薪火相传,用爱作帆带领孩子们航行在煌煌的经史子集中,徜徉回味,咀嚼鉴赏,合为时,合为事,顺乎文理,顺乎天然,顺乎真纯。在诗意语文课堂中,教师引导学生以审美的视角学习语文,让学生走进美丽的汉语世界,进行美的巡礼,这里有文字之美、文韵之美、文句之美、文辞之美、文段之美、文篇之美、文法之美、文风之美、文体之美、文论之美、文化之美……小者一字一词一句,中者一文一人一作,大者一流一派一代,在寻美中思索,在思索中审美,在审美中提升。中国文字、文学、文化、文脉、文明之魅力自在其中,自然传承,这便是我们最美母语课堂的无穷无尽的魅力!

心进入美的一瞬,便可以看到不同的世界。在语文课堂上,教师引导学生以"诗心慧眼"感受语文的千般美丽,培养学生抓取生活中精彩的"一瞬",将之定格,有感而发,以"刹那见终古"之意,追寻发现语文美的踪迹。由美入诗,离不开诗心慧眼的发现，善感的心，最终定格诗之美。宗白华先生的《流云小诗》做了精彩的诠释："啊，诗从何处寻？在细雨下，点碎落花声，在微风里，飘来流水音，在蓝空天末，摇摇欲坠的孤星！"诗意语文亦然，只要拥有一颗善感的心，你自会在细雨微风、落花流水、蓝空天末孤星中发现诗意之美。因诗意而唯美，为唯美而追求，自 2004 年开始，董一菲诗意语文专著有《紫陌红尘拂面来》《仰望语文的星空》《雪落黄河静无声》《千江有水千江月》《寻找语文的诗意与远方》……一路诗意而来，美如其文，文如其人，人如其书！

（六）诗理——诗意语文的理性思维

语文教育的两极是诗意和理性，语文教育的佳境在于诗意之中不乏理性，理性之中流淌着诗意。诗意语文更需要理性思考，让学生"诗意地存在"，同时又"理性地存在"；缺乏理性思考的诗意语文，是没有生命质感的，难以引发师生的诗意共鸣，只是"水中月，雾中花"，形成诗意的空洞，也就偏离了追求诗意语文的轨迹。诗意语文追求"真、善、美"的诗意汇融，这其中自然有"理"，自然讲"理"。正因为有了理性的支撑，才能进行更为诗意的感悟、更为诗意的解读、更为诗意的表达。孔子讲"善读者，玩索而有得"，这里的"玩"是一种感性的学习态度，而"索"与"得"，揭示的则是一种"思索而有所获"的理性过程。

诗意语文倡导给学生一个理性的世界，引导学生在感性中发现理性，在理性认知、碰撞和升华中，铸造学生内在的理性精神。董一菲老师在讲史铁生《我与地坛》时，引导学生在读文章中感悟，在感悟中思考"敬畏生命""敬畏自然"的哲学命题，进而从中国文化角度去阐释，并通过东西方不同的文化背景、不同的民族心理去探讨"生命和自然"的意义，体会史铁生博大深邃的精神世界，以文本为学生营造了一个理性的思维空间，进而让学生明晓"地坛"的象征意义：博大、沧桑、厚重、母性般的美丽。

（七）诗境——诗意语文的课堂造境

王国维在《人间词话》中提出："词以境界为最上，有境界则自成高格，自有名句……有造境，有写境，此理想与写实二派之所由分。"诗意语文课堂是讲堂，更是学堂，以诗意化课堂造境，聚焦师生教学相长，进行知、情、意多向交流的课堂互动,营造真、善、美和谐统一的课堂氛围。这里的课堂造境,发乎诗意,源于语文,在于呈现语文课的文字之境、文本之境、文学之境、文化之境、文雅之境。诗意课堂造境,不仅要有师与生的合作交流与动态生成,更为重要的是师生要有一颗诗心,有一份文化自觉,把教材看作一个活生生的文化生命,在《虞美人》中感受词中之帝李煜那江水般亘古流淌的无尽的忧伤,以仰首云外的李白为代表,感受华美盛唐的浪漫气象……

课堂教学艺术,是创造性很强的综合艺术,会因课有别,因人而异,而呈现不同的课堂造境。诗意语文回归课堂原点,又创造性地丰富了课堂形式,打破了教材、时间、空间的限制,先后推出了师徒对话、读课、悟课等富有特色的造境系列。如在师徒对话系列中,董一菲与年轻教师就语文课的源头、语文课的生命叩问、语文课的动态生成、语文课的写意写实等主题,共同对话,诗意解读,在对话中呈现语文课的文学之境、文化之境和文雅之境。师徒读课系列注重个性化指导,因人因课而异。通过徒弟印象、读课感想、评课纪实、评课反思等环节,在诗意化的课堂造境中,一批热爱语文的年轻教师诗意成长。

(八) 诗象——诗意语文的教学举象

"追求唯美与诗意,寻找创造与感动,弘扬浪漫与理想"是董一菲老师多年来秉持的诗意教学追求。因有诗心,便会诗意发现,在她的眼中,花叶之中有哲理,山水之中有情怀,字句之中有文化,诗意无处不在,唯美的语言和诗意的举象弥漫张弛于课堂内外。余光中先生在《听听那冷雨》中写道:"杏花。春雨。江南。六个方块字……只要仓颉的灵感不灭美丽的中文不老,那形象,那磁石一般的向心力当必然长在。""杏花""春雨""江南"三个意象彰显诗意、浪漫、想象的魅力,流淌着悠悠真情、悠悠文化,恰如诗意举象的课堂魅力。师生在诗意举象对话中,生成、生发课堂的诗意之美。在分析泰戈尔《世界上最遥远的距离》时,她曾与学生说:世界上最遥远的距离是我们和唐朝的距离,这个距离不是因为唐朝有世界上最大的都城,有万国来朝,有强大的经济实力,有令人神往的丝绸之路,而在于唐朝将汉语打磨得晶莹剔透,上至皇帝,下至平民,以诗为宗教,崇尚诗,崇尚文化,"语不惊人死不休",盛唐精神来自整个时代的精神气象。著名的唐代三绝是张旭的草书、裴旻的剑法和李白的诗,余光中说李白:酒入豪肠,七分酿成了月光,余下的三分啸成剑气，绣口一吐就半个盛唐。

在董一菲老师看来，语文课堂是传播诗情画意的主阵地，教师要引领学生发掘"文学气息"、感受"浪漫情怀"，以"缤纷语言"，用"诗意举象"，对"文化膜拜"，来构建充满诗意的课堂。在教学中，她经常诗意列举黄昏、月亮、红莲、柳、落花、雨、梧桐、玉、芭蕉、梅、杜鹃等古典意象，进行深情的诗意阐释，探寻古老的文化记忆，与学生一道畅游民族精神的文化天地，感知古圣先贤的心灵和智慧。在讲李叔同《送别》时，她说："弘一大师李叔同用最经典的传统意象状写了横绝百代的离别。长亭、古道、芳草、晚风、拂柳、笛声、夕阳，蓦然回首那古老的意象，深情的符号早已深深地镌刻在我们灵魂的底片上。"在讲《乡愁诗鉴赏》时，她提出"用简单的意象表达最深的乡愁，就是本诗的成功所在"。

诗品——诗意语文的阅读品位。阅读丰盈生命成长，书香成就诗意品位。诗意语文的外延是诗意的生活，阅读是丰盈诗意生活的一条重要路径。董一菲在《阅读是生命的礼赞》一文中写道"阅读使我们的生命由匍匐走向站立的高贵，使我们超拔于俗世红尘的喧嚣……让孩子们在阅读中觉悟，变得敏感，过有着诗意而又智慧的人生，让生命因此拥有高度、深度、广度、厚度，过有意义的有品位的有高尚的精神生活的人生。"从教三十多年来，她的语文教学一直以阅读为命，因阅读而美，一直以做一个教者并读者而骄傲，"让孩子们读书去吧"是她诗意语文课的座右铭。她坚持读书和写书，并带动指导学生和年轻教师读书，主张让读书成为一种生活的习惯，让读书成为一种生活的快乐，在这种习惯和快乐中感受生命因书香的注入而充实、而精彩，达成一名语文教师"自利，利人"的责任与使命。就诗意语文教学追求而言，读书是前提，是基础，只有有了充分读书思考的基础，才可能达成师生诗意的栖居。

叶澜说："一个人的阅读史就是一个人精神的成长史。"阅读是人的生命方式、存在方式、生活方式，阅读可以增加知识，拓宽眼界，阅读可以增加智慧和勇气，阅读可以增加人生的乐趣，阅读可以使人拥有人生底气，阅读可以使人认识自己，阅读可以使人精神成长……简言之，阅读能够唤醒人内心充满神性的精神的种子，让潜质变成素养；能够让仪态举止优雅富有书卷气，让生命富有诗意，更加从容，更加优雅。在诗意语文课堂上，董一菲老师通过以背诵带动阅读、以精讲细读带动阅读、以抄写评注带动阅读、以写作带动阅读的方式，让读书成为学生们学习生活的重要组成部分，成为他们未来人生发展中不可或缺的重要部分。这就是诗意语文的阅读品位，可以提高人的境界品格，可以让人拥有学养和情怀，可以丰盈人的生命和心灵。

诗意，让语文这样美丽！

诗意即我，我即语文，诗意栖居，这便是董一菲的语文人生！

六、我眼中的教育家
——敬谈董一菲老师

张艳艳　青岛西海岸新区实验高级中学

我眼中的教育家——董一菲老师久负盛名，清新雅致。诗意语文教育艺术是莲花绽颜，润泽而芬芳；更是青松吐绿，厚重而弥远。

（一）莲花绽颜，润泽而芬芳

一菲老师的课堂脉络流畅，讲究语言的精确，也追求芳香和意境，课堂真如一池的莲花，足下是流动的河水，周围是清风和明月，散发的是清香，触碰的是莹莹情致。

在《天尽头，何处有香丘——〈红楼梦〉导读》中，一菲老师说："林黛玉的姓是那木秀于林的林，远山如黛。回溯中国古代描写女子的手法，他往往不写眼睛而写眉毛。黛玉是女子用来画眉的美玉；黛玉的生日是农历的二月十二，她是花仙子，是百花之主。花，女子也，大观园里无数青春的诗一样的女子；黛玉是一个有故事的女子，是一个有故事的女孩，是一个有故事的女儿。她来自苏州，一片吴侬软语，小桥流水，那一片杏花春雨的江南是黛玉精神生命的背景。黛玉的花语是芙蓉花，纯洁是那份真正的青春，《红楼梦》被翻译成俄罗斯文学作品的时候称作《青春梦》。"课堂真是奇美啊，一菲老师让黛玉俏灵灵地站了出来。眉如黛，远山愁，花仙子，花朝节，苏州美，水骨肉。与其说天赋黛玉灵气，不如说一菲老师慧心巧手追根溯源，人物之出生地、生日、姓和名，容易被众人忽略，最重要的是，她让它们站出来各自成景，处处是美，"点——线——面"呈流线型流动性悠悠展开，就像十里荷花,让人流连忘返。

诚如一菲老师所说:"好的语文课像一首诗,让师生感受到生命的绽放、灵感的闪亮,或者情感的激荡。"苏霍姆林斯基说:"没有一条富有诗意的感情和审美的清泉,就不可能有学生的全面发展。"在讲读《花未眠》一文,展示川端康成的画像时,一菲老师这样引导学生:"这是……美丽的川端,永恒的川端,淡紫色的川端……"摇曳的语言,绚烂的情思,这样"诗心""琴心"的老师,怎不让听者如影随形,以紧跟萍踪为乐?所以学生也会说出"薛宝钗是个明媚的人""宝钗像朝阳,黛玉像黄昏"等诗意而敏感的语言,语文味更浓,课堂成就感更大。

(二) 青松苍翠,厚重而弥远

美丽的一菲老师在追求诗意和审美的同时,更聚焦厚重,如苍苍青松,载得日月山川,有静悄悄的黎明,有自由的风,苍凉而温暖。

在《天尽头,何处有香丘——〈红楼梦〉导读》中,一菲老师说:"有一个学者说过这样一句话,他说:'《三国演义》是一部智书,《水浒传》是一部怒书'。如果让你用一个字来评价《红楼梦》,用哪个字?"老师开口不凡,一字一书,名著担当,迅速发散又聚拢学生思维,人物关系、情节事件等在学生脑海里一一闪现,文字、文学、文化已入课堂,四大名著之三著大气势地进入了课堂。教育界流传一菲老师的开头语惊艳,果然名不虚传,哪里只有厚度,深度高度令人望尘莫及。而可爱并迅速被老师"捉"进、"迷"进课堂的学生脱口而出"情"书,老师接着说:"《红楼梦》是写给中国女子,写给中国五千年泱泱文化的一份情书,它道尽了一个'情'字。"把《红楼梦》的精神内核和文化价值自然地传递给了学生,引发心灵共振,课堂有情感,亦如大海,展开遨游的姿态。

我们试学一下一菲老师对《祝福》中柳妈的部分分析:柳妈形象是对卫老婆子形象的映衬和补充,如《红楼梦》中晴为黛影,袭为钗影;卫老婆子几乎参与了祥林嫂整个人生悲剧的"制造",而柳妈的最后一击,剥夺了祥林嫂"死"的权利……柳妈已经生活在社会最底层了,以欺凌比她更弱更惨更一无所有的祥林嫂为快,如鲁迅先生所说:强者发怒,拔刀向更强者,弱者发怒,拔刀向更弱者。柳妈从外形到内心都奇丑无比,是病态社会的病态灵魂,心染顽疾。她一定是一个"窥视癖"患者,她追问祥林嫂的是"你那时怎么后来竟依了呢"。她又是"迫害狂"患者,她和祥林嫂的话题永远聚焦在祥林嫂额角的"伤疤"上。她是"贞洁病"患者，她居然劝祥林嫂再嫁的时候"再一强，或者索性撞一个死"。柳妈有着"打皱的脸"，有着"干枯的小眼睛"，她的世界一定没有美貌，没有青春，没有爱，她是"百年老鸦成木魅"，可悲、可叹、可鄙。这真是我见过的最深刻、最厚重、最发人深省的文本解读。我目瞪口呆，久久不愿移开视线，只是在想：那样诗意那样美丽的一菲老师是怎样想到的，怎样写出的，怎样讲来的？历史文化人生天文，科学美学修辞逻辑，样样皆有，顺手信手。

莲花绽颜前后皆丽，那是守住了流动的河，滋养了成藕节节的根；青松百年不改本色，更胜于凌寒而开的梅花，我不知道用怎样的语言才能表达对一菲老师的敬意。一菲老师强调应当去发掘"文学气息"，感受"浪漫情怀"，用"缤纷的语言"，对"文化的膜拜"及"智慧与幽默"来构建诗意的课堂。我想，这是"一菲之癖"，以其有深情；冒昧地再估为"一菲之疵"，以其有真气。情趣深深，元气淋漓，如此，用诗意建起课堂生命的质感，迸发人性的叩问，牵着孩子的手，走过岁月，走过风雨，执子之手，无悔偕老。

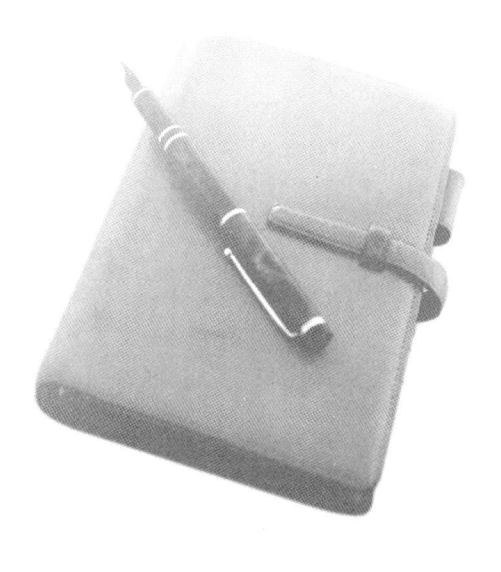

附 录

一、论　文

[1] 董一菲. 《朝花夕拾》导读教学思考 [J]. 中学语文教学参考, 2019 (23).

[2] 董一菲. 黑龙江省牡丹江市董一菲诗意语文工作室荣获国家级教学成果二等奖 [J]. 基础教育参考, 2019 (24).

[3] 董一菲. 在职业阅读中成长 [J]. 中学语文教学, 2019 (6).

[4] 董一菲. 追寻语文诗意的芳华 [J]. 黑龙江教育（中学）, 2019 (Z1).

[5] 董一菲. 如何读一本书之视界与心界 [J]. 语林, 2019 (39).

[6] 董一菲. 还语文以正大端然 [J]. 中学语文教学参考, 2018 (14).

[7] 董一菲. 那年夏天，我从彼得堡走过 [J]. 语文学习, 2017 (9).

[8] 董一菲. 汉语，诗意化的世界 [J]. 中学语文教学参考, 2017 (16).

[9] 董一菲. 语文课应该有强烈的语言意识 [J]. 中学语文教学, 2017 (5).

[10] 董一菲. 成为一个读书人 [J]. 江西教育, 2017 (Z1).

[11] 董一菲. 醉美的秋景　唯美的颂歌——《秋颂》课堂实录 [J]. 语文知识, 2017 (3).

[12] 董一菲. 发现语文的诗意 [J]. 中国教师, 2017 (3).

[13] 董一菲. 心中微有雪，花外欲无春——谈谈语文教学的境界 [J]. 中国教师, 2016 (5).

[14] 董一菲. 醉在教书的时光里 [J]. 语文学习, 2015 (4).

[15] 董一菲. 语文给了我们什么？[J]. 语文教学通讯, 2012 (28).

[16] 董一菲. 叩问小小说的特色：复杂微妙的"小"与"大" [J]. 中学语文教学, 2012 (4).

[17] 董一菲, 郭兰华, 曹琪等. 文本阅读要捕捉富有表现力和穿透力的语言 [J]. 中学语文教学, 2011 (12).

[18] 董一菲. 《乡关何处——乡愁诗鉴赏》课堂实录 [J]. 江苏教育研究, 2011 (18).

[19] 董一菲. 生成之美——《乡关何处》教后反思 [J]. 江苏教育研究, 2011 (18).

［20］董一菲，史世峰. 一节好课要有境界并给人精神感发［J］. 语文教学通讯，2010（34）.

［21］董一菲，张玉新. 语文教学到底能给学生点什么［J］. 中学语文教学，2010（8）.

［22］董一菲. 邻居的男孩［J］. 语文建设，2010（Z1）.

［23］董一菲，史世峰. 慷慨沉吟心忧天下——《短歌行》教学简案及思路解说［J］.语文教学通讯，2010（16）.

［24］董一菲. 是"他们"让我的心灵与语文那么近［J］. 语文建设，2010（1）.

［25］董一菲. 校本教研：促进教师专业发展的必要途径［J］. 基础教育参考，2009（10）.

［26］董一菲，姜迎旭.《小狗包弟》教学简案［J］. 语文教学通讯，2009（28）.

［27］董一菲.《哈姆莱特》教学实录［J］. 语文建设，2009（9）.

［28］董一菲，滕佳彤."写景要抓住特征"教学简案［J］. 语文教学通讯，2009（Z1）.

［29］董一菲，徐露.《长恨歌》教学实录［J］. 语文教学通讯，2009（16）.

［30］董一菲，史世峰. 生命的圣地，至爱的深情——人教版课标实验教材必修1第一单元备教策略［J］. 语文教学通讯，2008（9）.

［31］董一菲.《长亭送别》备教策略［J］. 语文教学通讯，2008（7-8）.

［32］董一菲，王敏锐，李霞. 梦想频道二 让爱流动［J］. 语文教学通讯，2008（18）.

［33］董一菲.《蜀道难》教学简案［J］. 语文教学通讯，2008（3）.

［34］董一菲."月亮话题作文课"课堂实录［J］. 语文教学通讯，2007（Z2）.

［35］董一菲. 让学生体会说的快乐［J］. 语文教学通讯，2007（Z2）.

［36］董一菲.《荷塘月色》备教策略［J］. 语文教学通讯，2007（Z1）.

［37］董一菲. 语文综合实践活动课：万紫千红总是春［J］. 中学语文教学，2006（9）.

［38］董一菲.《迢迢牵牛星》教学实录［J］. 语文教学通讯，2005（Z2）.

［39］董一菲. 回首来时路——关于《我的空中楼阁》的教学思考［J］. 语文教

学通讯，2004（33）.

［40］董一菲. 紫陌红尘拂面来［J］. 语文教学通讯，2002（12）.

［41］董一菲，峡江寺飞泉亭记［J］. 语文教学通讯，2002（15）.

［42］董一菲. 白色鸟［J］. 语文教学通讯，2002（23）.

二、著 作

［1］董一菲. 课堂创意管理实用技巧［M］. 上海：华东师范大学出版社，2019.

［2］董一菲. 自由呼吸的课堂：董一菲的语文教学艺术［M］. 上海：华东师范大学出版社，2019.

［3］董一菲，张肖侠. 跟教育名家学做教师：经典阅读照亮教师成长［M］. 上海：华东师范大学出版社，2018.

［4］董一菲. 诗意语文：问课董一菲①［M］. 北京：西苑出版社，2018.

［5］董一菲. 诗意语文：问课董一菲②［M］. 北京：西苑出版社，2018.

［6］董一菲. 当诗意语文教师变身为父母①［M］. 北京：西苑出版社，2018.

［7］董一菲. 当诗意语文教师变身为父母②［M］. 北京：西苑出版社，2018.

［8］董一菲. 诗意语文：经典篇目文本解读①［M］. 北京：西苑出版社，2018.

［9］董一菲. 诗意语文：经典篇目文本解读②［M］. 北京：西苑出版社，2018.

［10］董一菲. 诗意语文教师话备课［M］. 北京：西苑出版社，2018.

［11］董一菲. 诗意语文：生成性课堂的生命之美［M］. 北京：西苑出版社，2018.

［12］董一菲. 高中语文经典篇目：同课异构与点评［M］. 北京：现代教育出版社，2016.

［13］董一菲. 诗意语文行［M］. 长春：长春出版社，2014.

［14］董一菲. 紫陌红尘拂面来——董一菲语文教学点滴［M］. 哈尔滨：黑龙江人民出版社，2004.

［15］董一菲. 名师讲语文：董一菲讲语文［M］. 北京：语文出版社，2009.

［16］董一菲. 仰望语文的星空［M］. 长春：长春出版社，2011.

［17］董一菲. 千江有水千江月——董一菲诗意语文讲谈［M］. 北京：教育科学出版社，2015.

［18］董一菲. 雪落黄河静无声［M］. 北京：现代教育出版社，2014.

［19］董一菲. 寻找语文的诗意与远方［M］. 北京：清华大学出版社，2017.